普通高等教育"十三五"规划教材（物流管理专业）

现代物流管理概论（第二版）

翟学智　王　强　编著

www.waterpub.com.cn

·北京·

内 容 提 要

物流作为第三利润源，对于企业的运营与管理，乃至社会的发展发挥着重要的作用。本书分为三篇：第一篇介绍物流与物流管理、物流系统、物流服务、物流管理的最新发展趋势等基础知识；第二篇介绍包装、流通加工、储存、装卸、运输、配送和物流信息等物流职能活动；第三篇介绍物流战略管理、物流组织、物流企业基础管理工作。

本书围绕管理，探讨物流合理化，内容力求精简。

本书可作为高等院校本专科学生的教材，也可作为物流工作者的自学用书。

本书配有 Powerpoint 制作的电子教案，教师可根据情况任意修改，有需要的读者可以从中国水利水电出版社网站以及万水书苑免费下载，网址为：http://www.waterpub.com.cn/softdown/或 http://www.wsbookshow.com。

图书在版编目（ＣＩＰ）数据

现代物流管理概论 / 翟学智，王强编著. -- 2版
. -- 北京：中国水利水电出版社，2019.1
　普通高等教育"十三五"规划教材. 物流管理专业
　ISBN 978-7-5170-7170-9

Ⅰ. ①现… Ⅱ. ①翟… ②王… Ⅲ. ①物流管理－高等学校－教材 Ⅳ. ①F252

中国版本图书馆CIP数据核字(2018)第273042号

策划编辑：石永峰　　责任编辑：高　辉　　加工编辑：武兴华　　封面设计：李　佳

书　名	普通高等教育"十三五"规划教材（物流管理专业） 现代物流管理概论（第二版） XIANDAI WULIU GUANLI GAILUN
作　者	翟学智　王　强　编著
出版发行	中国水利水电出版社 （北京市海淀区玉渊潭南路1号D座　100038） 网址：www.waterpub.com.cn E-mail: mchannel@263.net（万水） 　　　　sales@waterpub.com.cn 电话：（010）68367658（营销中心）、82562819（万水）
经　售	全国各地新华书店和相关出版物销售网点
排　版	北京万水电子信息有限公司
印　刷	三河市铭浩彩色印装有限公司
规　格	184mm×260mm　16开本　15印张　370千字
版　次	2005年5月第1版　2005年5月第1次印刷 2019年1月第2版　2019年1月第1次印刷
印　数	0001—3000 册
定　价	38.00元

凡购买我社图书，如有缺页、倒页、脱页的，本社营销中心负责调换

版权所有·侵权必究

第二版前言

我国物流业在最近这些年保持了较快增长,服务能力得到显著提升,基础设施条件和政策环境明显改善,现代产业体系初步形成,已经成为国民经济的重要组成部分。但是,行业发展也存在一些问题,比如总体水平仍有待进一步提高、发展方式仍有待进一步集约化。可以说,我国物流业目前正处于一个转型升级过程中的关键的新阶段。为了顺利实现这一升级过程,方方面面都在进行着不懈的努力。

2014年9月,国务院发布《物流业发展中长期规划(2014—2020年)》,明确指出物流业的三大发展重点:着力降低物流成本;着力提升物流企业规模化、集约化水平;着力加强物流基础设施网络建设。同时,进一步明确了物流业发展的七大主要任务:大力提升物流社会化、专业化水平;进一步加强物流信息化建设;推进物流技术装备现代化;加强物流标准化建设;推进区域物流协调发展;积极推动国际物流发展;大力发展绿色物流。2017年8月,国务院发布《关于进一步推进物流降本增效促进实体经济发展的意见》。2018年1月,国务院发布《关于推进电子商务与快递物流协同发展的意见》,明确要求深入实施"互联网+流通"行动计划,提高电子商务与快递物流协同发展水平。

企业和行业方面也有诸多探索和思考,比如,德勤公司最近在其研究报告《新零售下的新物流》中指出,以数字化为核心驱动力的新物流,要求以客户为中心的消费模式、品质更好的消费商品、体验更佳的消费过程、更高的性价比以及更快的物流。

为适应新环境下物流人才培养的需要,我们用了两年的时间,对本书第一版进行了修改、调整和完善。此次再版,对全书内容进行了以下调整:

(1)全书由原来的13章调整为14章。

(2)新增了第2章物流系统、第3章物流服务的内容。

(3)调整了第一版中第1章物流与物流管理、第2章物流管理的发展、第3章物流管理的最新发展趋势、第10章物流信息、第11章物流战略管理的部分结构和内容。

(4)其余各章大都作了小的修改,使个别录入错误(其中一些是读者发现的,在此深表感谢)得到了改正。

(5)每章增加了阅读资料版块,其内容均为与本章内容相关的资料,供读者阅读浏览,同时也可为读者进一步研究提供索引。

本书具体的写作分工:翟学智(第1、5、6、7、8、9、10、11章),王强(第2、3、4、12、13、14章)。

本书在编写的过程中参阅了较多国内外相关资料,主要参考文献已列在书后。在此对国内外有关作者表示衷心的感谢。

由于编者水平有限所导致的视野局限以及存在的其他问题,敬请指正。

编 者
2018年9月

第一版前言

随着市场状态由卖方市场向买方市场的转变，特别是人类社会进入 21 世纪和知识经济时代的到来，需求的个性化趋势越来越明显，且表现出复杂、多样化的特征，由此带来生产方式由主宰工业经济时代的大量生产转向快速反应市场的批量定制方式。这又进一步带来管理方式的变化，由注重生产转向注重销售，而且由集中在确定价格、包装和打开销路混合成的销售活动转向集中在分配和送货业务。随着精细化管理的到来，物流的重要性逐渐被认知，被称之为"第三利润源"，物流与物流管理的作用日益凸显。

我国政府一直关注和支持物流业的发展。2001 年，第一次由原国家经贸委等六部门联合出台了原则性的指导意见——《关于加快我国现代物流发展的若干意见》（简称《意见》）。近 20 年我国的物流业伴随着经济的发展取得了长足发展，商务部统计显示，2003 年我国国内物流业实现增加值为 7880 亿元人民币，同比增长 10.5%。物流业增加值占同期 GDP 的比重为 68%，占第三产业增加值的比重为 20.99%，成为拉动 GDP 增长和第三产业发展的稳定因素。2003 年，国内物流业固定资产投资额为 5594 亿元，增长 11.3%，占同期全社会固定资产投资总额的 13.19%，占同期第三产业投资的 21.1%。中国物流信息中心公布的统计数据显示，2004 年一季度，我国社会物流货物总额达 82182 亿元人民币，同比增长 31.7%。2004 年 8 月 5 日，经国务院批准，国家发展和改革委员会、商务部、公安部、铁道部、交通部、海关总署、税务总局、民航总局和工商总局等九部委联合发布了《关于促进我国现代物流业发展的意见》，强调加强物流标准化、提高物流信息化水平、加强对物流从业人员的培训等物流发展中的基础性工作。所有这些都预示着我国物流发展新时期的到来。

我们编写此书的目的，是想在新的形势下为物流人才的培养和物流管理的发展做些力所能及的事情。

本书的内容分为 3 篇。第一篇绪论，包括物流与物流管理、物流管理的发展、物流管理的最新发展趋势，共 3 章内容。第二篇物流的职能，包括包装、流通加工、储存、装卸、运输、配送和和物流信息，共 7 章内容。第三篇战略与组织，包括物流战略管理、物流组织、物流企业基础管理工作，共 3 章内容。

本书可作为高等院校本专科学生的教材，也可作为物流工作者的自学用书。为便于读者学习（特别是自学），每章均配有练习题，并配有参考答案。

本书的特点是：围绕管理，探讨物流合理化，内容力求精简。

本书的编写过程中，在物流管理运作、资料提供等方面，得到了天津保税区冈谷国际物流有限公司副总经理夏建忠先生的鼎力相助；天津商学院管理学院的王强老师，在写作大纲的制订、调整、以及资料收集方面给予了大力帮助；还得到了天津商学院管理学院物流教研室主任杜培枫博士、孙德明老师的大力协助。在此表示衷心的感谢！

编者在编写的过程中,阅读、参考了许多国内外学者、专家的著作及研究成果,受益匪浅,在此一并致谢。

由于作者的能力和水平有限,书中难免存在不妥之处,敬请读者朋友不吝赐教,以便改进和提高。

编　者

2005 年 2 月

目 录

第二版前言
第一版前言

第一篇 绪论

第1章 物流与物流管理 … 2
1.1 物流概述 … 2
1.1.1 物流的含义 … 3
1.1.2 物流的三要素 … 4
1.1.3 物流的功能 … 5
1.1.4 物流活动的分类 … 7
1.2 物流管理 … 9
1.2.1 物流管理概述 … 9
1.2.2 物流管理的内容 … 9
1.2.3 物流管理的阶段 … 11
小结 … 13
阅读资料 … 13
练习题 … 14

第2章 物流系统 … 16
2.1 物流系统概述 … 16
2.1.1 物流系统的含义 … 16
2.1.2 物流系统的特征 … 17
2.1.3 物流系统的目标 … 18
2.1.4 物流系统的功能 … 18
2.1.5 物流系统的结构 … 19
2.1.6 物流系统的要素 … 20
2.2 物流系统设计 … 20
2.2.1 物流系统设计的原则 … 20
2.2.2 物流系统设计的程序 … 21
小结 … 23
阅读资料 … 23
练习题 … 25

第3章 物流服务 … 27
3.1 物流服务概述 … 27
3.1.1 物流服务的目的 … 27
3.1.2 物流服务的构成要素 … 28
3.2 物流服务的实施 … 29
3.2.1 物流服务的原则 … 29
3.2.2 物流服务能力 … 30
3.3 物流服务质量监控 … 32
3.3.1 物流服务质量的衡量 … 32
3.3.2 服务失效与补救 … 34
小结 … 34
阅读资料 … 34
练习题 … 35

第4章 物流管理的最新发展趋势 … 37
4.1 物流管理的发展概述 … 38
4.1.1 美国物流管理的发展 … 38
4.1.2 日本物流管理的发展 … 40
4.1.3 中国物流管理的发展 … 44
4.2 第三方物流 … 46
4.2.1 第三方物流概念 … 46
4.2.2 第三方物流的产生和发展 … 47
4.2.3 第三方物流企业的类型 … 49
4.2.4 第三方物流的基本特征 … 49
4.2.5 第三方物流的优势 … 50
4.2.6 第三方物流的发展状况 … 51
4.3 全球物流 … 52
4.3.1 物流全球化的背景 … 52
4.3.2 全球物流的基本活动 … 53
4.3.3 全球物流的特征 … 54
4.3.4 全球物流组织与管理 … 57
4.4 绿色物流 … 59

4.4.1　物流对环境造成的负面影响 ………… 59
　　4.4.2　绿色物流的兴起 …………………… 60
　　4.4.3　绿色物流的理论基础 ……………… 61
　　4.4.4　政府规制与绿色物流 ……………… 61
　　4.4.5　企业发展绿色物流的途径 ………… 62
　　4.4.6　再生资源物流 ……………………… 63
　　4.4.7　废弃物物流 ………………………… 66
4.5　供应链管理 ……………………………… 68
　　4.5.1　供应链概述 ………………………… 68
　　4.5.2　供应链管理 ………………………… 70
　　4.5.3　供应链物流管理 …………………… 71
　　4.5.4　供应链物流管理的方法 …………… 71
小结 …………………………………………… 74
阅读资料 ……………………………………… 74
练习题 ………………………………………… 75

第二篇　物流的职能

第5章　包装 …………………………… 79
5.1　包装的功能 ……………………………… 79
　　5.1.1　保护功能 …………………………… 80
　　5.1.2　便于处理 …………………………… 80
　　5.1.3　促进销售 …………………………… 81
5.2　包装的分类 ……………………………… 81
　　5.2.1　按包装功能不同分类 ……………… 81
　　5.2.2　按运输工具不同分类 ……………… 82
　　5.2.3　按形态分类 ………………………… 82
　　5.2.4　按包装方法分类 …………………… 82
　　5.2.5　按包装材料分类 …………………… 82
　　5.2.6　按包装使用次数分类 ……………… 83
　　5.2.7　按包装商品种类分类 ……………… 83
5.3　包装材料 ………………………………… 83
　　5.3.1　纸包装材料 ………………………… 83
　　5.3.2　木制包装材料 ……………………… 84
　　5.3.3　塑料制品包装材料 ………………… 84
　　5.3.4　金属包装材料 ……………………… 84
　　5.3.5　纤维包装材料 ……………………… 84
　　5.3.6　陶瓷与玻璃包装材料 ……………… 84
　　5.3.7　合成树脂包装材料 ………………… 85
　　5.3.8　复合包装材料 ……………………… 85
　　5.3.9　草制包装材料 ……………………… 85
5.4　包装技术 ………………………………… 85
　　5.4.1　缓冲包装技术（防震包装技术）…… 85
　　5.4.2　防水包装技术 ……………………… 86
　　5.4.3　防潮包装技术 ……………………… 86
　　5.4.4　防锈包装技术 ……………………… 86
　　5.4.5　防霉包装技术 ……………………… 87
5.5　包装机械 ………………………………… 87
　　5.5.1　包装机械的作用 …………………… 87
　　5.5.2　包装机械的分类 …………………… 87
　　5.5.3　常用包装机械 ……………………… 88
5.6　包装合理化 ……………………………… 89
　　5.6.1　包装尺寸标准化 …………………… 89
　　5.6.2　包装作业机械化 …………………… 89
　　5.6.3　包装轻薄化 ………………………… 89
　　5.6.4　包装单位大型化 …………………… 89
　　5.6.5　包装成本低廉化 …………………… 89
　　5.6.6　包装材料的资源节省化 …………… 90
　　5.6.7　包装的特色化 ……………………… 90
小结 …………………………………………… 90
阅读资料 ……………………………………… 90
练习题 ………………………………………… 92

第6章　流通加工 ………………………… 94
6.1　流通加工概述 …………………………… 95
　　6.1.1　流通加工的概念 …………………… 95
　　6.1.2　流通加工的作用 …………………… 95
　　6.1.3　流通加工的类型 …………………… 96
6.2　流通加工的形式 ………………………… 97
　　6.2.1　生鲜食品的流通加工 ……………… 97
　　6.2.2　水泥熟料的流通加工 ……………… 97
　　6.2.3　机电产品的组装加工 ……………… 97
　　6.2.4　钢板剪板及下料加工 ……………… 97
　　6.2.5　木材的流通加工 …………………… 97
　　6.2.6　煤炭及其他燃料的流通加工 ……… 98

  6.2.7 平板玻璃的流通加工 ……… 98
  6.2.8 加工定制 ……………………… 98
 6.3 流通加工的管理 …………………… 99
  6.3.1 流通加工的投资管理 ………… 99
  6.3.2 流通加工的生产管理 ………… 99
  6.3.3 流通加工的质量管理 ………… 99
  6.3.4 流通加工中心的布局 ……… 100
 6.4 流通加工的合理化 ……………… 100
  6.4.1 不合理流通加工的形式 …… 100
  6.4.2 流通加工的合理化 ………… 101
 小结 ……………………………………… 102
 阅读资料 ………………………………… 102
 练习题 …………………………………… 103

第7章 储存 …………………………… 104
 7.1 储存概述 ………………………… 104
  7.1.1 储存的功能 ………………… 105
  7.1.2 储存的方式 ………………… 106
 7.2 储存的业务管理 ………………… 107
  7.2.1 入库管理 …………………… 107
  7.2.2 在库管理 …………………… 108
  7.2.3 出库管理 …………………… 109
 7.3 储存的合理化 …………………… 109
  7.3.1 合理化原则 ………………… 109
  7.3.2 储存管理现代化 …………… 110
 小结 ……………………………………… 111
 阅读资料 ………………………………… 111
 练习题 …………………………………… 112

第8章 装卸 …………………………… 114
 8.1 装卸概述 ………………………… 114
  8.1.1 装卸的特点 ………………… 115
  8.1.2 装卸的类型 ………………… 116
 8.2 装卸的基本内容 ………………… 117
  8.2.1 装卸物分类 ………………… 117
  8.2.2 设施布置 …………………… 118
  8.2.3 移动 ………………………… 119
  8.2.4 图表化 ……………………… 120
  8.2.5 初步方案设计与比较 ……… 121
  8.2.6 详细方案的设计 …………… 121

 8.3 装卸机械 ………………………… 121
  8.3.1 主要装卸机械 ……………… 121
  8.3.2 装卸机械的选择 …………… 123
 8.4 装卸的合理化 …………………… 123
  8.4.1 防止无效装卸 ……………… 123
  8.4.2 充分利用重力或消除重力影响，
     进行少消耗的装卸 ………… 124
  8.4.3 充分利用机械，实现"规模装卸" … 124
  8.4.4 提高物的装卸活性 ………… 124
  8.4.5 制度建设 …………………… 125
 小结 ……………………………………… 125
 阅读资料 ………………………………… 125
 练习题 …………………………………… 126

第9章 运输 …………………………… 128
 9.1 运输概述 ………………………… 128
  9.1.1 货物的分类 ………………… 129
  9.1.2 运输的地位 ………………… 129
 9.2 运输方式的类型 ………………… 129
  9.2.1 按照运输设备及运输工具分类 … 129
  9.2.2 按照运输线路分类 ………… 131
  9.2.3 按照运输的作用分类 ……… 132
  9.2.4 按照运输的协作程度分类 … 132
 9.3 运输合理化 ……………………… 132
  9.3.1 影响合理运输的主要因素 … 132
  9.3.2 不合理运输的表现形式 …… 133
  9.3.3 运输合理化的有效措施 …… 133
 小结 ……………………………………… 135
 阅读资料 ………………………………… 135
 练习题 …………………………………… 136

第10章 配送 …………………………… 138
 10.1 配送概述 ………………………… 139
  10.1.1 配送的含义及特征 ………… 139
  10.1.2 配送的要素 ………………… 140
  10.1.3 配送的作用 ………………… 141
 10.2 配送的类型 ……………………… 142
  10.2.1 按照配送组织者分类 ……… 142
  10.2.2 按照配送对象的种类和数量分类 … 144
  10.2.3 按照时间和数量差别分类 … 144

  10.2.4 按照加工程度分类 …………… 145
  10.2.5 按照配送企业的业务关系分类 …… 146
 10.3 配送合理化 ………………………… 146
  10.3.1 不合理配送的表现形式 ………… 146
  10.3.2 配送合理化的判断标志 ………… 147
  10.3.3 配送合理化的措施 ……………… 148
 10.4 配送中心 …………………………… 149
  10.4.1 配送中心的含义与功能 ………… 149
  10.4.2 配送中心的类型 ………………… 150
 小结 ……………………………………… 152
 阅读资料 ………………………………… 152
 练习题 …………………………………… 154
第11章 物流信息 ……………………………… 156
 11.1 物流信息概述 ……………………… 156

  11.1.1 物流信息的构成及功能 ………… 156
  11.1.2 物流信息的特征 ………………… 157
 11.2 物流信息技术 ……………………… 157
  11.2.1 条形码技术 ……………………… 158
  11.2.2 电子数据交换技术 ……………… 158
  11.2.3 电子自动订货系统 ……………… 159
  11.2.4 销售时点信息系统 ……………… 160
 11.3 物流信息系统的管理 ……………… 160
  11.3.1 物流信息系统的定义及其功能 … 160
  11.3.2 物流信息系统的开发过程 ……… 161
 小结 ……………………………………… 162
 阅读资料 ………………………………… 162
 练习题 …………………………………… 163

第三篇 战略与组织

第12章 物流战略管理 ………………………… 166
 12.1 物流环境变化及对物流管理的影响 … 166
  12.1.1 物流环境变化 …………………… 166
  12.1.2 物流环境变化对物流管理的影响 … 169
 12.2 物流战略 …………………………… 170
  12.2.1 物流战略管理的过程 …………… 170
  12.2.2 物流战略的内容 ………………… 171
  12.2.3 物流战略的层次 ………………… 172
 12.3 物流企业及经营战略的类型 ……… 172
  12.3.1 物流企业的类型 ………………… 173
  12.3.2 物流企业经营战略的类型 ……… 174
 小结 ……………………………………… 175
 阅读资料 ………………………………… 175
 练习题 …………………………………… 176
第13章 物流组织 ……………………………… 178
 13.1 物流组织概述 ……………………… 178
  13.1.1 物流组织的发展 ………………… 178
  13.1.2 物流组织的影响因素 …………… 180
  13.1.3 物流组织管理的原则 …………… 181
 13.2 物流组织的类型 …………………… 182
  13.2.1 依附型组织结构 ………………… 182
  13.2.2 独立型组织结构 ………………… 185

 小结 ……………………………………… 187
 阅读资料 ………………………………… 187
 练习题 …………………………………… 188
第14章 物流企业基础管理工作 ……………… 190
 14.1 物流企业基础管理工作概述 ……… 190
  14.1.1 物流企业基础管理工作的含义
     及特征 …………………………… 191
  14.1.2 物流企业基础管理工作的内容 … 191
 14.2 物流规章制度 ……………………… 192
  14.2.1 规章制度的含义和作用 ………… 192
  14.2.2 规章制度的内容 ………………… 192
 14.3 物流定额工作 ……………………… 193
  14.3.1 定额工作的内容 ………………… 193
  14.3.2 定额工作的管理原则 …………… 194
 14.4 物流标准化工作 …………………… 194
  14.4.1 物流标准化工作的含义和作用 … 194
  14.4.2 物流标准化工作的内容 ………… 195
 14.5 物流计量工作 ……………………… 196
  14.5.1 计量工作的内容 ………………… 197
  14.5.2 计量工作的任务 ………………… 197
 14.6 物流信息工作 ……………………… 197
  14.6.1 物流信息工作的内容 …………… 197

14.6.2 物流信息工作的基本要求………… 198
14.7 物流员工培训…………………… 198
    14.7.1 员工培训的目的与意义………… 198
    14.7.2 员工培训的内容………………… 199
    14.7.3 员工培训的管理………………… 199
14.8 强化物流企业基础管理工作 …… 201
    14.8.1 物流基础管理工作的关系……… 201
    14.8.2 物流基础管理工作需注意的问题 ·· 202
小结…………………………………… 203
阅读资料……………………………… 204
练习题………………………………… 204
附录　练习题参考答案……………… 207
参考文献……………………………… 227

第一篇　绪论

　　经济发展对物流的需要越来越大，也因此凸显出物流与物流管理的重要作用。本篇安排4章的内容：物流与物流管理，主要介绍有关物流与物流管理的基础知识；物流系统，主要介绍物流系统的含义、特征、目标、功能、结构、要素，以及物流系统设计的原则和程序；物流服务，主要介绍物流服务的目的与构成要素、物流服务的原则和能力，以及物流服务质量监控；物流管理的最新发展趋势，简要介绍美国、日本和中国的物流管理的发展，以及物流管理的最新发展，主要介绍与社会高度专业化分工、经济全球化、可持续发展、商业生态思想相适应的第三方物流、全球物流、绿色物流和供应链物流管理。

第 1 章　物流与物流管理

- 物流的含义、功能、要素、分类
- 物流管理的含义、层次、内容、阶段

- 物流的含义
- 物流管理的含义

要　求

熟练掌握以下内容：
- 物流的含义、理解物流含义应把握的要点
- 物流的功能
- 物流的分类
- 物流管理的含义
- 物流管理的内容

了解以下内容：
- 物流的要素
- 物流管理的层次和阶段

随着社会的进步和经济的发展，物流的作用越发显得重要，以至于被称为"第三利润源"。工业经济时代的结束，知识经济时代的到来，使得经济管理活动从粗放式管理进入精细化管理。要对物流实施有效的管理，就必须从最基础的内容入手，了解和掌握什么是物流，它有什么功能等。

1.1　物流概述

美国学者斯坦·戴维斯和比尔·戴维森在《2020 年》一书中，将 1950—2020 年称为"信息经济时代"，并指出：生产是工业经济的核心，信息经济时代的主要功能转移到销售。而在信息经济时代的前半期主要集中在由确定价格、包装和打开销路混合成的销售活动；后半期主要集中在分配和送货业务。

事实上，伴随着卖方市场向买方市场的转变，消费者的需求个性化趋势越来越显著，工业经济时代的大批量生产模式受到挑战，以销定产、按顾客要求定制的精细化管理的时代已经到来，物流在调节按顾客需求定制与生产成本之间的矛盾，促进经济发展和社会进步的过程中凸显出越来越重要的作用。

1.1.1 物流的含义

1. 观点汇总

由于物流科学的迅速发展，世界许多国家的专业研究机构、管理机构以及物流研究专家等，对物流概念作出了各种定义。

1935年，美国销售学会对物流进行的定义被人们认为是最早的物流概念：物流（Physical Distribution）是包括于销售之中的物质资料和服务于从生产地点到消费地点流动过程中伴随的种种经济活动。

美国物流管理协会的定义：物流是对货物、服务及相关信息从起源地到消费地进行有效率、有效益的流通和储存，以满足顾客要求的过程，并对这个过程进行计划、执行和控制。这个过程包括输入、输出、内部和外部的移动以及以环境保护为目的的物料回收。

日本工业标准（JIS）的定义：将实物从供给者物理性地移动到用户这一过程的活动，一般包括输送、保管、装卸、包装以及与其有关的情报等各种活动。

欧洲物流协会的定义：物流是在一个系统内对人员和商品的运输、安排及与此相关的支持活动进行计划、执行和控制，以达到特定的目的。

1980年美国后勤管理协会的定义：物流是有计划地对原材料、半成品及成品进行的由其生产地到消费地的高效流通活动，这种流通活动的内容包括为用户服务、需求预测、情报信息联络、物料搬运、订单处理、选址、采购、包装、运输、装卸、废物处理及仓库管理。

中国《物流术语》（GB/T 18354—2006）的定义：物品从供应地向接收地的实体流动过程。根据实际需要，将运输、储存、装卸、搬运、包装、流通加工、配送、信息处理等基本功能实施有机结合。

美国学者查尔斯·塔夫将物流定义为：物流是对到达以及离开生产线的原料、在制品和产成品的运动、储存和保护活动的管理。它包括运输、物料搬运、包装、仓储、库存控制、订货销售、选址分析和有效管理所必需的通信网络等。

日本早稻田大学教授西泽修在定义物流时说：物流是指包装、输送、保管、装卸工作，主要以有形物资为中心，所以称之为物资流通。在物资流通中加进情报流通，于是称之为物流。

日本另一位物流专家汤浅和夫认为：物流是一个包含"整体观点"的概念，是指产品从工厂生产出来到送达顾客手中这一过程的"结构"。

中田信哉、桥本雅隆认为：物流是生产到消费之间物资（商品）的物理性流动，是为此而展开的活动、为此而投入的社会资本等体制的总称。

2. 本书的观点

编者认为，物流是物的物理性流动。

理解物流的概念，应把握以下几个要点：

（1）物流的研究对象是"物"。物流中的"物"是指一切可以进行物理性位置移动的物质资料。包含以下内容：

- 物资。物资在我国专指生产资料，有时也泛指全部物质资料，较多指工业品生产资料。其中建筑设施、土地等不属于物流学研究的范畴。
- 物料。物料是我国生产领域中的一个专门概念。生产领域中物流学的物主要指的就是物料。生产企业习惯将最终产品之外的，在生产领域流转的一切材料（不论其来自生产资料还是生活资料）、燃料、零部件、半成品、外协件以及生产过程中必然产生的边、角、余料、废料及各种废物统称为"物料"。
- 货物。货物是我国交通运输领域中的一个专门概念。
- 商品。商品中凡具有可运动要素及物质实体要素的，都是物流研究的"物"。
- 物品。物品是生产、办公、生活领域常用的一个概念，在生产领域中，一般指不参加生产过程，不进入产品实体，而仅在管理、行政、后勤、教育等领域使用的与生产相关的或有时完全无关的物质实体；在办公、生活领域则泛指与办公、生活消费有关的所有物件。

（2）物流是物的"流动"。物的"流动"既有区域的划分，也有领域的划分。从其区域看，其流动可以是大范围的，如在国际、全国、省际、市际，也可以是在同一地域、同一环境中的小范围位移。从领域的角度看，物的流动既包括流通领域，也包括生产领域。有人提出还应包括生活领域，认为随着科学文化的发展以及人们对生活质量要求的提高，生活物流的研究将会有所发展。

（3）物流是物的"物理性"运动。物流中物的流动指的是物理性运动。在运动的5种基本形式中，其他形式的运动（化学的、机械的、生物的、社会的运动现象）都不包含在内。

1.1.2 物流的三要素

物流包括许多具体活动，人们进行物流活动的方式多种多样，不管用什么样的方式进行什么样的具体物流活动，都要具备以下三个基本要素，即流体、载体和流向。

1. 流体

流体是指物流中的"物"。因为物流的目的是实现"物"从供应者向需要者的流动，尽管为实现此目的，有一部分"物"要不断地储存在仓库中，这也是流动的前提，是流动的一种形式，但所有的"物"终究都要经过运输等形式实现空间上的移动。因此，总地来说，"物"是处于不断流动状态的。

流体具有自然属性和社会属性。自然属性指其物理、化学、生物属性。物流管理的任务之一是要保护好流体，使其自然属性不受损坏，因而要对流体进行检验、养护，在物流过程中需根据自然属性合理安排运输、保管、包装等物流作业。社会属性指其所体现的价值，以及生产者、采购者、物流作业者与销售者之间的各种关系，有些关系国计民生的重要商品作为物流的流体还肩负国家宏观调控的重要使命，因此在物流过程中要保护流体的社会属性不受任何影响。

根据流体的自然属性和社会属性，可以计算流体的价值系数，即每立方米体积商品的价值。该系数可以反映商品的贵贱，对物流部门确定物流作业方案有重要参考价值，价值系数越大的商品，物流过程越要精心，除了采取商品保险措施外，运输、保管、包装、装卸等各个环节的组织与作业也都要精心安排。

2. 载体

载体指流体借以流动的设施和设备。载体分成两类，一类是指基础设施，如铁路、公路、水路、港口、车站、机场等基础设施；另一类是直接盛载并运送物体的设备，如车辆、船舶、飞机、装卸搬运设备等。物流载体的状况，尤其是物流基础设施的状况直接决定物流的质量、效率和效益。

3. 流向

流向指流体从起点到止点的流动方向。物流的流向有四种：一是自然流向，指根据产销关系所决定的商品的流向，这表明一种客观需要，即商品要从产地流向销地；二是计划流向，指根据政府部门的商品调拨计划而形成的商品流向，即商品从调出地流向调入地，这一点在计划经济时期体现得比较明显；三是市场流向，指根据市场供求规律由市场确定的商品流向；四是实际流向，指在物流过程中实际发生的流向。对某种商品而言，可能会同时存在以上几种流向，如根据市场供求关系确定的商品流向是市场流向，这种流向反映了产销之间的必然联系，是自然流向，实际发生物流时还需根据具体情况来确定运输路线和调运方案，这才是最终确定的流向，这种流向是实际流向。在确定物流流向时，理想的状况是商品的自然流向与商品的实际流向相一致，但由于计划流向与市场流向都有其存在的前提，还由于载体的原因，商品的实际流向经常偏离自然流向。

物流的流体、载体和流向三要素之间有极强的内在联系，如流体的自然属性决定了载体的类型和规模，流体的社会属性决定了流向，载体对流向有制约作用，载体的状况对流体的自然属性和社会属性均会产生影响。因此，进行物流活动要注意处理好三要素之间的关系，否则就会使物流成本提高、服务降低、效益低下、效率下降。

1.1.3 物流的功能

1. 物流的总体功能

（1）组织"实物"进行物理性的流动。这个物理性流动的动力来自五个方面：生产活动和工作活动的要求、生活活动和消费活动的要求、流通活动的要求、军事活动的要求、社会活动和公益活动的要求。

（2）实现对用户的服务。实现对用户的服务是物流的总体功能。某些物流领域，可以有利润中心、成本中心等作用，但是所有的物流活动都具有服务这个共同的功能特性。

（3）实现对物流资源和物流流程的整合。物流资源和物流流程按用户要求重新加以整合，使之更优化、更合理，是将物流资源和物流相关资源进行一定程度的集成，以创新物流体制、物流系统和物流服务组织，从而提升物流活动水平的一种方式。物流系统通过有效的整合，物流资源尤其是闲置资源和没有充分利用的资源会得到最大限度、最优的利用，会形成 1+1>2 的生产力局面，这种整合的效果是依靠管理来实现的。

2. 物流的具体功能

物流的具体功能，通常又称为物流职能或物流活动。概括起来包括：

（1）包装功能。包装是保证整个物流系统流程顺畅的重要环节之一。包装可大体划分为两类：一类是工业包装，或叫运输包装、大包装；另一类是商业包装，或叫销售包装、小包装。工业包装的对象有煤炭、矿石、棉花、粮食等。工业包装的原则是便于运输、便于装卸、便于保管，能保质、保量、促销。工业发达的国家，在产品设计阶段还考虑包装的合理性、搬运装卸和运输的效率性以及尊重搬运工人的能力性（如每个包装单位不超过 24kg，这样的重量妇女也可以承受）等。商业包装的目的主要是促进销售，包装精细、考究，以利于宣传、吸引消费者购买。

（2）流通加工功能。所谓流通加工就是产品从生产到消费过程中的一种加工活动，或者说是一种初加工活动。它是社会化分工、专业化生产的新形式，是使物品发生物理性变化（如大小、形状、数量等变化）的物流方式。通过流通加工，可以节约材料、提高成品率，保证供货质量和更好地为用户服务。所以，对流通加工的作用同样不可低估。流通加工是物流过程中"质"的升华，使流通向更深层次发展。

（3）仓储功能。仓储中很重要的一项工作就是保管。保管同样是物流各大环节中十分重要的组成部分。产品离开生产线后到最终消费之前，一般都要有一个存放、保养、维护和管理的过程，也是克服季节性、时间性间隔，创造时间效益的活动。虽然人们希望产品生产出来后能马上使用，使物流的时间距离，即存放、保管的时间接近"零"，但这几乎不可能。即便从生产厂到用户的直达运输，在用户那里也要有一段时间的存放过程，因此说保管的功能不仅不可缺少，而且很有必要。为了防止自然灾害、战争、地震、海啸等人类不可抗拒事件的发生，还需要进行战略性储备。

在经济不发达、市场短缺的时代，保管往往是长期储备、储存和仓储的代名词。随着时代的进步、经济的发展，特别是以计算机为核心的信息技术的运用，为了减少流通环节，节约物流费用，仓库的作用就发生了根本性的变化，由主要发挥保管功能，转为主要发挥"流通"功能。在现代经济社会，经济发达国家的仓库大都变成了物流中心、配送中心、物流据点和流通中心，也就是说，担负起物流配送的功能。生产企业从这里了解自己的产品流转速度、周转率，从中得出什么产品畅销、什么产品滞销，由此决定该生产什么、不该生产什么等，把保管作为信息源，根据保管的种种数据决定生产、促进销售。也就是说，保管还具有信息的功能。

（4）装卸搬运功能。装卸、搬运是物流各环节连接成一体的接口，是运输、保管、包装等物流作业得以顺利实现的根本保证。装卸和搬运质量的好坏、效率的高低是整个物流过程的关键所在。

装卸搬运工具、设施、设备不先进，搬运装卸效率低，商品流转时间就会延长，商品就会破损，就会增大物流成本，影响整个物流过程的质量。由于目前我国装卸作业水平、机械化、自动化程度与发达国家相比还有很大差距，野蛮装卸造成包装破损、商品丢失现象时有发生，人工费用居高不下，货物破损率一直很高，因此重视搬运装卸环节显得非常重要。装卸搬运是连接运输、保管和包装各个系统的节点，该节点的质量直接关系到整个物流系统的质量和效率，而且又是缩短物流移动时间、节约流通费用的重要组成部分。装卸搬运环节出了问题，物流其他环节就会停顿。

（5）运输功能。运输是物流各环节中最重要的部分，是物流的关键。有人将运输作为物流的代名词。运输方式有公路运输、铁路运输、船舶运输、航空运输、管道运输等。没有运输，物品只能有存在价值，没有使用价值，即生产出来的产品，如果不通过运输，送至消费者进行消费，等于该产品没有被利用，因而也就没有产生使用价值。没有运输连接生产和消费，生产就失去意义。运输可以划分为两段：一段是生产厂到流通据点之间的运输，批量比较大、品种比较单一、运距比较长；另一段是流通据点到用户之间的运输，一般称为"配送"，就是根据用户的要求，将各类商品按不同类别、不同方向和不同用户进行分类、拣选、组配、装箱，并按用户要求的品种、数量配齐后送给用户,其实质在于"配齐"和"送达"。

(6)信息功能。物流信息是连接运输、储存、装卸、包装各环节的纽带,没有各物流环节信息的通畅和及时供给,就没有物流活动的时间效率和管理效率,也就失去了物流的整体效率。产品从生产到消费过程中的运输数量和品种、库存数量和品种、装卸质量和速度、包装形态和破损率等信息都是物流活动质量和效率的保证,准确掌握物流各环节的状态等信息,是做好物流管理的先决条件。不断地收集、筛选、加工、研究、分析各类信息,并以此为依据判断生产和销售方向,制定企业经营战略,在国外已经不是新鲜经验。

当然,要做好企业经营管理,单单掌握物流信息是不够的,商流信息如销售状况、合同签约、批发与零售等信息,同行业企业商流、物流信息,乃至一个国家的政治、经济、文化信息,包括政治事件、经济政策、重大项目计划、股市、金融、保险、国民经济重要指标、失业率等信息,都是企业经营所不可缺少的。

因此,物流信息是物流活动顺畅进行的保障,是物流活动取得高效益的前提,是企业管理和经营决策的依据。充分掌握物流信息,能使企业减少浪费、节约费用、降低成本、提高服务质量,确保企业在激烈的市场竞争中立于不败之地。

1.1.4 物流活动的分类

社会经济领域中的物流活动无处不在。对于各个领域的物流,虽然其基本要素相同,但由于物流对象不同,物流目的不同,物流范围、范畴不同,形成了不同的物流类型。在物流的分类标准方面目前还没有统一的看法,主要的分类方法有下述几种。

1. 按物流的作用分类

(1)供应物流。企业为保证本身生产的节奏,不断组织原材料、零部件、燃料、辅助材料供应的物流活动,这种物流活动对企业生产的正常、高效进行起着重大作用。企业供应物流不仅要保证完成供应的目标,而且还要以最低成本并以最少消耗、最大保证来组织供应物流活动。因此,要做好企业供应物流工作,难度是很大的。企业竞争的关键在于如何降低这一物流过程的成本,可以说这是企业物流的最大难点。为此,企业供应物流就必须解决有效的供应网络、供应方式、零库存等问题。

(2)销售物流。销售物流是企业为保证自身的经营效益,随销售活动将产品所有权转给用户的物流活动。在现代社会中,市场是一个完全的买方市场,销售物流活动便带有极强的服务性,以满足买方的需求,最终实现销售。在这种市场前提下,销售往往以送达用户并经过售后服务才算终止。因此,销售物流的空间范围很大。这便是销售物流的难度所在。在这种前提下,企业销售物流的特点是通过包装、送货、配送等一系列物流活动实现销售。这就需要研究送货方式、包装水平、运输路线等,采取各种诸如少批量、多批次、定时、定量配送等特殊的物流方式达到目的。因而,研究领域是很宽的。

(3)生产物流。生产物流指企业在生产过程中的物流活动。这种物流活动是与整个生产过程伴生的,实际上已构成了生产过程的一部分。企业生产过程的物流大体为:原料、零部件、燃料等辅助材料从企业仓库或企业的"门口"开始,进入到生产线的开始端,再进一步随生产加工过程一个环节一个环节地流动(在流动的过程中,物料本身被加工,同时产生一些废料、余料)直到生产加工终结,最后流至生产成品仓库,便终结了企业生产物流过程。

（4）回收物流。企业在生产、供应、销售的活动中总会产生各种边角余料和废料，这些东西回收是需要伴随物流活动的。而且，在一个企业中如果回收物品处理不当，往往会影响整个生产环境，甚至影响产品的质量，也会占用很大空间，造成浪费。

（5）废弃物物流。废弃物物流是指对企业排放的无用物进行运输、装卸、处理等的物流活动。废弃物物流虽然没有经济效益，但是具有不可忽视的社会效益。

2. 按物流业务活动范围分类

（1）社会物流。社会物流是全社会物流的整体，所以也称宏观物流。社会物流是指超越一家一户的以一个社会为范畴，以面向社会为目的的物流。这种社会性很强的物流往往是由专门的物流承担人承担。社会物流主要研究再生产过程中随之发生的物流活动，研究国民经济中的物流活动，研究如何形成服务于社会、面向社会又在社会环境中运行的物流，研究社会中物流体系结构和运行等，因此带有宏观性和广泛性。

（2）行业物流。同一行业中的企业是市场上的竞争对手，但是在物流领域中常常互相协作，共同促进行业物流系统的合理化。

如日本的机械制造行业，提出行业物流系统化的具体内容有：有效利用各种运输手段，制造共同的零部件仓库，实行共同配送；建立新旧设备及零部件的共同流通中心；建立技术中心，共同培训操作人员和维修人员；统一机械制造规格等。又如在大量消费品方面采用统一传票、统一商品规格、统一法规政策、统一托盘规格，包装模式化等。行业物流系统化的结果是使参与的各个企业都得到相应的利益。

（3）企业物流。企业物流从企业角度研究与之有关的物流活动，是具体的、微观的物流活动的典型领域。企业物流又可以区分为以下具体的物流活动：供应物流、生产物流、销售物流、回收与废弃物物流。

3. 按物流活动的空间分类

（1）地区物流。地区物流的地区可按行政区域、经济圈、地理位置划分。地区物流系统（如大型物流中心）对于提高该地区企业物流活动效率、降低物流成本，以及保障当地居民的生活福利、环境、稳定物价，具有不可缺少的作用。但是也会由于供应点集中、货车往来频繁，产生废气噪声、交通事故等消极问题，地区物流的组织要与城市建设规划、地区开发计划协调一致，以便更好地发挥物流的作用。

（2）国际物流。国际物流是相对国内物流而言的，是不同国家之间的物流。它是国内物流的延伸和进一步扩展，是跨国界的、流通范围扩大的物的流通，是国际贸易的重要组成部分。

国际物流是随着国际经济大协作、工业生产社会化和国际化的发展而产生的，跨国公司的发展使得一个企业的经济活动范围可以遍布全球，国家之间原材料与产品的流通也随之发展起来。

4. 按物流组织主体分类

按物流组织主体可分为第一方物流、第二方物流和第三方物流。

（1）第一方物流。第一方物流，即卖方、生产者或者供应方组织的物流。其核心业务围绕组织生产与供应商品展开。目前由企业自行组织，其中供应物流、生产物流、销售物流占主导地位。

（2）第二方物流。第二方物流，即买方、销售者或流通企业组织的物流。其核心业务围绕采购与销售商品展开。

（3）第三方物流。第三方物流，即由专业物流组织进行的物流，物流业务是其核心业务。对于第三方物流企业，按性质可以分为物流实体公司、物流管理公司与物流技术公司。它们的主要功能是：

- 提供基本的仓储和运输服务。如公共仓库和普通货运公司，以资产密集和标准化服务为基本特征。
- 提供仓储和货运管理等增值服务。为客户提供集货配送、分拣包装、配套装配、条码生成、挂标刷标等，可为客户选择承运人、协议价格、安排货运计划、优选货运路线和监测货运。
- 提供一体化物流和供应链管理服务。为客户提供市场需求预测、自动订单处理、客户关系管理、存货控制和返回物流支持等。

1.2 物流管理

1.2.1 物流管理概述

1. 物流管理的含义

物流管理，就是对物流过程中的包装、流通加工、储存、装卸与搬运、运输、物流信息等活动进行计划、组织和控制。

2. 物流管理的层次

从企业经营的角度看，物流管理是以企业的物流活动为对象，为了以最低的成本向用户提供满意的物流服务，对物流活动进行的计划、组织、协调和控制。根据企业物流活动的特点，企业物流管理可以从以下三个层面展开：

（1）物流战略管理。企业物流战略管理就是站在企业长远发展的立场上，就企业物流的发展目标、物流在企业经营中的战略定位以及物流服务水准和物流服务内容等问题作出整体规划。

（2）物流系统设计与运营管理。企业物流战略确定以后，为了实施战略必须要有一个得力的实施手段或工具，即物流运作系统。作为物流战略制定后的下一个实施阶段，物流管理的任务是设计物流系统和物流网络，规划物流设施，确定物流运作方式和程序等，形成一定的物流能力，并对系统运营进行监控，及时根据需要调整系统。

（3）物流作业管理。根据业务需求，制订物流作业计划，并按照计划要求对物流作业活动进行现场监督和指导，对物流作业的质量进行监控。

1.2.2 物流管理的内容

物流管理通过对物流管理组织对整个物流活动进行计划、评价，以不断提高物流的经济效果。物流管理是对物流的计划—实施—评价反复进行的。物流管理的内容十分广泛，根据物流管理的特点，大体可分为物流的业务管理和技术管理两大方面。

1. 物流的业务管理

物流的业务管理是指对有关物流的业务活动进行的管理，主要包括以下内容。

（1）物流的计划管理：
- 物流长远计划。物流长远计划亦称物流远景规划。它是指在较长（一般在 5 年以上）的时间内对物流未来发展的规划。物流长远计划通常包括预测未来的流量及构成，未来运输、储存的发展规模，物流机械化、自动化的发展水平，未来物流经济效果的分析等内容。
- 物流年度计划。物流年度计划即在对物流活动的各种业务活动预测的基础上，在一个年度内所要达到的物流目标。它的具体内容与长远计划基本相同，所不同的是年度计划比长远计划更加详细、具体，更具有针对性。如对物流量的分析，对物流设备的更新、维修、改革的估计，对物流成本的分析，物流效果的目标及达到这一目标的措施等。
- 物流季、月、旬生产计划。这是物流部门具体执行年度计划，用以指导和组织日常物流活动的一种计划形式。物流季、月、旬生产计划，是各物流部门对各自的物流业务规定的物流数量、物流质量方面的具体生产计划。

（2）调整物流关系：
- 物流部门与产品生产部门的关系。生产部门是物资的制造者。它的生产数量、产品结构、生产的周期等都直接影响着物资的实物流通性。因此，物流管理必须与物资生产部门相通，根据生产的状况来合理地安排物流活动。
- 物流部门与销售部门的关系。物资销售部门是把产品出售给生产部门、消费者或下一级的销售部门的单位。物资销售部门的物资来源和物资去向决定着物流的方向。物资销售部门物资销售量的多寡、快慢、品种等相应地对物流的数量、物流的组织提出了要求。
- 物流部门内部的关系。在物流管理中，储存、装卸、运输、包装等物流环节都存在着相互依存的关系。物流管理要把各种物流活动有机、协调、合理地联系起来，使之尽可能达到同步运行，这对物流水平的提高具有十分重要的意义。

（3）物流经济活动管理。对物流各种经济活动进行管理，是物流管理中的一项重要内容。物流管理的目的，就是为了使人、财、物得到合理的运用，以取得最佳的经济效果。物流经济活动管理包括物流成本管理、物流费用分析、物流成果预测等。

（4）物流的系统管理。物流的系统管理主要通过物流信息系统和物流作业系统两方面的管理来实现。物流信息是组织、调整物流活动的眼睛。通过对订货、发货、库存等一系列信息的管理，掌握生产、销售、物流信息是物流信息系统管理的目的。物流信息为物流活动提供了科学的依据。物流信息管理又为物流信息的准确性、及时性、可靠性给予了必要的保证。物流的作业系统分别由包装、装卸、运输、保管等子系统所组成。对上述这些子系统进行合理的组织、安排、调度是物流作业系统的管理目的。上述各子系统除了它们自身的活动规律以外，尚存在各个系统间的相互联系。对物流作业系统的管理不但要注意每一个系统的合理组织、正常运转，而且更要强调各系统间的协调、统一。

（5）物流的人才管理。物流管理同其他经济管理一样需要大量的人才，人才对物流管理水平起着决定性的作用。
- 物流人才的合理运用。选用合理的、理想的人选在各个物流岗位、物流部门任职或工作，以发挥他们的聪明才智，调动他们的积极性，对物流管理起着重要的作用。人是天下第一可保贵的资源。合理的物流系统的建立，物流新技术的发明和推广，科学的物流方案的设计与选定，物流经济效果的提高，都要依靠合格的物流人才来完成。

- 物流人才的培养。物流需要人才，人才需要培养。根据物流发展的要求，培养和造就大量的物流人才已成为我国当前一个迫切的任务。除此之外，对物流在职人员进行在职教育和培训提高，也是物流人才培养的重要途径。因为在急剧发展变动的新的经济条件下，现有专业人才所具备的知识和能力，存在与新形势下物流管理的要求不一致的问题，需要不断地进行知识更新和专业技能提升。

物流管理人才应具备的管理技能主要包括三个方面。第一，物流管理人员的职能技能。职能技能是指掌握和管理各种物流技术的才能。它是以所在岗位的具体环境要求来决定的。第二，物流管理人员的管理技能。物流管理人员必须有科学管理的知识，并能将其付诸实践。如怎样组织人力、物力进行卓有成效的物流活动；如何成功地制订物流工作计划；如何从实物方面、财务方面进行管理；如何为实现物流目标而工作等。第三，物流管理人员的相互协调的技能。物流管理人员不仅要具备独立工作、管理的技能，还必须具有与其他人员相互配合、相互协调的技能。如与生产管理人员、销售管理人员的配合；各物流环节间的配合等。

2. 物流的技术管理

物流的技术管理是指对物流活动中的技术问题进行科学研究、技术服务的管理。物流技术在发展过程中形成了物流硬技术和物流软技术两大互相关联、互相区别的领域。

（1）物流硬技术及其管理。物流硬技术是指物流管理发展初期起主导作用的一门技术。它是指组织物资实物运动所涉及的各种机械设备、运输工具、仓库建筑、站场设施以及服务于物流的电子计算机、通信网络设备等。20 世纪 70 年代中期以前，物流活动是以硬技术为主导，以后硬技术又得到迅速发展，如专门从事原油、矿石运输的专用船只，集装箱车、船，立体自动化仓库等。

组织物流管理人员研究、试制、开发新的物流硬技术，使之在物流活动中发挥更大的效用，一向被认为是提高物流水平的强有力的手段。我国从 20 世纪 60 年代末 70 年代初加强了对物流硬技术的科研工作，如大型专用性船只的建造、自动化仓库的尝试等，都取得了初步的成效。

（2）物流软技术及其管理。物流软技术是指为组成高效率的物流系统而使用的应用技术。具体地说，是指各种物流设备的最合理的调配和使用。物流软技术能够在不改变物流硬技术（即装备）的情况下，充分地发挥现有设备的能力，获取较好的经济效果。

对于物流软技术的管理集中体现在用先进的科学技术，如电子计算机等，使用系统工程、价值工程技术，求取物流的最佳技术方案。近些年来，我国在仓库、运输等领域中开发和应用了电子计算机软技术，使我国的物流组织取得了十分可喜的成果。

1.2.3 物流管理的阶段

物流管理按管理进行的顺序可以划分为计划阶段、实施阶段和评价阶段。

1. 物流计划阶段的管理

计划是作为行动基础的某些事先的考虑。物流计划是为了实现物流预想达到的目标所做的准备性工作。物流计划首先要确定物流所要达到的目标，以及为实现这个目标所进行的各项工作的先后次序。其次，要分析研究在物流目标实现的过程中可能发生的任何外界影响，尤其是不利因素，并确定应对这些不利因素的措施。最后，做出贯彻和指导实现物流目标的人力、物力、财力的具体措施。

2. 物流实施阶段的管理

物流计划确定以后，为实现物流目标，终将要把物流计划付诸实施。物流实施阶段的管理就是对正在进行的各项物流活动进行管理。它在物流各阶段的管理中具有最突出的地位。这是因为在这个阶段中各项计划将在执行过程中受到检验。同时，它也把物流管理与物流各项具体活动进行紧密的结合。

（1）对物流活动的组织和指挥。为了使物流活动按物流计划所规定的目标正常地发展和运行，对物流的各项活动进行组织和指挥是必不可少的。物流的组织是指在物流活动中把各个相互关联的环节合理地结合起来，而形成一个有机的整体，以便充分发挥物流中的每个部门、每个物流工作者的作用。物流的指挥是指在物流过程中对各个物流环节、部门、机构进行的统一调度。

（2）对物流活动的监督和检查。物流活动在实施过程的结果必须通过检查和监督才能得到充分的了解。监督的作用是考核物流执行部门或执行人员工作完成的情况，监督各项物流活动有无偏离物流既定目标。各级物流部门都有被监督和检查的义务，也有去监督、检查其他部门的责任。通过监督和检查了解物流的实施情况，揭露物流活动中的矛盾，找出存在的问题，分析问题发生的原因，提出克服的方法。

（3）对物流活动的调节。在执行物流计划的过程中，物流的各部门、各环节总会出现不平衡的情况。遇到上述问题，就需要根据物流的影响因素，对物流各部门、各环节能力作出新的综合平衡，重新布置实现物流目标的力量，这就是对物流活动的调节。通过物流调节可以解决各部门、各环节之间，上下级之间，物流内部和物流外部之间的矛盾，从而使物流各部门、各环节协调一致，以便紧紧围绕物流总目标开展活动，从而保证物流计划的实现。

3. 物流评价阶段的管理

在一定时期内，人们对物流实施后的结果与原计划的物流目标进行对照、分析，这便是物流的评价。通过对物流活动的全面剖析，人们可以确定物流计划的科学性、合理性如何，确认物流实施阶段的成果与不足，从而为今后制订新的计划、组织新的物流提供宝贵的经验和资料。

按照对物流评价的范围不同，物流评价可分为专门性评价和综合性评价。专门性评价是指对物流活动中的某一方面或某一具体活动作出的分析，如仓储中的物资吞吐量完成情况、运输中的吨公里完成情况、物流中的设备完好情况等。物流的综合性评价是对物流活动在某一物流管理部门或机构全面衡量物流管理水平的综合性分析，如某仓库的全员劳动生产率、某运输部门的运输成本、某部门对物流各环节的综合性分析等。

按照物流各部门之间的关系，物流评价又可分为物流纵向评价和横向评价。所谓纵向评价是指上一级物流部门对下一级部门和机构的物流活动进行的分析结果，这种分析通常表现为本期完成情况与上期或历史完成情况的对比。所谓物流的横向评价，是指执行某一相同物流业务的部门之间的各种物流结果的对比，它通常能表示出某物流部门在社会上所处的水平的高低。

应当指出无论采取什么样的评价方法，其评价手段都要借助于具体的评价指标，这种指标通常表示为实物指标和综合指标。

小　结

物流是物的物理性流动。物流包括流体、载体和流向三个要素。物流具有包装、流通加工、储存、装卸与搬运、运输、配送、物流信息等功能。对物流的分类，通常有以下几种：按物流的作用分类、按物流业务活动范围分类、按物流活动的空间分类、按物流组织主体分类。

物流管理，就是对物流过程中的包装、流通加工、储存、装卸与搬运、运输、物流信息等活动，进行计划、组织和控制。从层次看，物流管理包括物流战略管理、物流系统设计与运行管理、物流作业管理。从内容看，物流管理包括物流业务管理和技术管理。从过程看，物流管理包括物流计划阶段的管理、物流实施阶段的管理、物流评价阶段的管理。

阅 读 资 料

物流对经济的影响

物流在经济中的显著作用表现在两个方面：

第一，物流是商业的一个主要支出，与其他经济活动相互影响。

第二，物流服务于许多经济交易活动，它实质上是所有商品和服务交易中的一个重要活动。

物流创造价值的基本途径之一是创造效用。从经济学上讲，效用是商品或服务为满足需求所提供的价值或用途。有四种类型的效用：形式、拥有、时间和地点。后两者——时间和地点效用，是通过物流提供的。

形式效用（Form Utility）是创造商品或服务的过程，或者是把它组成适当的形式供客户使用。

拥有效用（Possession Utility）是人们实际拥有特定商品或服务的价值。这可通过信用管理、贷款等实现。

虽然形式和拥有效用与物流没有直接关系，但是如果没有在恰当（Right）的时间、恰当的地点、恰当的条件、恰当的费用下得到可供消费或生产的恰当物品，则这两个效用哪一个也不可能实现。E.格罗夫纳·普罗曼（E.Grosvenor Plowman）称这为"物流的5R"——时间效用和地点效用的本质。

时间效用（Time Utility）是在需要物品时拥有物品所产生的价值。这可能发生在组织中，比如拥有生产所需的所有原料及零部件，以保证生产线不会停下来。这也会发生在市场上，比如客户需要某一物品时，该物品被及时提供。

地点效用（Place Utility）是在物品需要的地点拥有它所产生的时间价值。如果消费者所需的产品在运输途中、在仓库里或在其他商店里，那么它就不会对此消费者产生任何地点效用。没有物流所提供地点和时间效用，客户就得不到满足。

资料来源：[美]道格拉斯·兰伯特，詹姆士·斯托克，利萨·爱拉姆. 物流管理. 张文杰，叶龙，刘秉镰，译. 北京：电子工业出版社，2008.10：6.

练 习 题

一、单选题

1. 1935 年，（　　）对物流进行的定义，被人们认为是最早的物流概念。
   A）欧洲物流协会　　　　　　　　B）美国销售学会
   C）美国物流管理协会　　　　　　D）美国后勤管理协会
2. 物流是物的（　　）性流动。
   A）社会　　　　B）机械　　　　C）物理　　　　D）化学
3. 以下项目中，不属于物流的总体功能的是（　　）。
   A）组织"实物"进行物理性的流动
   B）实现对用户的服务
   C）实现对物流资源和物流流程的整合
   D）充分实现信息交流
4. （　　）在物流各阶段的管理中具有最突出的地位。
   A）计划阶段　　　B）实施阶段　　　C）评价阶段　　　D）纠正阶段
5. 物流技术在发展过程中形成了物流（　　）两大互相关联、互相区别的技术领域。
   A）硬技术和软技术　　　　　　　B）基础技术和应用技术
   C）传统技术和新技术　　　　　　D）仓储技术和传送技术
6. 根据企业物流活动的特点，企业物流管理可以从（　　）、物流系统设计与运营管理和物流作业管理三个层面展开。
   A）物流计划管理　　　　　　　　B）物流系统规划
   C）物流策略管理　　　　　　　　D）物流战略管理
7. （　　）是卖方、生产者或者供应方组织的物流。
   A）第一方物流　　　　　　　　　B）第二方物流
   C）第三方物流　　　　　　　　　D）第四方物流
8. （　　）是指对企业排放的无用物进行运输、装卸、处理等的物流活动。
   A）循环物流　　　　　　　　　　B）再生物流
   C）回收物流　　　　　　　　　　D）废弃物物流
9. （　　）是物流各环节中最重要的部分，是物流的关键。
   A）信息功能　　　　　　　　　　B）运输功能
   C）流通加工功能　　　　　　　　D）仓储功能

二、填空题

1. 不管用什么样的方式进行什么样的具体物流活动，都得要具备以下三个基本的要素，即_____、_____和_____。
2. 按物流的业务活动范围分类，物流包括社会物流、_____和_____。
3. 按物流的组织主体分类，物流包括_____、_____和第三方物流。

4．_____，就是对物流过程中的包装、流通加工、储存、装卸与搬运、运输、物流信息等活动进行计划、组织和控制。

5．物流管理的内容十分广泛，根据物流管理的特点，大体可分为_____和_____两大方面。

6．物流管理按管理进行的顺序可以划分为_____阶段、实施阶段和_____阶段。

7．由专业物流组织进行的物流叫作_____。

8．_____物流是国内物流的延伸和进一步扩展，是跨国界的、流通范围扩大的物的流通。

三、问答题

1．理解物流的概念，应把握哪三个要点？
2．物流的具体功能包括哪些？
3．按物流的作用分类，物流包括哪些类型？
4．简述第三方物流的主要功能。
5．物流的业务管理包括哪些内容？
6．物流管理人才应具备的管理技能主要包括哪些方面？

第 2 章 物流系统

- 物流系统的含义、特征
- 物流系统的目标、功能、结构、要素
- 物流系统设计的原则与程序

- 物流系统增值服务
- 物流系统设计的原则

熟练掌握以下内容:
- 物流系统的含义、特征
- 物流系统的目标
- 物流系统的功能
- 物流系统的要素
- 物流系统设计的原则

了解以下内容:
- 物流系统的结构
- 物流系统设计的程序

自从 1937 年贝塔朗菲提出一般系统论原理以来,经过八十年的发展,系统论已经成为一种基本的世界观和方法论。从系统的角度看,物流本身就是一个复杂的、庞大的系统,需要从目标、功能、结构、要素等方面进行系统分析。

2.1 物流系统概述

2.1.1 物流系统的含义

系统是指由相互联系或相互影响的若干要素所组成的、具有特定功能的有机整体。对于一个完整的系统的描述,可以从系统的目标、系统的功能、系统的结构、系统的要素等方面进行分析。

物流系统是指在一定的时间和空间里，由所需位移的物资（包装设备、搬运装卸机械、运输工具、仓储设施、人员和通信联系等若干相互制约的动态要素）所构成的具有特定功能的有机整体。

2.1.2 物流系统的特征

物流系统是一个复杂的、庞大的系统。在这个大系统中又有众多的子系统，系统间又具有广泛的横向和纵向的联系。物流系统具有一般系统所共有的特点，即整体性、相关性、目的性、环境适应性，同时还具有规模庞大、结构复杂、目标众多等特征。

1. 物流系统是一个多目标函数系统

物流系统的总目标是实现物资空间位置的转移。但是，围绕这个总目标也常常会出现一些矛盾。例如，在储存子系统中，站在保证供应、方便生产的角度，人们会提出储存物资的大数量、多品种问题；而站在加速资金周转、减少资金占用的角度，人们则提出减少库存问题。又如，在运输中，选择航空运输，虽然运输速度快，但运输成本高，时间效益虽好，但经济效益欠佳。如选择水路运输，虽有运输成本低的优点，但运输时间长；为顾客提供高质量的服务，则要面临顾客希望降低成本的尴尬。所有这些相互矛盾的问题，在物流系统中广泛存在。而物流系统又恰恰要求在这些矛盾中运行。要使物流系统在诸方面满足人们的要求，显然要建立物流多目标函数，并在多目标中求得物流的最佳效果。

2. 物流系统的复杂性

物流系统由许多要素构成，且拥有大量的资源，这些资源的大量化和多样化，致使物流的复杂化。这些人力、物力、财力、资源的组织和合理利用，是一个非常复杂的问题。

在物流活动的全过程中，始终贯穿着大量的物流信息。物流系统要通过这些信息把各个子系统有机地联合起来。如何把信息收集全、处理好，并使之指导物流活动，这亦是非常复杂的。

物流系统的边界是广阔的。它起于生产企业的原材料供应，经生产制造转换为成品后，再经运输、储存等环节到达消费者手中。物流的范围横跨了生产、流通、消费三大领域。这一庞大的范围，给物流组织系统带来了很大的困难。而且随着科学技术的进步、生产的发展、物流技术的提高，物流系统的边界范围还将不断地向内深化、向外扩张。

3. 物流系统是一个可分系统

物流系统是由若干个相互联系的子系统组成的。这些子系统的多少、层次的数量，是随着人们对物流的认识和研究的深入而不断扩充的。系统与子系统之间，子系统与子系统之间，存在着时间和空间上、资源利用方面的联系；也存在总的目标、总的费用以及总的运行结果等方面的相互联系。物流系统的运作效率，取决于物流系统的拆分与拼接，说到底，是一个合理设计程序的问题。

4. 物流系统是一个动态系统

物流活动受环境变化的影响。这就是说，社会物资的生产状况、社会的物资需求变化、社会能源的波动、企业间的合作关系，都随时随地影响着物流。物流系统是一个具有满足社会需要、适应环境能力的动态系统。为使物流系统适应经常变化的社会环境，实现物流系统良好地运行，必须对物流系统的各组成部分进行不断地修改、完善。在外部环境发生重大变化的情况下，甚至需要重新进行物流系统的设计。

2.1.3 物流系统的目标

物流系统的目标就是要实现物的高效的空间位移,即通常所说的"5R":在适当的时间(Right Time)、适当的地点(Right Place),以适当的成本(Right Cost)将适当数量(Right Quantity)、适当的质量(Right Quality)的产品交付给客户。

物流系统的目标,可从以下几个方面进一步理解和考量。

1. 服务

物流系统连接着供需双方,必须具有较强的服务性。物流系统合理、有效的配送活动就是其服务性的体现;实时响应,无脱销、无货损等事故,是其物流服务质量的具体表现。

2. 节约

物流系统的节约包含两个方面的内容:一是时间的节约,主要是通过合理的渠道设计和网络分析来提高物流系统的运作效率、流动性;二是费用的节约,即采取各种手段或措施,尽量降低物流成本。

3. 及时

及时不是简单的快速,而是将商品和服务在恰当的时间提供给用户。现代物流不仅仅是物流的运输、传递,更是要通过信息的沟通来实现物流的恰当的流动。及时性是服务性和节约性的延伸,也是对物流系统提出的新要求。

4. 规模

与生产领域一样,物流系统也需要规模化经营。追求物流系统的规模效应,需要在以下几个方面加以协调。一是合理的空间布局设计。如何规划物流设施的集中与分散,规划中的货运枢纽站场能否与现有物流设施兼容、协同运作,货运站场、配送中心、仓库的分布数量与规模大小,怎样对各种物流要素进行合理配置以达到最佳系统状态等,都是在实现物流系统的规模性目标时所需考虑的问题。二是采用先进的物流设施。通过采用现代化的物流设施提高物流系统的处理能力;通过计算机和现代通信技术的应用以及物流网络的构建与完善来实现信息处理的规模化。三是合理运用物流延迟策略,实现物流系统的规模化经营。

2.1.4 物流系统的功能

物流系统的功能包括基本功能和增值服务功能。基本服务是增值服务的起点,增值服务是基本服务的延伸。

物流增值服务和基本服务有以下区别。第一,增值服务是一种深层次的物流服务。它是在深入了解客户的物流需求后才提出的特殊增值服务方案,是一种面对特定物流需求的特殊服务方案。第二,增值服务是在基础物流服务的前提下增加投入,取得增值,所以需要收取超额的费用。第三,增值服务具有时效性。随着物流服务水平的逐步提高,原来的增值服务会逐渐演变为基本服务。

1. 物流系统的基本功能

物流系统的功能,随着社会经济的发展不断演进和逐步完善。物流的原始功能主要集中在储存和运输两个方面,一般认为,现代物流系统的基本功能包括运输、储存、包装、装卸、流通加工、配送和物流信息。

物流系统的基本功能通常被称为物流作业环节。

2. 物流系统的增值服务功能

（1）增值服务的定义。所谓增值服务，就是指物流服务公司根据客户的个性化需求，为其提供的超出常规的服务，或者是采用超常规服务方法提供的服务。创新、超常规、满足客户个性化需求是增值性物流服务的本质特征。

（2）物流增值服务的内容。在物流竞争日益激烈的市场环境下，物流企业要想取得市场的竞争优势，除了提供基本的物流服务，还应该大力拓展物流服务领域，向客户提供适当的增值性物流服务。这一般主要涉及以下四个方面：

- 增加便利性的服务。凡是能够简化工作程序、减少人员操作的服务都是增值性服务。当然，简化是从客户的角度分析的，它不是减少客户可以享受到的服务内容，而是指客户要想获得某种物流服务，过去客户要参与到一系列的服务产品实现的过程当中，而如今这一系列的实现过程可以由物流服务提供商事先完成，客户获得这种服务就更为简单容易了。
- 加快反应速度的服务。加快反应速度的服务传统的做法是单纯地提高运输速度、加大安全储存量以满足客户的需要。而现代物流的做法却是：一是提高运输设施和设备的使用效率，如修建高速公路、提高铁路速度、设计新的交通运输方式、采用 GPS 引导汽车行驶等；二是优化设计物流园区、配送中心，为客户量身定做适合客户的物流方案，合理减少物流环节，简化物流程序，提高物流系统的快速反应能力，这也是具有竞争优势的增值性物流服务。
- 降低成本的服务。能够降低物流成本的服务是最有价值的增值物流服务。一般可以采用第三方物流服务商，采取物流一体化计划，采用适合的物流技术和设施设备，推行先进的物流管理技术，广泛应用条形码技术、RF、EDI、GPS、GPI 等信息技术等。
- 延伸的服务。在提供基本物流服务的基础之上，向前可以延伸到物流市场调查与预测、采购及订单处理；向后可以延伸到物流咨询、物流系统设计、物流方案的规划与优化、物流培训等。这些延伸服务都是最具有增值性的，但也是最难提供的物流服务。能否提供这些物流的增值服务，已经成为衡量物流企业是否真正具有竞争力的一个重要标准。

2.1.5　物流系统的结构

物流系统由物流作业系统和物流信息系统两个分系统组成。

1. 物流作业系统

物流作业系统包括运输、储存、包装、装卸、流通加工、配送等子系统。每个子系统又可进一步划分为下一级的子系统。通过使用先进的技术手段，将商品的生产地、物流节点、运输配送路线和运输手段组成一个合理、有效的网络系统，以提高物流活动的效率。

2. 物流信息系统

物流信息系统是在保证订货、进货、库存、配送等环节信息畅通的基础上，通过实现通信据点、通信线路、通信手段的网络化，以提高物流作业系统的效率。其结构如下：

（1）业务操作层。用于启动和记录个别物流的基本层次。其任务就是及时地处理每天的物流业务活动，例如，物品订货管理、订货处理、储存管理、配送管理等具体的物流活动。

（2）管理控制层。通过对操作层产生的数据和信息的加工分析，产生相应评估报告，为管理人员提供所需的基础信息。

（3）决策分析层。协助管理人员经过比较物流方案，进行战术上的基础分析，比如物流合同管理、客户关系管理、质量管理、计划管理等。

（4）战略计划层。有效地帮助企业的高层深刻理解物流战略的制定、实施和评价以及它们之间的内在联系，为物流企业的未来发展指明方向。

2.1.6 物流系统的要素

1. 物流系统的功能要素

物流系统的功能要素是指物流系统所具备的基本能力。从物流活动的实际工作环节来考察，物流系统的功能要素主要包括运输、储存、包装、装卸、流通加工、配送和物流信息。

在上述各种要素中，运输和储存功能要素分别解决了供需之间存在的地点和时间上的分离问题，是创造时间效用和地点效用的主要要素，从而在物流系统中处于主要功能要素的地位。

2. 物流系统的支撑要素

物流系统是个复杂的社会经济系统，无论是确定物流系统的地位，还是协调物流与其他系统之间的关系，都需要许多支撑手段的辅佐。这些要素包括体制和制度、法律和规章、政策、惯例、组织与管理、标准化体系等。

3. 物流系统的物质基础要素

物流系统的建立和运行，需要大量的技术装备作为基础，这些要素是物流活动得以顺利进行的必不可少的物质手段，包括：

物流设施：物流节点（车站、货场、港口、物流中心、仓库）、物流线路等。

物流装备：仓库货架、进出库设备、加工设备、运输设备、装卸机械等。

物流工具：包装工具、维护保养工具、办公设备等。

信息设备：通信设备及线路、计算机及网络等。

2.2 物流系统设计

2.2.1 物流系统设计的原则

1. 客户导向原则

随着时代的变更，企业运作的指导思想已经从追逐企业利润最大化转变为追逐企业价值最大化，进而转变为追逐客户价值最大化。在当今消费者占主导的客户经济时代，企业的一切经济活动必须时刻牢记以市场为中心、以客户为中心。客户导向原则要求企业在进行内部供应链物流规划时跨越以自我为中心，而以客户为中心，站在客户的立场看问题，给客户提供时间、地点和交易上的方便，尽可能提升产品或服务的额外附加价值，从而提高客户的满意度和忠诚度。从这个角度看，企业物流系统规划的设计思路：识别客户的服务需求→定义客户服务目标→规划设计物流系统。

2. 系统性原则

系统性是指在物流系统规划设计时，必须综合考虑、系统分析所有对规划有影响的因素，以获得优化方案。首先，从宏观上来看，物流系统是整个社会经济系统的一个子系统。物流系统与其他社会经济子系统不但存在相互融合、相互促进的关系，而且它们之间也存在相互制约、相互矛盾的关系。因此，在对物流系统进行规划设计时，必须把各种影响因素考虑进来，达成整个社会经济系统的整体最优。其次，物流系统本身又由若干的子系统（如运输系统、储存系统、信息系统等）构成。这些物流子系统之间既相互促进，也相互制约，即存在着大量的"效益背反"现象，这要求我们在进行物流系统规划设计时对物流系统内部也要系统考虑。

遵循系统性原则，应注意以下两个方面的问题：

第一，资源整合。这里所说的资源包括人员、技术、基础设施、原料和资金。

在战略思维的层面上，资源整合是系统论的思维方式。就是要通过组织和协调，把物流系统内部彼此分离的职能，把系统外部既参与共同的使命又拥有独立经济利益的合作伙伴整合成一个为客户服务的系统，以得到1+1大于2的效果。

在战术选择的层面上，资源整合就是优化配置的决策。就是根据企业的发展战略和市场需求对有关的资源进行重新配置，以突显企业的核心竞争力，并寻求资源配置与客户需求的最佳结合点。目的就是要通过组织制度安排和管理运作协调来增强企业的竞争优势，提高客户服务水平。

第二，兼顾社会效益。物流系统规划设计应该考虑环境污染、可持续发展、社会资源节约等因素。一个好的物流系统必须能够兼顾好自身的经济效益和社会效益方面。

从物流发展的进程来看，物流的社会效益越来越受到政府、社会和企业的重视，中国目前正倡导循环经济，绿色物流是其中的重要组成部分。政府在法律、法规上将会对物流系统的社会效益问题作出引导和规定。例如，逆向物流问题。

3. 可行性原则

可行性原则指的是在物流系统规划过程中必须使各规划要素满足既定的资源约束条件，也就是说，物流系统规划设计必须要考虑现有的可支配资源必须符合自身的实际情况，无论从技术上，还是从经济上都可以实现。为了保证可行性原则，在进行物流系统规划设计时，要与总体的物流发展水平、社会经济的总体水平及经济规模相适应，既要体现前瞻性和发展性，又要充分考虑企业本身的整体承受能力，以保证物流系统规划的实现。

2.2.2 物流系统设计的程序

满足一定服务目标的物流系统往往由若干子系统组成。物流系统设计包含了众多可能的选择，从物流网络构筑到仓库内部布局等，需要对每一个子系统或环节进行规划设计。每一个子系统的设计需要与其他子系统和整个物流系统相互协调、相互平衡。因此，需要形成一个总框架，在总框架的基础上采用系统分析的方法，对整个系统的各个部分进行规划设计。

1. 建立目标和约束条件

（1）制定目标。在整个物流系统规划设计的过程中，最重要的是确定物流系统规划的目标。目标的确立，直接决定着物流系统的发展方向和结构框架。制定的总体目标必须能分解成具体目标，目标的分解可以按层次，也可以按业务。以具体目标的完成确保总体目标的实现。

（2）协调目标。尽管制定明确的目标、分解目标，并细化成工作标准和考核指标，但不容回避的现实是，依然会存在各种各样的冲突。解决系统内部目标不一致问题的依据是以下几个因素:资源可得性、物流系统规模、物流系统各组成部分的相对重要性、系统费用、系统整合程度。

(3)约束条件。约束条件是指影响目标实现的障碍。目标的制定、分解和实现都要充分考虑约束条件。由于物流系统庞大而繁杂,各子系统之间的相互影响和相互制约也很明显,而且系统受外部条件的限制也很多,因此,在物流系统规划时就需要判明各种问题和约束,特别是那些暂时无法改变的系统制约因素。

2. 信息的收集与分析

在物流系统规划中,要进行大量的相关基础资料的调查和收集、分析工作,作为系统规划的参考依据;一个物流系统规划设计方案的有效性依赖于调查获得的基础资料的准确程度和全面程度。调查的内容根据规划设计目标、调查对象来确定。一般物流系统规划设计需要调查的基础资料包括以下几个方面:

(1)物流服务需求。调查分析的项目包括服务水平,如缺货率、进货时间、服务费用等;客户分布,如现有的和潜在的客户分布等;产品特征,如产品尺寸、重量和特殊的搬运需求;需求特征,如客户的订单特征、客户订货的季节性变化、客户服务的重要性等;需求规模;需求服务内容,如需要提供的服务等。

(2)物流资源状况。调查分析的项目包括物流节点设备状况,如物流节点分布、规模、功能、交通网络、运输设备、仓储设备、信息系统等;物流系统的基本运营状况,如组织管理体系、服务模式、营业状况、服务种类、作业方式、单据流程、作业流程等。

(3)社会经济发展。调查、分析物流服务区域的社会经济发展状况,具体包括经济规模、发展前景、产业构成、空间布局等。

(4)竞争状况。调查竞争对手的物流资源配置、网络布局、服务方式、营业状况等。

调查方法既有传统的访谈调查、问卷调查、查找相关统计资料、现场调查、计算机检索等,也有大数据分析与挖掘等先进的技术手段和方法。

3. 网络设计

(1)物流结点设计。物流结点,是指物流网络中连接物流线路的结节处,又称物流接点、物流节点。有广义、狭义之分。广义的物流结点是指所有进行物资中转、集散和储运的结点,包括港口、空港、火车货运站、公路枢纽大型公共仓库,现代物流中心、物流园区等。狭义的物流结点仅指现代物流配送中心、物流园区和配送网点。物流结点具有储运、衔接、信息、配套等功能。

第一,物流结点选址的约束主要有:

需求条件:顾客的分布(现在的、未来的)预测、货物作业量的增长率及物流区域分析。

运输条件:地理位置、交通状况、未来的交通规划。

配送条件:货物发送频率、供货时间、供货距离。

用地条件:结点面积、使用期限。

法规制度:用地许可法规、物流法规、税收法规、关税及汇率法规等。

第二,结点选址的步骤。物流结点的选址一般通过成本计算,即将运输费用、配送费用及物流设施费用模型化,采用约束条件及目标函数建立数学公式,从中寻找费用最小方案。结点选址的步骤包括选址约束条件分析,搜集、整理资料,地址筛选,定量分析,结果评价,复查和确定选址结果。

（2）物流系统线路设计。物流线路设计的内容包括运输方式规划、运输线路规划、运输工具配置、运输工具调度、运输批量确定、运输时间确定。

物流网络设计就是在结点和线路设计的基础上，明确二者的关系，将二者进行统一与协调，从而确定产品从供货点到需求点流动的结构，包括确定需要何种结点，结点的数量、位置，如何给各个结点分派产品和客户，结点之间应该使用什么样的运输服务，以及如何提供服务。

4. 设计方案评估与选择

在完成数据收集之后，对数据分类归并、计算整理分析，围绕系统目标制定物流系统初步的设计方案，并对物流系统进行方案评估，其目的就是针对备选方案的经济技术、操作等层面的可行性作出比较与评价，从而帮助决策者选择最优或最满意的方案。

5. 设计方案实施的评价与优化

物流系统方案的实施过程是相当复杂的过程，尽管设计的方案需要进行严格的评估与选择，但方案是围绕目标，设定约束条件而确定的，实际实施过程可能会发现有些约束条件没有考虑到或没有考虑全面，同时也会出现新的约束条件。因此，实际可操作性将在这里得到验证，这就要求实施者根据决策者选出的最优设计方案，严格按照方案设计的要求逐步实施。因此在方案实施过程中，实施者首先要充分领会设计者的整体思路和设计理念，在遇到问题时尽可能最大限度地满足设计要求。如果确有无法满足的部分，需要对设计方案作必要调整，则要保证不影响物流系统整体目标的实现。

小　　结

物流系统是指在一定的时间和空间里，由所需位移的物资（包装设备、搬运装卸机械、运输工具、仓储设施、人员和通信联系等若干相互制约的动态要素）所构成的具有特定功能的有机整体。通常划分为物流作业系统和物流信息系统。

物流系统的目标：在适当的时间、适当的地点，以适当的成本，将适当的数量、适当的质量的产品交付给客户。

物流系统的功能包括两类：基本功能和增值服务功能。基本功能包括运输、储存、包装、装卸、流通加工、配送和物流信息。物流系统的基本功能通常被称为物流作业环节。物流增值服务包括增加便利性的服务、加快反应速度的服务、降低成本的服务、延伸的服务。

物流系统设计需遵循客户导向、系统性、可行性原则，并按照建立目标和约束条件、信息的收集与分析、网络设计、设计方案评估与选择、设计方案实施的评价与优化的程序进行。

阅 读 资 料

系统及其有关概念

所谓系统是指由互相关联、互相制约、互相作用的一些部分组成的具有某种功能的总体。这样定义的系统具有概括性和抽象性。一个系统具有什么组成部分，它们是如何关联、制约、作用的，具有什么功能，只有对具体实际系统才能具体化。例如太阳系是一个系统，它由太阳和九大行星所组成，通过万有引力的作用，互相关联和制约，使得每个行星都在自己确定的轨道上运行，这就是太阳系的功能。同样，人体是一个系统，一个工厂企业是一个系统，一个国家也是一个系统。

互相关联、互相制约、互相作用的组成部分叫作系统结构。组成部分本身也可能是一个系统，叫原系统的子系统。而原系统又可能是更大系统的组成部分，这就是系统概念的相对性。

一个系统以外部分叫作系统环境。系统和系统环境的分界叫作系统边界。我们研究具体系统时，必须明确系统边界。

系统对其环境的作用叫作系统输出，环境对系统的作用叫作系统输入。

系统结构和系统环境决定了系统功能。系统功能是通过系统输入—输出关系表现出来的。系统每时每刻所处的情况叫作系统状态，系统状态随时间的变化叫作系统行为。

具有相同组成部分的系统可以具有不同的系统功能，因为它们关联、制约、作用关系不同。如固态的冰、液态的水、气态的水蒸气虽然都是由 H_2O 所组成，但它们的宏观性质却大不相同。尤其值得提出的是，它们都具有其组成部分氢和氧所没有的性质。这就是系统的整体性质，也就是亚里士多德的著名论断"整体大于各孤立部分之和"。我们常说三个臭皮匠赛过一个诸葛亮，用系统观点来说，三个臭皮匠组成的系统具有诸葛亮功能，而它的组成部分只有臭皮匠功能。

改变系统组成部分或者改变其相互关联、制约、作用关系可以改变系统功能，特别是使系统具有我们所希望的功能。这就是控制论、运筹学、系统学的基本思想，也是系统工程应用的基本目的。

系统组成部分相互关联、制约和作用，是通过物质、能量和信息形式实现的。任何一个具体系统都是物质的，占有一定空间形式并随时间发展而变化。

系统在自然界、人类社会（包括人类自身在内）是普遍存在的。从微观的基本粒子系统到宏观宇宙系统，有先于人类早已存在的自然系统，如太阳系、生态系统，也有人们制造的所谓人造系统；有简单系统，也有像人类社会这样复杂的大系统。

客观存在的实际系统种类繁多。按最一般划分方法有：

物质系统与思维系统；

自然系统与人造系统；

物理系统与非物理系统（社会系统、经济系统等）；

简单系统与复杂系统；

封闭系统与开放系统；

静态系统与动态系统；

确定性系统与不确定性系统（包括随机系统与模糊系统）。

资料来源：钱学森等著. 论系统工程（增订本）. 长沙：湖南科学技术出版社，1988.10: 623 - 625.

思维范式转变

模仿、惰性、局部优化以及改变游戏的累积效果，最终会在第五种力量中体现出来，它就是思维范式转变。

在学习和再学习的过程中，就会发生思维范式转变。在经历各种尝试后却发现传统认知无效而产生的挫败，进而对这种挫败的反应，是更为常见的产生思维范式转变的情形。面对一系列的无法再被忽视或拒绝的矛盾，以及（或者）越来越多的现行思维模式无法再提供有力解释的困境，大多数人接受了现行的模式已经不再有效，它的能力有限这一观点。

这是一个模糊分界区,在这个分界区,斯塔福德·比尔(Stafford Beer)(1975年)的格言听来真实可靠:"接受的想法不再有效,有效的想法却还未被接受"。在这个分界区,巨大的危险和机遇并存;在这个分界区,伟大的企业崛起或陨落。

最后,一些具有非凡勇气的人会质疑传统的认知,并开始打破它。从此开始了一段痛苦的斗争,其最终结果是按自己全新的逻辑,把关键变量重新整合,重新设计出新的概念。

思维范式转变会在两种情况下发生:现实本身的改变和探究方法的改变。也有可能是双重转变,即两者同时改变。任何思维范式转变的意义和影响都是不容小觑的,面对双重转变则是更艰巨的挑战,它在测试人的能力的外部极限,这些能力包括理解、沟通以及解决问题的能力。举例来说,从机械模式到生物模式的思维范式转变,不管产生如何大的影响,以我们对组织本质的理解来说,只算得上是一维转变,它只发生在探究的分析方法中(图2-1)。

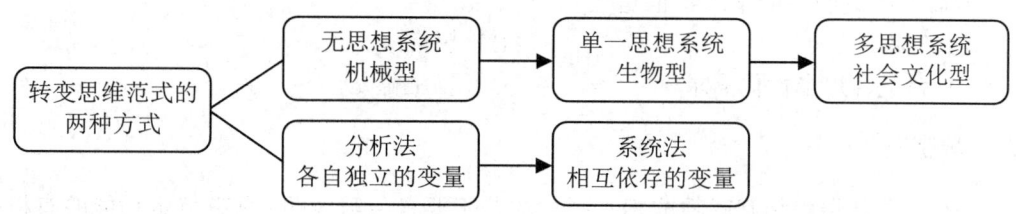

图 2-1 思维范式转变

我们现在面临着思维范式的双重转变的巨大挑战。思维范式转变不仅存在于我们对野兽本性的理解,即我们对于一个组织从生物模式到社会文化模式的转变的观念,更重要的还有另一个深刻的转变存在于我们对探究的方法和知道的真正含义的假设当中,即从分析思维(处理多个独立变量之科学)到整体思维(处理相互依赖变量之科学和艺术)的转变。这两个维度的互补性是理解游戏如何演进和识别导致其变化的驱动力的核心。

资料来源:[美]贾姆希德·格哈拉杰达基. 系统思维:复杂商业系统的设计之道(第3版). 王彪,姚瑶,刘宇峰,译. 北京:机械工业出版社,2014.5: 6-7.

练 习 题

一、单选题

1.( )是指在一定的时间和空间里,由所需位移的物资(包装设备、搬运装卸机械、运输工具、仓储设施、人员和通信联系等若干相互制约的动态要素)所构成的具有特定功能的有机整体。

  A)物流联盟 B)供应链 C)物流协会 D)物流系统

2. 以下关于物流增值服务和基本服务之间的区别的说法中,错误的是( )。

  A)增值服务具有时效性

  B)增值服务是在基础物流服务的前提下增加投入,取得增值

  C)增值服务是一种深层次的物流服务

  D)随着物流服务水平的逐步提高,原来的基本服务会逐渐演变为增值服务

3．物流系统由（　　）和物流信息系统两个分系统组成。
　　A）管理控制系统　　　　　　　　B）物流作业系统
　　C）决策分析系统　　　　　　　　D）战略计划系统
4．物流系统的（　　）是指物流系统所具备的基本能力。
　　A）物质基础要素　　　　　　　　B）支撑要素
　　C）功能要素　　　　　　　　　　D）构成要素
5．物流系统规划设计必须要考虑现有的可支配资源必须符合自身的实际情况，无论从技术上，还是从经济上都可以实现，这是物流系统设计的（　　）。
　　A）可行性原则　　　　　　　　　B）系统性原则
　　C）客户导向原则　　　　　　　　D）技术经济原则
6．增值性物流服务的本质特征是（　　）。
　　A）创新　　　　　　　　　　　　B）超常规
　　C）满足客户个性化需求　　　　　D）以上都是

二、填空题

1．_____是指由相互联系或相互影响的若干要素所组成的、具有特定功能的有机整体。

2．物流系统的目标就是要实现物的高效的空间位移，即通常所说的"5R"：在适当的_____、适当的_____，以适当的_____将适当_____、适当的_____的产品交付给客户。

3．物流系统的功能包括基本功能和_____功能。

4．物流的原始功能主要集中在储存和运输两个方面。一般认为，现代物流系统的基本功能包括运输、储存、_____、_____、_____、配送和物流信息。

5．一般物流系统规划设计需要调查的基础资料包括物流服务需求、_____、_____和竞争状况。

三、问答题

1．简述物流系统的四大特征。
2．物流系统的目标，可从哪几个方面进一步理解和考量？
3．物流企业向客户提供适当的增值性物流服务，一般主要涉及哪几个方面？
4．简述物流信息系统的结构。
5．物流系统设计的原则有哪些？
6．简述物流系统设计的程序。

第 3 章 物流服务

- 物流服务管理的目的
- 物流服务的构成要素
- 物流服务的原则
- 物流服务的能力
- 物流服务质量的衡量
- 服务失效与补救

- 物流服务的能力
- 物流服务质量的衡量

熟练掌握以下内容:
- 物流服务管理的目的
- 物流服务的构成要素
- 物流服务的原则
- 物流服务质量的衡量

了解以下内容:
- 物流服务的能力
- 服务失效与补救

物流战略管理的宗旨就是为顾客提供优质的物流服务。为了实现这一战略宗旨,首先要在明确物流服务管理的目的的基础上,了解物流服务构成要素,然后才能正确把握物流服务的原则,不断提升各方面的物流服务能力。

3.1 物流服务概述

3.1.1 物流服务的目的

物流服务的目的就是以适当的成本向顾客提供高质量的服务。

一般来讲，服务质量与成本是一种彼长此消的关系。物流服务质量提高，物流成本就会上升，可以说两者间的关系适用于收益递减法则。无限度提高服务水平，会因为成本上升的速度加快，反而使服务效率没有多大变化，甚至下降。企业应通盘考虑商品战略和地区销售战略，流通战略和竞争对手，物流成本、物流系统所处的环境，以及物流系统负责人所采用的方针等具体情况，处理好物流质量与成本的关系，作出选择企业所适合类型的决策。

物流服务质量与成本的关系有四种类型。

1. 物流服务水平不变，成本降低型

在物流服务水平不变的前提下考虑降低成本。不改变物流服务水平，通过改变物流系统来降低物流成本，这是一种尽量降低成本来维持一定服务水平的办法，亦即追求效益的办法。

2. 流服务水平提高，成本增加型

为提高物流服务水平，不惜增加物流成本。这是许多企业提高物流服务的做法，是企业在特定顾客或其特定商品面临竞争时，所采取的具有战略意义的做法。

3. 物流服务提高水平，成本不变型

积极的物流成本对策，即在成本不变的前提下提高服务水平。在给定成本的条件下提高服务质量，这是一种追求效益的办法，也是一种有效地利用物流成本性能的办法。

4. 物流服务较高水平，成本较低型

用较低的物流成本，实现较高水平的物流服务。这是增加销售、提高效益，具有战略意义的办法。

3.1.2 物流服务的构成要素

要了解物流服务的构成要素，就必须首先了解客户服务的内容，因为现代物流服务管理是以顾客满意为第一目标的。

有关客户服务的内容，有两个具有代表性的观点。

（1）美国凯斯威斯大学的巴罗（Ballou）教授提出交易全过程论。按照巴罗的观点，将客户服务分为交易前、交易中和交易后三个阶段，每个阶段都包括了不同的服务要素，如图3-1所示。

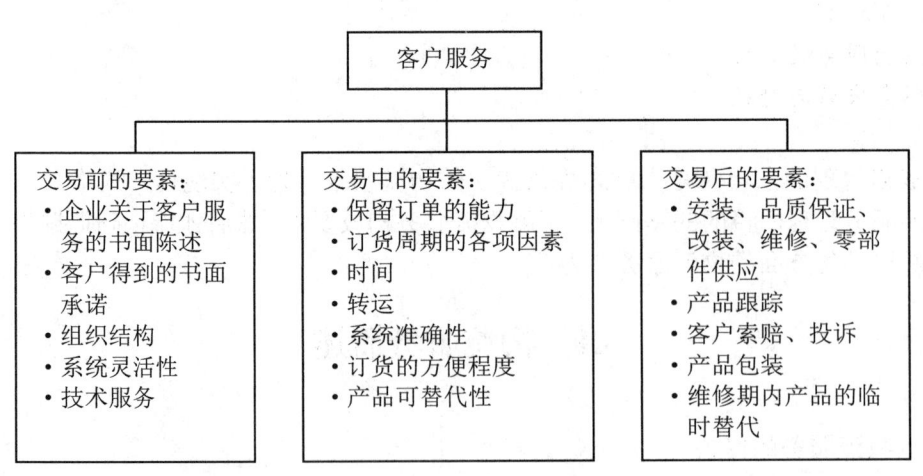

图 3-1　客户服务的构成要素

（2）日本神奈川大学唐泽丰教授提出的客户服务可以划分为营销服务、物流服务和经营技术服务三个领域，不同领域都有一些相应的要素，如图 3-2 所示。

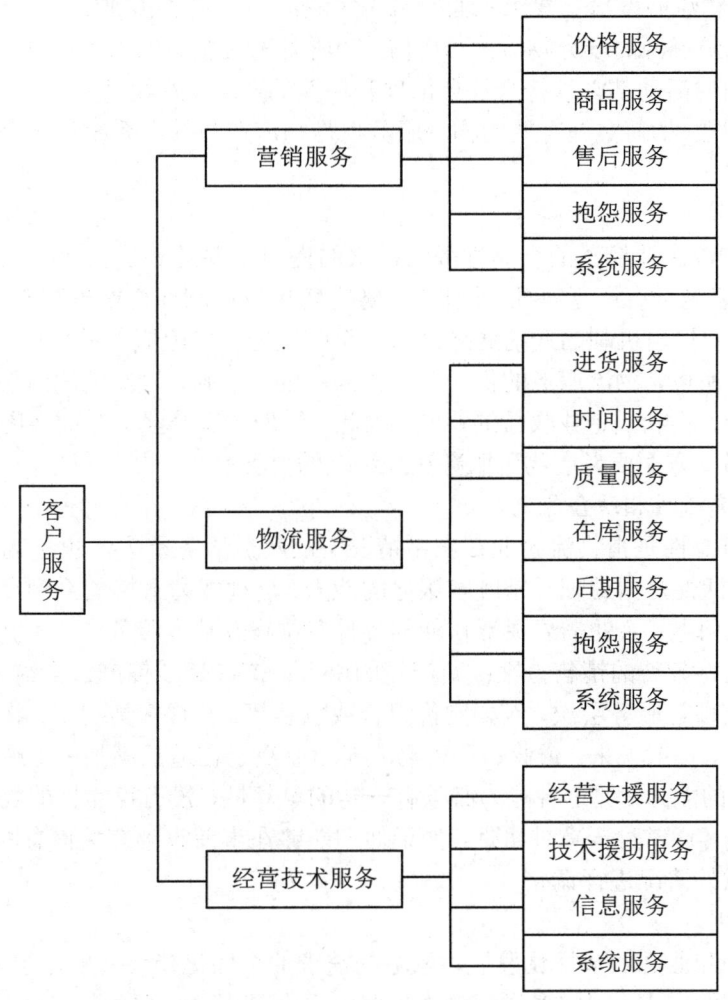

图 3-2　顾客服务的构成要素

概括地讲，物流服务构成要素包括以下内容：
- 备货保证：拥有顾客所期望的商品。
- 输送保证：在顾客所期望的时间内传递商品。
- 品质保证：符合顾客所期望的质量。

3.2　物流服务的实施

3.2.1　物流服务的原则

1．适应环境原则

物流服务是社会经济发展的客观要求。物流服务是一种企业经营行为，企业在提供物流服务的过程中，必然会受到包括政治、法律、经济、社会、文化、技术等要素在内的环境的影响，所以在企业进行物流服务过程中，应该认真地分析和研究环境，并积极去适应来自社会各方面的各种要求。物流服务除了要求企业要考虑物流活动本身的各项要素，还要认真研究旨在保护环境、节省能源资源的废弃物流、回收物流，所以物流服务的内容十分广泛，企业提供物流服务的各个方面的活动都必须符合社会伦理和环境的要求。除此以外，为了缓和交通混乱、道路建设不足等问题，如何实施有效的物流服务也是物流在与社会系统相结合的过程中必须考虑的重要问题。

2. 经济性原则

物流服务是物流企业经营的全局性战略，它的提出主要是为了企业适应市场环境的重大变化。物流服务越来越具有经营特征，即物流服务有随市场机制和价格机制变化而变化的倾向，或者说，市场机制和价格机制的变动通过供求关系既决定了物流服务的价值，又决定了一定服务水准下的成本，所以，物流服务的供给不是无限制的，否则，过高的物流服务费用，势必损害企业的经营绩效，不利于企业收益的稳定。因此，作为物流企业一方面要围绕着顾客的需要提供物流服务，另一方面要考虑物流服务在经济上的可行性。

3. 可靠性与灵活性相结合原则

物流服务的可靠性是指物流企业在正常情况下的物流服务能力，也称为物流服务的稳定性；物流服务的灵活性是指处理异常顾客服务的能力，这种能力直接关系到在始料不及的情况下，如何妥善处理问题。企业需要灵活作业的事件有：修改基本服务安排，例如一次性改变装运交付的地点；支持独特的销售方案；新产品的引入；产品逐步停产；供给中断；产品回收；特殊市场的定制或顾客服务层次，例如定价组合或包装等。在许多情况下，物流优势的精华就在于灵活应变之中。一般说来，企业的整体物流能力取决于在适当满足关键顾客的需求时所拥有的"随机应变"的能力，但这种能力必须有一定的可靠性，没有可靠性的物流灵活性是没有生命力的，因为顾客通常讨厌意外事件，如果他们能够在事前收到有关信息的话，就能够对缺货或延迟递送等意外情况进行调整。

4. 多样化原则

随着顾客业种和业态的多样化发展，顾客的需求的个性化趋势表现得越来越明显，因此，面对顾客多种多样的需求，制定多样化的物流服务组合是十分必要的。如今，为顾客提供统一物流服务的企业很多，这不利于物流服务的效率化。物流服务对于企业来讲也要考虑有限企业资源的合理配置，也就是说，在决定企业物流服务时，应根据顾客的不同类型，综合考虑自身的状况，采取相应的物流服务。

5. 特色性原则

企业在制定物流服务要素和服务水平时，应当保证服务的对比性——与其他企业的物流服务对比，具有自己鲜明的特色。这是保证高质量物流服务的基础，也是物流服务战略的重要使命。要实现这一点，就必须具有对比性物流服务的观念——重视了解和收集竞争对手的物流服务信息。

3.2.2 物流服务能力

1. 可得能力

可得能力是指当顾客需要存货时所拥有的库存能力。可得能力可以通过各种方式实现，最普通的做法就是按预期的顾客订货进行存货储备。于是，仓库的数目、地点和储存政策等便成了物流系统设计的基本问题之一。存货储备计划通常是建立在需求预测基础上的，而对特定产品的储备战略还要结合其是否畅销、该产品对整个产品线的重要性、收益率以及商品本身的价值等因素考虑。存货可以分为两类：一类是取决于需求预测，并用于支持基本可得性的基本储备；另一类是满足超过预测数的需求量，并适应异常作业变化的安全储备。

可得能力的一个重要方面就是厂商的安全储备政策。安全储备的存在是为了调整预测误差，并在安全储备的补给期间对递送延迟进行缓冲。一般说来，防止缺货的期望越大，安全储备需要也越大；安全储备的负荷越大，平均存货的数量也越大。在市场需求高度变化的情况下，安全储备的构成有可能占到厂商平均存货的一半以上。

许多厂商开发了各种物流安排方案，以增补其满足顾客存货需求的能力。一家厂商可以经营两个仓库，其中一个指定为主要服务地点，而另一个作为次要的或后援的供给来源。主要仓库是厂商用于输出其绝大多数产品的地点，以便利用自动化设施、效率及其所处地点的优势。一旦主要仓库发生缺货，并且情况继续恶化时，就可以利用次要仓库或后援仓库。但是，使用次要或后援仓库的厂商，应尽可能在最大程度上向其提供服务的顾客公开。这是因为有时候主要地点只有顾客订货的一部分产品，而次要地点却能够满足其剩余的需求。在这种情况下，除非这两部分的订货在递送前能够组合在一起，否则，分开递送会使顾客感到不便。需要指出的是，由于厂商已尽了额外的努力保持存货可得性，而不是延交部分订货，这一事实本身会转变成一种积极的形象，说明厂商为满足顾客需求已经尽心尽力了。

应该清楚的是，要高水准地实现存货可得的一致性，需要进行大量的精心策划，而不是在销售量预测的基础上给各个仓库分配存货。事实上，其关键是要实现对首选顾客或核心顾客高水准的存货可得性，同时使整个存货储备和仓库设施维持在最低限度。

2. 作业完成能力

作业完成能力涉及物流活动对所期望的完成时间和可接受的变化所承担的义务。

（1）速度。完成周期的速度是指从一开始订货时起至货物装运实际抵达时止的这段时间。我们必须以顾客的身份来考察厂商在这方面所承担的义务。因为根据物流系统的设计，完成周期所需的时间会有很大的不同，即使在今天高水平的通信和运输技术条件下，订货周期可以短至几个小时，或长达几个星期。

当然，供应商对存货可得性和作业速度这两方面的最高承诺是顾客存货委托。在委托安排中，产品是按照顾客预期的业务需要进行存货的。虽然从顾客的角度来看委托存货是一种理想的方式，但对供应商来说却是一种花费昂贵的做生意方式。因此，供应商的存货委托安排一般仅限于一些至关重要的产品，即如果在它们确实需要时得不到将会导致失效或低效，诸如机器零件和急救医疗供应品等。顾客存货委托情况一般都出现在企业与企业之间的营销和健康卫生行业中。与为顾客维持安全储备相比，它的不同之处是，一个供应商之所以愿意接受顾客的存货委托往往是出于他在该业务关系中的力量对比。

对供应商的递送委托更具代表性的业务安排，是建立在顾客各种期望基础上的完成周期的速度。在紧急情况下，供应商会通过当地仓库进行特别递送，或者通过通宵运行的高度可靠的运输企业在几小时内完成所要求的递送服务。这种业务关系通常是按照顾客的具体要求，围绕着能促进物流作业效率所期望的完成周期形成的。换句话说，如果这种加速会导致提高价格或实际的物流成本的话，并不是所有的顾客都需要或希望最大限度地加速。

如何确定完成周期的时间往往与存货需求有着直接关系。一般来说，计划的完成速度越快，顾客所需的存货投资水平就越低。完成周期时间与顾客存货投资之间的这种关系，居于以时间为基础的物流安排之首。

（2）一致性。虽然服务速度至关重要，但大多数物流经理更强调一致性。一致性是指厂商在众多的完成周期中按时递送的能力。一般说来，可得性与一旦需要就可以进行产品装运的存货能力有关；而完成周期的速度则与持续地按时递送特定订货所必需的作业能力有关；而所谓一致性，却是指必须随时按照递送承诺加以履行的处理能力。由此看来，一致性的问题是物流作业最基本的问题。

（3）灵活性。作业灵活性是指处理异常的顾客服务需求的能力。它反映了厂商在始料不及的环境下如何妥善地处理问题的物流能力。如前所述，在许多情况下，物流优势的精华就存在于灵活能力之中。厂商的整体物流能力取决于在适当满足关键顾客的需求时所拥有的"随机应变"的能力。

（4）故障与恢复。不管厂商的物流作业有多么完美，故障总是会发生的，而在已发生故障的作业条件下继续实现服务需求往往是十分困难的。因此，厂商应制定一些有关预防或调整特殊情况的方案，以防止故障发生。厂商应通过合理的论证来承担这种应付异常情况的义务；而其制定的基本服务方案应保证高水平的服务，实现无故障和无障碍计划。为此，厂商要有能力预测服务过程中可能会发生的故障或服务中断，并有适当的应急计划来完成恢复任务。当实际的服务故障发生时，顾客服务方案中的应急计划还应包括对顾客期望恢复的确认以及衡量服务一致性的方法。

3. 可靠能力

可靠能力反映在正常情况下物流企业提供稳定物流服务的能力。物流活动中最基本的质量问题就是如何实现已计划的存货可得性及作业完成能力。除了服务标准外，质量上的一致性涉及能否迅速提供有关物流作业和顾客订货状况的精确信息。研究表明，有越来越多的顾客表示，有关订货内容和时间的事前信息比完美订货的履行更加重要。

除了服务可靠能力外，服务质量的一个重要的组成部分是持续改善。类似于厂商内部的其他经理人员一样，物流经理人员也关心如何尽可能少地发生故障以完成作业目标。而完成作业目标的一个重要方法就是从故障中吸取教训，改善作业系统，以防再次发生故障。

实现物流质量的关键是对物流活动进行衡量。在顾客眼里，存货的可得性和作业绩效等是至关重要的，然而，高水准的作业绩效只能通过严格地对物流活动进行精确衡量才能维持。

3.3 物流服务质量监控

3.3.1 物流服务质量的衡量

对物流服务来说，质量在物流服务的过程中产生，通常取决于客户和服务人员之间的互动。客户对服务的满意程度不仅仅在于公司为客户提供了他们想要的服务的能力，而且还在于客户对服务质量的感知。当服务达到或超出客户的期望时，客户就认为服务是高质量的；相反，如果没有达到期望值时，客户就感觉服务的质量不尽如人意。因此，服务质量高度依赖于公司员工的服务能力、满足客户或超过客户预期的服务系统。由于客户期望度是多变的，物流服务行业必须采用一定方法来对自己的服务系统进行不断的监测,同时还要通过对客户进行不断的关注、交流和调查来对服务质量进行全面的评估并改进。

帕拉舒拉曼(Parasuraman)、泽丝曼尔(Zeitham)和和贝瑞(Berry)博士所做的一些关于服务质量的研究得到了人们的广泛引用。他们在研究了很多不同的服务行业后,给出了客户经常用到的衡量服务质量的五个维度(Five Dimensions of Service Quality):可靠性(Reliability)、响应度(Responsiveness)、信用度(Assurance)、关怀度(Empathy)和装备(有形性)度(Tangible),见表3-1。其中,可靠性在他们的研究里通常被认为是最重要的质量维度。

(1)可靠性:持续不变地提供正确、可靠的服务。
(2)响应度:快速、及时地提供服务。
(3)信用度:安排有知识、有能力、有礼貌的员工来进行服务,使客户产生信任和信心。
(4)关怀度:针对每个客户的关怀和关照。
(5)装备(有形性)度:服务的物理特性,包括设施、服务人员、设备和其他客户等。

表 3-1 服务质量衡量维度举例

服务质量维度	标准
可靠性	记账的准确性 订单的准备性 准时完成 恪守承诺
响应度	准时约见 及时回复 对订单的及时确认
信用度	员工的技能 对员工的培训 员工的诚实度 公司的声誉
关怀度	个性化服务的能力 客户的认可 服务人员与客户的联系程度 对客户的了解
装备(有形性)度	员工的外表 设备的外观 客户的外表 所使用的设备和工具

研究人员通过调查可以找出客户对这五个维度的期望值与客户对实际得到服务的感知度之间的不同之处。这些不同被称为服务质量的"差距",也是提高服务质量需要着重改进的地方。

公司可以制定一些与五个服务质量维度相关的标准。然后通过客户意见卡或调查邮件对每一项质量维度的满意度进行询问并搜集数据,以此来测量服务质量绩效。表中所列的一些标准可以作为对五个服务质量维度的具体检测标准。当绩效标准指标出现差距或产生薄弱之处时，管理人员应该在所显示的方面进行提高。

世界一流的服务公司发现它们必须去了解自己的客户，于是它们投入了相当多的时间和精力来搜集有关客户需求和期望度的信息，公司可以根据这些信息来设计相应的服务和服务传递系统以满足客户、占据市场并为公司创造利润。这些机构深知影响公司长期竞争力和利润的最重要的因素之一就是自己与竞争对手相关的产品和服务质量。

3.3.2 服务失效与补救

毫无疑问，随着时间的推移，就算是顶级的公司，也会出现产品和服务没法满足客户期望的情况，即服务失效。在大多数情况下，对服务失效进行及时补救还是可以保持客户忠诚度、提高客户回头率的，甚至在客户向其他人讲述服务质量的补救时还可以为公司树立良好的口碑。最重要的是，当产生服务失效时，公司必须能够采取迅速而又有实效的补救措施来使客户感到满意。这包括前台服务人员对问题的辨别发现，然后通过一种体贴入微的方式迅速给出解决方法。

当客户碰到品质保证方面的问题时，良好的服务提供者会向自己的客户提供保证，并授权员工提供快速而又有针对性的解决方法。在美国，绝大多数的零售商都为不满意的客户提供退款保证，而约半数的零售商提供低价保证，即顾客在购买一段时间后发现更低价时可退还差价。在很多情况下，对服务保障问题的解决步骤都进行了程序化设计，并成为服务公司在营销方面还要继续努力的一部分。公司应该能够预料到可能出现服务失效的地方，然后给出合适的补救程序，并就这些程序对员工进行培训，让员工具备解决这些客户问题的能力，这才能确保公司拥有最好的服务补救系统。

小　　结

物流战略管理的最高层次是以合适的成本实现高质量的物流服务。因此，要求企业在从事物流服务的过程中，遵循适应环境原则、经济性原则、可靠性与灵活性相结合原则、多样化原则和特色性原则，在可得能力、作业完成能力和可靠能力方面提供保证。在此过程中，必须采用一定的方法（比如评价服务质量的五个维度的方法）对物流服务质量进行测度，以便不断地寻找差距，持续地进行改进。另外，针对服务失效的可能性，要通过程序化设计进行补救。

阅 读 资 料

顾客服务的四个维度

1. 时间

订货周期就是顾客服务时间维度的主要元素。

2. 可信性

可信性指的是服务的可靠性，包括三个元素，即一致的订货周期、安全交付和完整交付。我们上文中对订货周期的讨论突出了一致性（可靠性/可信性）的重要性，因为不一致的订货周期会导致更高的库存需求。虽然订货周期很重要，但越来越多的公司在订货周期长短与订货周期一致性之间权衡。更具体地说，这些公司愿意接受较长的订货周期，只要能保证高水平的一致性。

安全交付考虑交付中的丢失和损伤情况。产品丢失或损伤可能有许多原因，但是顾客对这些原因并不关心（产品丢失或损伤都会对顾客产生负面影响，例如，脱销的情况）。订单履行率（Order Fill Rate）是用现存库存可以完全而及时满足的订单比例，是衡量交付完整性的一种方式。

产品丢失和损伤的情况可能难以完全消除，因为在拣货和组合中会有各种搬运，每次搬运产品都可能造成丢失和损伤。但是，卖主可以通过重新设计拣货流程以减少搬运的次数。同时，即使公司需求预测能够达到很高的精度，订单履行率也很难达到100%（即所有收到的订单都能完全被满足）。

3．沟通

高效的沟通应该是在卖主和顾客之间的双向交流，目的是使双方都知情。而且，有效的沟通要求合适的各方都参与这一过程，如果顾客想了解与物流相关的问题，就应该和物流专家进行沟通。再者，参与者之间完整的信息交流可以提升顾客服务。一个交付地址可能已经够用，但提供交付地址的显著特征可能更有帮助。

但是，文本信息和互联网使沟通过程失去个性，这就是为什么建议卖主和顾客之间定期进行电话接触甚至是面对面的接触。（你们应该认识到人际沟通在许多文化背景下都是商业活动的实质部分。）

4．便利性

顾客服务的便利性注重与卖家进行商业活动的方便程度。不同的顾客对"进行商业活动的方便程度"有不同的认识。因此，卖主要理解顾客群体的分类以及每类顾客如何理解"进行商业活动的方便程度"。

资料来源：[美]小保罗·R.墨菲，唐纳德·F.伍德著．当代物流学．陈荣秋，等译．北京：中国人民大学出版社，2009：82—83．

练 习 题

一、单选题

1．物流服务管理的目的是（　　）物流服务。
　　A）尽可能提供高质量的　　　　　　B）尽可能提供低成本的
　　C）以最快速度提供　　　　　　　　D）以适当的成本实现高质量的
2．交易全过程论的提出者是（　　）。
　　A）唐泽丰　　　　　　　　　　　　B）美国后勤管理协会
　　C）巴罗　　　　　　　　　　　　　D）汤浅和夫
3．日本神奈川大学唐泽丰教授提出的顾客服务可以划分为营销服务、（　　）和经营技术服务三个领域。
　　A）理财服务　　　B）物流服务　　　C）运作服务　　　D）售后服务
4．在评价服务质量的五个维度中，（　　）通常被认为是最重要的质量维度。

A）关怀度　　　　B）响应度　　　　C）可靠性　　　　D）信用度

二、填空题

1. 物流服务的_____是指物流企业在正常情况下的物流服务能力，也称为物流服务的稳定性。

2. 物流服务能力包括_____能力、_____能力和_____能力。

3. 按照唐泽丰的观点，物流服务的构成要素包括_____、_____和_____。

4. 在服务质量评价维度中，"安排有知识、有能力、有礼貌的员工来进行服务，使客户产生信任和信心"就是所谓的_____。

5. 产品和服务没法满足客户期望的情况，通常称作_____。

三、问答题

1. 简述物流服务原则。
2. 什么是物流服务的作业完成能力？包括哪些方面？
3. 按照巴罗的观点，物流服务的构成要素有哪些？
4. 物流服务质量与成本的关系有哪四种类型？
5. 简述评价服务质量的五个维度。

第 4 章　物流管理的最新发展趋势

知识点

- 美国、日本、中国物流管理的发展
- 第三方物流的含义、特征、优势
- 第三方物流的类型
- 全球物流的特征、基本活动
- 全球物流的组织与管理
- 绿色物流的概况
- 供应链的含义、特征
- 供应链管理的内容
- 供应链物流管理的含义、指导思想
- 供应链物流管理的方法

难点

- 美国、日本物流管理的发展的启示
- 第三方物流的含义、特征
- 供应链物流管理的指导思想

要求

熟练掌握以下内容：
- 第三方物流的含义、特征、优势
- 第三方物流的类型
- 全球物流的特征、基本活动
- 供应链的含义、特征
- 供应链物流管理的含义、指导思想
- 供应链物流管理的方法

了解以下内容：
- 美国、日本、中国物流管理的发展
- 全球物流的组织与管理
- 供应链管理的内容
- 绿色物流的概况

本章所涉及的内容属于物流管理发展历史及趋势的范畴。首先简要介绍了美国、日本及中国物流管理的发展阶段，然后介绍了物流管理呈现出的若干新的发展趋势。这些趋势是在历史的基础上，随着科学技术的进步和社会的发展而呈现出来的，主要包括：与高度社会化分工相适应的第三方物流的形成与发展；与经济全球化相适应的全球物流的组织与管理；在可持续发展原理指导下，注重与环境关系的绿色物流日益发展；以商业生态系统作为指导思想的供应链管理理论的形成，以及由此发展起来的供应链物流管理。

4.1 物流管理的发展概述

本节所涉及的内容属于物流管理发展史的范畴，简要介绍美国物流管理的发展阶段、日本物流管理的发展阶段和中国物流管理的发展阶段。了解物流管理的发展历史，目的是寻找其发展的趋势，即为下一节的内容介绍奠定基础。

4.1.1 美国物流管理的发展

了解物流管理的发展，必然要首先涉及美国的物流管理，这是因为对物流活动和物流管理的认识最初肇端于美国，而美国物流管理的研究和实践最为先进、最为完善，并成为其他国家学习和仿效的榜样。

第二次世界大战期间，美国军队运用运筹学的理论方法卓有成效地调运军用物资，统筹安排人力运力，解决了一系列物资供应中出现的矛盾和问题，被概括为"后勤供应"。战后，这种组织管理手段被应用于企业的生产管理，取得了很好的经济效益。这实际上是美国物流业的初创阶段，也是世界范围内最初萌生的"物流"现象。

美国军事兵站后勤活动的开展为人们对综合物流的认识和发展提供了重要的实证依据，而且也推动了战后对物流活动的研究以及实业界对物流活动的重视。在1945年，美国正式形成了一个戴尔塔&阿尔法输送组织，这是一个对输送管理知识教育给予奖励，并为进一步推广而在全美范围内结成的团体组织。此后，美国正式成立了全美输送物流协会，该组织的主要职能是对专业输送者进行考试，并发予证书，从而将物流活动的培训纳入到正规化的轨道。

1. 物流理论体系的形成与实践推广阶段（1950—1978）

进入20世纪50年代以后，对物流的重视程度和研究得到了飞跃性的发展，其背景是现代市场营销观念的形成，彻底改变了企业经营管理的行为，使企业意识到顾客满意是实现企业利润的唯一手段，因而顾客服务成为经营管理的核心要素，随着这种经营哲学的发展，物流活动被认为担当了提供顾客服务的作用。在美国波士顿工商会议所召开的第26次波士顿流通会议上，鲍尔·D.康柏斯发表了题为"市场营销的另一半"的演讲，他指出无论是学术界还是实业界都应该重视认识、研究市场营销中的物流，真正从战略的高度来管理、发展物流。应该讲，这是物流管理发展的一个里程碑，它不仅对物流的研究和认识起到了推动作用，而且对于物流管理学的形成产生了直接影响。此后在1956年出版的《物流中航空货运的作用》一书中，论述了航空货运尽管运费比较高，但是由于它能直接向顾客进行商品配送，因而节约了货物的在库维持费和仓库管理费，因此，应当从物流费用总体上来评价运输手段的优缺点。霍华德等学者的研究第一次在物流管理中导入了整体成本的分析概念，深化了物流活动分析的内容。紧接着，世界上第一本介绍物流管理的教科书——《物流管理》出版，该书详细论述了物流系统以及整体成本的概念，为物流管理成为一门学科奠定了基础。20世纪60年代初期，密西根州立大学以及俄亥俄州立大学分别在大学部和研究生院开设了物流课程,成为世界上最早把物流管理教育纳入大学学科体系中的学校。

1962年，《财富》杂志发表了一篇题为《经济的黑暗大陆》的文章，强调应当高度重视流通以及流通过程中的物流管理，从而对实业界和理论界又产生了一次重大的推动作用。1963年成立的美国物流管理协会将各方面的物流专家集中起来，提供教育、培训活动，成为世界第一个物流专业人员组织。20世纪70年代中期，道格拉斯·M.兰伯特撰写了《在库会计方法论的开发：在库维持费用研究》一文，指出在整个物流活动所发生的费用中，在库费用是最大的一个部分。道格拉斯对费用测定的研究，对物流管理学的发展作出了重大贡献。

2. 物流理论的成熟与物流管理的现代化阶段（1978－1985）

20世纪70年代末，物流活动的经营环境有了巨大的变化，这表现在一系列规制的缓和为物流的迅速发展提供了广阔的前景。首先是《航空规制缓和法》的制定拉开了规制缓和的序幕，加速了航空产业的竞争，从而对货主和运输产业产生了巨大影响。紧接着通过了《汽车运输法案》和《铁路法案》，根据这两项法案，运输公司可以灵活决定运费和服务。此后不久，随着《海运法案》的通过，运输市场已全面实现了自由化。这一系列规制缓和不仅带来了运输业的激烈竞争，而且运费的自由决定，运输路线、运送计划制定等自由度的增加，使物流业者能够真正满足顾客需求，并实现与其他公司在物流服务上的差别化。对于货主来讲，随着运输业者、运输工具选择自由度的增加，一方面接受服务的水准得到提高，物流的效率性得以实现；另一方面，可以从发货地到目的地之间自由选择、组合交通工具，实现联合运输。在物流管理理论上，随着MRP、MRPⅡ、MRPⅢ、DRP、DRPⅡ、看板制以及Just-in-time等先进管理方法的开发和在物流管理中的运用，人们逐渐认识到需要从流通生产的全过程来把握物流管理，而计算机等现代科技的发展，为物流全面管理提供了物质基础和手段。

此后，最具有历史意义的是1985年美国物流管理协会正式将名称从National Council of Physical Distribution Management改为National Council of Logistics Management，标志着现代物流观念的确立，以及对物流战略管理的统一化。

3. 物流理论、实践的纵深化发展阶段（1985至今）

20世纪80年代中期以后，随着人们对物流管理认识的提高、经济环境的改善、产业结构的调整和科学技术迅猛的发展，物流理论和实践开始向纵深发展。在理论上，人们越来越清楚地认识到物流与经营、生产紧密相连，它已成为支撑企业竞争力的三大支柱之一。20世纪80年代中期，威廉姆·哈里斯和斯托克·吉姆斯指出从历史上看，物流近代化的标志之一是商物的分离，但是随着20世纪60年代中期以西蒙为代表的顾客服务研究的兴起，在近20年的顾客服务研究中，人们逐渐从理论和实证上认识到现代物流活动对于创造需求具有相当大的作用，因此，在这一认识条件下，如果再像原来那样在制定营销组合（特别是产品、价格、促销等战略）过程中，仍然将物流排除在外，显然不适应时代的发展。因此，非常有必要强调营销与物流的再结合。这一理论对现代物流的本质给予了高度总结，也推动了物流顾客服务战略以及供应链管理战略的研究。从实践来看，电子计算机技术和物流软件的发展日益加快，进而更加推动了现代物流实践的发展，这其中的代表是EDI的运用与专家系统的利用。EDI是计算机之间不需要任何书面信息媒介或人力的介入，是一种构造化、标准化的信息传递方法。这种信息传递不仅提高了传递效率和信息的正确性，而且带来了交易方式的变革，为物流纵深化发展带来了契机。此外，专家系统的推广也为物流管理提高了整体效果，现代物流为了保障效率和效果，一方面通过 POS 系统、条形码、EDI 等收集、传递信息，另一方面利用专家系统使物流战略决策实现最优化，从而共同实现商品附加价值。

作为物流的一项重要内容和推动运输物流发展的政府政策，美国运输部长提出了《美国运输部1997－2002年财政年度战略规划》，成为美国物流现代化发展的指南之一。他在提出此规划时指出，这个规划反映了克林顿政府长期持有的主张，即运输不再只是水泥、沥青和钢铁。最大的挑战是建立一个以国际为所及范围、以多种运输方式的联合运输为形式、以智能为特性，并将自然包含在内的运输系统。在"前言"中指出，在1997－2002年美国将面对全球化的市场、环境的挑战、跨越国界的安全威胁和通信与信息革命等环境要素的变化，面对这些挑战与变化，他指出要为美国人民提供机会，给他们以灵活的选择。这一规划将完成21世纪的运输系统，该系统将是全世界最安全、易得、经济和有效的系统。第二部分介绍了美国运输系统的基本范围和规模。在第三部分"美国运输部的现在和未来"中指出，运输部正处在不只是两个世纪而且是两个时代的交叉路口，在这新的信息时代，人和货的运输方式上的差别性，已是陈旧的观念，未来的运输部将合并为一个统一集成的领导部门，以优化运输的效率和有效性，实现优于任何系统的快速、安全、经济的连续运输系统。21世纪重新设计的组织结构在信息系统的基础上，以较少的规则、较少的人员、较少的管理层次、较少的官僚政治，关注于因经济全球化、知识经济的上升和信息革命的渗透活力所引发的新趋势，在开放、真实的环境中灵活、快速地决策。在第四部分"价值声明"中指出了美国运输部服务对内对外最终要实现的目标。第五部分"美国运输部的观点、任务的战略目标概述"和第六部分"战略目标"为此规划的重点部分。规划提出运输部的任务是："以保证快速、安全、有效、易得、便利的运输系统，满足我们有生命力的国家利益，提高美国人民的生活质量，服务于今天和未来的美国。"在此基础上提出了安全、灵活、经济增长和贸易、人和自然环境、国家安全等五项规划的战略目标以及由此引申出的具体目标，并分别以表格形式描述了各战略目标的引申目标、实施措施、承担者、指标、数据源间的对应关系。第七部分是"年度实施计划中战略目标与实施目标间的关系"。第八部分"数据能力"指出了美国运输部信息化的目标，规划指出：数据和信息的收集和传播、知识的创新和共享在这正在成长的分散化的时代对于国家运输业的成功至关重要，准备更好的信息，改善运输业决策质量，是运输部的根本任务。第九部分部署了"计划评估"。第十部分"外部因素影响"，分析了经济、社会、政治、环境、安全、技术等要素对运输业的影响。第十一部分"总体管理战略"具体规划了一个运输部管理战略、人力资源管理战略、用户服务管理战略、研究和技术管理战略、信息技术管理战略、资源和业务过程管理战略等方面的部署。第十二部分部署了对"有关利益持有者的咨询"。第十三部分部署了"传播战略目标的步骤"。第十四部分用表格形式明确了与各有关部门的"交叉功能"。规划还附有"运输部的职权""运输趋势""运输部计划行动对战略目标的主要贡献"和"管理挑战"等四个附录。从历史发展的角度看，这个规划是美国物流管理发展的又一个里程碑。

4.1.2　日本物流管理的发展

日本物流观念形成的历史较美国要晚得多，但是发展十分迅速，并形成了自身独特的管理经验和方法，已成为现代物流管理的先进国家。下面我们按不同的阶段对其略作考察。

1. 物流概念的导入与形成（1956—1964）

在日本，物流概念的导入是20世纪50年代、60年代的事。具体来看，1956年日本流通技术考察团考察美国并开始引入物流观念。1958年，又组织了流通技术国内考察团对日本国内的物流状况进行了调查。从1961年到1963年前半年，日本将物流活动和管理称为PD，即Physical Distribution的缩写形式。到1963年后半年，"物的流通"一词开始登场，日通综合研究所1964年6月期《输送展望》杂志中刊登了日通综合研究所所长的演讲稿，正式用"物的流通"概念来取代原来直接从英语中引用过来的PD。同年7月19日，《日本经济新闻》发表了流通领域计划委员会委员的讲话，他在会见记者时指出"较之PD的称法，更应该叫作物的流通"，并进一步提出"通产省为了降低产业全体的成本，将要推动除生产、流通的费用外第三种成本的削减，即搬运、保管、包装等方面的成本……，产业构造审议会流通部中将要设立物的流通委员会……"，这为日本物流的近代化打下了基础。到1965年物流一词已正式为理论和实践界全面接受。

物流概念导入日本的过程中，物流已被认为是一种综合行为，即"各种活动的综合体"，也就是说既理解为商品从生产到消费的流通过程，又被认为是流通过程各种活动中物理商品的取报活动，因此，"物的流通"一词包含了"运输、配送""搬运""保管""在库管理""包装""流通加工"和"信息传递"等各种活动。这一思想突出表现在20世纪50年代中期，流通领域计划委员会委员等一些人的有关车站、码头的搬运研究，当时他们在搬运研究中将搬运活动看作是一项工程，应用了"统合"这一理念，亦即不要把搬运等活动看成是个别行为，而是多种要素的组合。

与此相对照的是其本国方面对此阶段的认识，他们认为这个阶段是切实保证运输与保管的时代。生产的东西均能卖出，货物的陆路运输主要是靠铁路，但铁路不能灵活适应经济迅速发展的需要，企业必须千方百计地设法解决运输、保管、包装等问题。

2. 物流近代化（1965—1973）

这是日本大量物流设施建设、构筑的时代，同时也是日本经济高度成长、大量生产、大量销售的时代。随着这一时期日本生产技术的进步、销售体制的扩充，物流发展的不足已经不断显现，从而成为制约企业发展的因素。

1965年日本政府发布的《中期5年经济计划》中，强调要实现物流的近代化。之后，日本政府开始在全国范围内开展高速道路网、港湾设施、流通聚集地等各种基础建设。与此相对应的是，各厂商也开始高度重视物流，并积极投资物流体系的建设。随着物流概念的传播和形成，各企业都建立了相应的专业部门，积极推进物流基础建设，主要是随营业规模的扩大增设物流中心，或确保大量输送手段等充实物流硬件的举措。这一时期日本厂商的共同战略是增大物流量、扩大物流处理能力。

另一方面，日本的物流进入近代化的大量生产、大量销售时代，开始广泛推广货台、铲车等机械化装卸设备，导入自动仓库，灵活运用货台和集装箱，开展单位货物装卸系统等。同时，物流中心、中央物流中心等各种物流管理系统也不断增加。除此之外，这一时期的日本也在积极推行物流联网系统，开发VSP、配车系统等物流软件。

这一时期是日本物流建设的大发展时期，原因在于社会各个方面都对物流的落后及其对经济发展的制约性有着共同认识。这一阶段的发展直到1973年第一次石油危机爆发才告一段落。其本国方面却认为这一时期是物流成本管理的时代。此时期，经济稳步发展，需求扩大。

产业界由于生产的合理化而降低了成本,但市场竞争日益激烈。为确保收益,企业把目光投向了物流费用,企业用降低物流费用的办法来弥补在市场中失去的利益。

3. 物流合理化(1974—1983)

第一次石油危机后,经营成本的降低成为经营战略的重要课题,从而要求物流能有所作为,这一时期便成为物流合理化的时期。

首先,这一阶段担当物流合理化作用的物流专业部门开始登上了企业管理的舞台,从而真正从系统整体的观点来开展降低物流成本运动。此外,这一时期物流子公司也开始兴起。总地讲,物流合理化主要是改变以往将物流作为商品蓄水池或集散地的观念,从而在经营管理层次上发挥物流的作用。也就是说,在企业第一利润源销售额无法实现的情况下,物流成为企业增加利润的唯一来源,很显然"物流利润源学说"揭示了现代物流的本质,使物流能在战略和管理上统筹企业生产、经营的全过程,并推动物流现代化发展。

在实践上,开始广范地设立合理化工程小组,实行物流活动中的质量管理。具体讲,当时物流合理化的主要表现是:

- 缩短物流路径。
- 扩大工厂直送。
- 减少输送次数。
- 提高车辆装载效率。
- 实施计划输送。
- 导入共同配送。
- 改变运输手段,选择最佳运输方式。
- 减少在店的据点。
- 彻底实行在库管理,维持正常在库。
- 提高保管效率。
- 包装简单、朴素化。
- 尽量做到包装材料的低价格。
- 包装作业的机械化。
- 集装箱、货台的导入与扩大。
- 省力化机器的灵活运用。

在推进物流合理化的过程中,日本全国范围内的物流联网也在蓬勃发展,其宗旨在于推进订货、发货等业务的迅速化,以及削减物流人员,降低劳动力成本,这是物流合理化在技术上的反应。之后,1977年日本运输省流通对策部公布了"物流成本算定统一基准",这对于推进企业物流管理有着深远的影响。原因是当时各个企业都制定了自己独特的成本控制体系,出现了成本概念不一致的状况,这样各企业所计算出的成本就缺乏相互对比的基础。以及由于缺乏统一明确的会计成本核算标准和整理方法,对物流成本的计算不完全,进而影响了物流合理化的发展。由于企业和政府的共同努力,这一时期的物流管理得到了飞跃性的发展,也使日本迅速成为物流管理的先进国。

其次,这一时期专业物流部门或物流子公司广泛的设立更加推动物流合理化,也成为物流管理在企业组织结构中重大的变革。

其国内认为这一时期是建立物流管理系统的时代。此阶段物流逐渐成为一门科学体系。

不是把物流只看成是运输、保管等个别功能的工作，而是将它作为一个整体来把握，先进的企业为提高物流效率，独自积极地建立起物流体系。这里不仅只考虑物流的成本，而且要考虑物流本来具有的战略功能。

4. 物流的纵深化（1984至今）

20世纪80年代中期以后，物流合理化的观念面临着进一步变革的要求，这主要是20世纪80年代以后，日本的生产经营发生了重大的变革，消费需求差异化的发展，尤其是日本泡沫经济的崩溃，使以前那种大量生产、大量销售的生产经营体系出现了问题，生产的多品种化和少量化成为新时期的生产经营主流，这使得市场的不透明度增加，在库排除的观念越来越强，其结果整个流通体系的物流管理发生了变化。

物流服务作为竞争的重要手段在日本得到了高度重视，这表现在20世纪80年代后期日本积极倡导高附加价值物流、Just-in-Time物流等方面。但是，随着物流服务竞争多样化，物流成本的高昂成为这一时期的特征，在日本有把这一时期称为"物流不景气"时代的说法，即由于经营战略的要求，使物流成本上升，出现赤字。因此，如何克服物流成本上升、提高物流效率是20世纪90年代日本物流面临的一个最大问题。

1997年4月4日，日本制定了《综合物流施策大纲》，该大纲是根据平成8年（1996年）12月17日日本政府决定的《经济构造的变革和创造规划》中有关"物流改革在经济构造中是最为重要的课题之一，到平成13年（2001年）为止既要达到物流成本的效率化，又要实现不亚于国际水准的物流服务，为此各相关机关要联合起来共同推进物流政策和措施的制定"这一指示而制定的。这个大纲是日本物流现代化、纵深化发展的指针，对于日本物流管理的发展具有历史意义。这个大纲的主体框架是：

基本目标：2001年物流发展的三项基本目标，即第一，亚太地区便利性且充满魅力的物流服务；第二，实现对产业竞争不构成阻碍的物流成本；第三，减轻环境负荷。大纲中还制定了实施措施的3项原则，包括通过相互合作来制定综合措施；为确保适应消费者需求的有效运输体系，以及创造良好的交通环境，道路、航空、铁路等交通机构共同合作制定综合交通措施；通过竞争促进物流市场活性化。

横向措施：第一部分是社会资本配置，即在所规定的物流整体上集中使用资本，此外，加强相关部门的合作。这些物流整体有：A.与利用者需求相对应的多样化的选择方法（社会资本的相互合作）；B.物流瓶颈的消除；C.国际港湾、机场的建设，例如高规格干线道路、地域高规格道路、通往港湾机场的道路建设，主要干线铁路运输力的增强，中枢、中心国际港湾的设置，大都市圈物流中心、空港建设。第二部分是规制缓和，即在法规政策上推动物流效率化，例如需求供给调整计划的废止；安全规制的制定（国际调和、推动技术水准提高的政策）。第三部分是物流系统的高度化，这其中一是信息化，如无纸贸易、一站服务、EDI的发展；二是标准化，如集装箱的标准化等；三是其他措施，如技术开发、商业惯例的改进等。

不同领域的措施：第一部分是都市内物流，即缓和交通阻塞、提高汽车装载效率、提高物流服务质量、减轻环境负荷，在发展方向上主要是建立道路交通的通畅机制（物流共同配送、交通需求管理）以及货车的自营转换（提高装载率）。第二部分是地域间物流，通过多种方式完善陆海空运输的竞争条件，实现复合联合运输以及减轻环境负荷，在措施上主要是促进内航海运和铁路货运；道路、大范围物流中心的建设；货车规制缓和等。第三部分是国际物流，即为了对应日本市场商品输入增加的状况，缩减国际物流的时间和成本，纠正内外价格差，改善产业地域竞争力，主要措施是国际中枢、中心港湾据点的整顿、设立；进出口手续、港湾手续的信息化等。

构筑各机构合作的政策推进体制：该部分的目的在于推进各政府机关、地方公共团体及物流业者和货主联合采取物流现代化措施，加强地方与中央的合作。在措施上包括在中央强化与地方合作的体制、在地方强化与中央合作的体制、每年对所实施的举措效果和问题进行彻底调查。

从《综合物流施策大纲》中可以看出，今后日本物流进一步发展、强化的方向是：
- 信息化的推进。
- 物流技术的开发。
- 物流人才的培育。
- 新物流服务的开展。
- 国际化的对应。
- 包装机械化、在库管理数字化的推进。
- 整体系统化的加强。
- 社会资本的充实。
- 规格化、标准化的推进。
- 共同化、协作化的推进。

其国内将此阶段看作是开始从战略的高度来考虑物流的时代。"物的流通"成为企业经营的战略性课题，亦被称为"物流战略化"时代。作为企业的中心课题，生产、销售、物流一体化战略日趋重要。

4.1.3 中国物流管理的发展

尽管物流理论和实践在国外蓬勃发展，具有几十年的历史了，但在我国仍是"新生事物"。在我国，虽然中华人民共和国成立以来运输、仓储行业（物流业的雏形）已经形成并有所发展，但管理方式十分粗放。改革开放后，虽然我国也引进了物流的概念，物流也开始作为一门学科在部分高校里得到研究，但由于我国长期处于短缺经济状态，企业一直以粗放式经营为主，物流的战略地位还未显露，未能得到政府和企业界应有的重视，物流实践的发展仍很缓慢。

随着社会主义市场经济的发展，我国经济渐渐走出了短缺经济的局面。但在随后的几年里，伴随着经济超乎异常地以两位数字的速度增长，成为中国改革开放的奇迹的同时，由于某些原因，出现了泡沫经济，物价飞涨、市场混乱。至1997年经济得到"软着陆"后我国经济又进入了全面过剩时期，国内需求不足，开始呈现供大于需的局面。企业间竞争激烈，企业对内加强成本控制的管理，对外强化市场营销。20世纪90年代中期以后，我国政府和企业逐渐认识到作为"第三利润源"的物流的价值和战略地位，广泛开展物流的理论研讨和实践。概括起来，我国物流的发展可分为下述四个阶段。

1. 物流初期发展阶段（1949－1965）

1949年至1952年是我国经济的恢复时期，工业生产和交通运输逐步在恢复和建设。到1952年工业生产和交通运输基本上已全面恢复，进入正常生产阶段。为了配合物流业务的需要，开始修建和购置一些基本的物流设施。在企业内部建立储运部、汽车队。在各大区或省、市建立了少数仓储公司或运输公司，但这些物流企业大多从属于各专业公司，社会化程度较低。1953 年，我国开始了第一个五年计划，工农业生产如火如荼，全国经济呈现一片欣欣向荣的景象。随着社会商品、物资的增多，流通部门相继在一些大中城市建立了运输公司、仓储公司、外运公司等"商物分离型"、专业化的大中型物流企业，以及附属于各专业公司、批发站的储运部、中转站、仓库等"商物合一型"的小型物流企业，形成了覆盖全国的物流网络，出现了最早一批物流企业。

2. 物流停滞阶段（1966—1977）

这一时期国内政治、经济出现停滞和倒退，物流业和其他行业一样，陷入停滞状态。在此期间流通渠道单一化，从整体上看物流基础设施基本上没有发展，甚至连原来的一些设施也遭到了不同程度的破坏，这期间虽然也搞了一些个别项目建设，但对整个物流影响不大，实力没有多大增强，物流理论的研究和物流实践基本处于停顿状态。

3. 物流较快发展阶段（1978—1990）

十一届三中全会以后，随着我国开始实行改革开放政策，经济建设加快了步伐，国民经济特别是物流业得到了较快发展，取得了显著成绩，尤其是运输业、仓储业、包装业的发展较快，新建了大量的铁路、公路、港口、码头、仓库、机场等，交通基础设施建设取得显著成果。在物流基础设施建设中，以运输为例，截至 1990 年底，我国陆、水、空运输网线总长度有了较大增长，其中 1/4 以上是在这十余年期间建成的。尤其是公路建设更为突出，已建成高速公路、汽车专用公路多达 4000km。这十多年来新建和改建的高速汽车专用公路超过了前 30 年建设总和的 3 倍。其他水运、空运、管道运输也都有很大发展。不仅增加了物流设施，而且提高了物流技术装备水平，同时开展了水泥、粮食的散装运输，集装箱运输，开始建设立体自动仓库。在此期间，专业物流公司数量不断增加；企业内部也开始重视物流问题，设置了物流研究室、物流技术部等，还发展了一些集体和个体物流企业；物流已逐步打破部门、地区的界限，向社会化、专业化、现代化方向发展。有关物流学术团体在此期间都相继成立，积极有效地组织开展国内国际物流学术交流活动，了解和学习国外先进的物流管理经验。中国物资流通学会于 1989 年 5 月在北京成功地承办了第八届国际物流会议，对我国的物流发展起了促进作用。物流学作为一门独立的学科而正式确立，一些物流学的专著和译著也出版发行。物流学研究开始被人们重视，人们在观念上逐步改变了孤立的对待包装、装卸、运输、保管、信息情报等机能，开始以系统的观点对它们的作用进行研究，在认识上前进了一大步。

4. 现代物流起步阶段（1991 至今）

此阶段正是我国进入"八五"计划建设时期，也是我国国民经济进入高速发展的时期。1992 年，我国正式确立建设社会主义市场经济的目标。随着市场"游戏规则"的逐渐完善，营造了一个相对自由、宽松的市场经济环境，经济增长迅速，1992 年国内生产总值增长 12.8%。国民经济的高速发展必然要求物流体系迅速现代化以与之相适应。买方市场逐渐形成，市场竞争越来越激烈，零售企业、连锁商业企业在市场中的主导地位逐步加强。外商大举进入我国日化、家电等生产领域，并引进了现代物流观念和物流网络体系，现实面前，越来越多的生产企业已经认清物流能力在市场竞争中的越来越重要的作用；与此同时，一批"三资"储运、物流企业应运而生，传统的储运企业开始向综合物流企业发展，产生了一批新的民族物流企业。在这种情况下，一些生产、零售企业开始退出物流领域，不再新建仓库，转向市场寻求合格的物流代理商。至此，标志着我国现代物流业已经起步。

各级政府也开始重视物流业的发展，并予以积极的扶持。在 21 世纪，现代物流业将成为中国经济发展的重要产业和新的经济增长点已成为人们的共识。物流业发展问题也已经列入了各级地方政府工作的议事日程。

正因为如此，国家为高速发展物流业而采取了一系列重要措施。在"八五"规划中明确把发展第三产业特别是物流业作为重点。在此期间动工兴建的 10 项特大型工程中，物流业就占有 5 项，而且全部是运输方面的。

到了"九五"规划时期，我国总货运量持续快速增长，1997 年已达到 12.55 亿 t。

进入 21 世纪，随着产业结构的升级，以及消费结构的升级，宏观层面政策的助力，物流更加快速地发展。2014 年 9 月，国务院发布《物流业发展中长期规划（2014—2020 年）》，明确指出物流业发展重点：着力降低物流成本；着力提升物流企业规模化、集约化水平；着力加强物流基础设施网络建设。主要任务：大力提升物流社会化、专业化水平；进一步加强物流信息化建设；推进物流技术装备现代化；加强物流标准化建设；推进区域物流协调发展；积极推动国际物流发展；大力发展绿色物流。2016 年全年货物运输总量 440 亿 t，比 2015 年增长 5.7%。

2017 年 8 月，国务院办公厅发布《关于进一步推进物流降本增效促进实体经济发展的意见》。

2018 年 1 月，国务院办公厅印发《关于推进电子商务与快递物流协同发展的意见》，明确要求深入实施"互联网+流通"行动计划，提高电子商务与快递物流协同发展水平。

4.2　第三方物流

目前，"第三方物流"（Third-Party Logistics，TPL）的思想成为流通领域的一个广泛的话题。第三方物流兴起于 20 世纪 80 年代末 90 年代初，由于外包（Outsourcing）成为工商企业的重要发展方向，企业越来越重视集中于自己的主要资源和业务，而把其他资源和业务外部化，第三方物流由于其在专业技术和综合管理方面的显著优势得到了迅速的发展。

4.2.1　第三方物流概念

20 世纪 80 年代"第三方物流"兴起时。"第三方物流"一词在当时主要是用于描述对物流环节的要素进行业务外包，后来也被用来描述"与服务提供者的战略联盟"，尤其指"物流服务提供者"。

第三方物流服务的客户与提供商之间的战略联盟、伙伴关系均要求彼此之间有更多的信息公开，它打破了传统的业务关系束缚，从基于交易的业务关系向更为一体化的、长期的伙伴关系转变，这种业务关系的调整带给双方明显的利益。目前，在物流领域，第三方物流的应用继续扩大，并不断地融入新的关系、新的手段，以改进分销渠道、满足顾客服务需求。

第三方物流，是由物流业务的供方和需方之外的第三方去承担的物流。由于它常常以物流外包合同的形式进行操作，因此有时又被称作合同物流（Contract Logistics）、物流外包（Logistics Outsourcing）。又因为第三方物流公司一般是比较专业化的物流公司，能够承担全部的物流服务，所以有时又被称为全方位物流公司（Full-service Distribution Company，FSDC）、物流联盟（Logistics Alliance）。

第三方物流是第三方物流服务提供者在特定的时间段内按照特定的价格向使用者提供

的个性化的系列物流服务。这种物流服务是建立在现代电子信息技术基础上的，企业之间是联盟关系。第三方物流服务业这一称呼中的所谓"第三方"是相对于"第一方"运人和"第二方"收货人而言的。它是通过与第一方或第二方，或者与这两方合作，承包提供其专业化的物流服务。

于是，对第三方物流服务业可以理解为：本身不拥有货物而是为其外部客户的物流作业提供管理、控制和专业化作业服务的公司和企业。第三方物流有别于传统的外包物流。传统的外包物流只限于一项或一系列分散的物流功能，如运输公司提供运输服务、仓储公司提供仓储服务。第三方物流服务则根据合同条款规定而不是根据临时需求的要求，提供多功能甚至全方位的物流服务。

关于"第三方物流"的定义，中华人民共和国国家标准《物流术语》（GB/T 18354-2001）中是这样描述的："第三方物流是由供方与需方以外的物流企业提供物流服务的业务模式。"广义地讲，第三方物流是与自营物流相对而言的，即第三方物流是专业物流企业面向全社会提供物流服务，按照客户要求进行货物的运输、包装、保管、装卸、配送、流通加工等项目的有偿服务。

另外，不同的学者在第三方物流概念的解释方面，也存在着一些差异。大体上还有下述几种认识。

1. 合同物流

认为第三方物流就是合同物流或契约物流（Contract Logistics），是指第三方物流提供商在特定的时间段内向使用者提供个性化的系列物流服务。这是20世纪80年代中期在欧美发达国家出现的概念，目前针对此种理解常见的描述有"第三方物流类似于外协或契约物流""一个公司通过另一个公司进行全部或部分的物料管理或产品分销""外包公司所有或部分的物流功能，相对于基本服务，契约物流提供复杂、多功能的物流服务，以长期互益的关系为特征"。

2. 集成物流

认为第三方物流是提供全部物流服务的活动，即通常所说的一站式、一体化的综合物流服务。传统的对外委托形态只是将企业物流活动的一部分，主要是物流作业活动，如货物运输、货物保管交由外部的物流企业去做，而库存管理、物流系统设计等物流管理活动以及一部分企业内物流活动仍然保留在本企业。同时，物流企业是站在自己物流业务经营的角度，接受货主企业的业务委托，以费用加利润的方式定价，收取服务费。第三方物流则是站在货主的立场上，以货主企业的物流合理化为系统设计和系统运营管理的目标。随着经济社会的发展和进步，第三方物流的概念及其内涵也在不断地发生着变化。

4.2.2 第三方物流的产生和发展

第三方物流的产生可以说是社会分工的必然结果。社会生产和流通的分工，形成了生产企业和运输、储存等传统物流企业。一般地，生产企业既搞生产又搞物流，这时是以自营物流为主，也有少量的外包。物流企业则是靠承包一些社会物流业务而生存。这个时候没有"物流外包""第三方物流"的概念，其原因一是"外包"没有成为一种显著的潮流，二是"外包"没有体现出一种效益源泉。当时物流企业的效益，主要是由它们承担的运输、储存等业务本身带来的，而"外包"这种机制并没有给企业带来明显的效益，因此也就没有引起人们的注意。

进入20世纪90年代后，市场竞争非常激烈。企业在激烈竞争面前，不得不集中资金、人力、物力投入到其核心业务上，努力提高其核心竞争力，取得市场竞争的优势，保证企业的生存和发展。生产企业的核心竞争力就是生产，物流业务对于它们来说，一是物流量不算太大，二是高投资、高成本，所以它们觉得让自己营运，还不如外包给一些物流企业更合算，成本更低，质量更高。而恰好物流企业也在集中资金、人力、物力发展自己的核心竞争力，它们的核心竞争力就是物流管理和操作。它们由于增强了物流能力，所以愿意承包各个企业的物流业务。正是由于一方面物流业务的需求方愿意外包物流，另一方面物流业务的提供方愿意承包物流业务，所以第三方物流服务业也就应运而生了。

第三方物流运行的良好效益，促进了第三方物流的立足与发展。物流服务的需求方外包自己的物流业务，不但大大降低了成本，省去了对于仓库、车队的高额投资，而且得到了更好的物流服务和质量。专业化的第三方物流公司的物流业务水平，比它们自己的营运物流业务水平高，同样增加了它们外包物流的积极性。而第三方物流企业自身也通过承包物流业务，扩大了业务规模，充分利用了设备资源，提高了效益和竞争能力，也增强了办好第三方物流的积极性，并以其服务专业化、高效化、一体化给全球经济的发展带来了强大的推动力。

信息技术的发展是第三方物流出现的必要条件。信息技术实现了数据的快速、准确传递，提高了仓库管理、装卸运输、采购、订货、配送发运、订单处理的自动化水平，使订货、包装、保管、运输、流通、加工实现一体化；企业可以更方便地使用信息技术与物流企业进行交流和协作，企业间的协调与合作有可能在短时间内迅速完成；同时，计算机软件的飞速发展，使混杂在其他业务中的物流活动的成本能被精确计算出来，还能有效管理物流渠道中的商流，这就使企业有可能把原来在内部完成的作业交由第三方物流公司运作。常用于支撑第三方物流的信息技术有：实现信息快速交换的 EDI 技术、实现资金快速支付的 EFT 技术、实现信息快速输入的条形码技术和实现网上交易的电子商务技术等。

随着经济自由化和贸易全球化的发展，物流领域的政策不断放宽，同时也导致物流企业自身竞争的激化，物流企业不断地拓展服务内涵和外延，这也加速了第三方物流的出现。

同时第三方物流的产生也是新型管理理念的要求。进入 20 世纪 90 年代后，信息技术的高速发展与社会分工的进一步细化推动着管理方式的迅速变化，由此产生了供应链、虚拟企业等一系列强调外部协调和合作的新型管理理念，既增加了物流活动的复杂性，又对物流活动提出了零库存、准时制、快速反应、有效的顾客反应等更高的要求，使一般企业很难承担此类业务，由此产生了专业化物流服务的需求。第三方物流的思想正是为满足这种需求而产生的。它的出现一方面迎合了个性需求时代企业间专业合作不断变化的要求，另一方面实现了企业物流的整合，提高了物流服务质量，加强了对供应链的全面控制和协调，促进供应链达到整体最佳。

某些国家，尤其是英国，零售供应系统的结构调整，促进了合同物流的采用。大的零售商已极大地增加了对采购物流的控制并把它的日常管理外包给第三方物流企业。1997 年主要的英国零售商已控制了 94%的工程配送（从配送中心到商店），将近 47%的配送是外协的。在零售供应链的"快速反应"（QR）压力下，导致了运送的频率增加和订单规模减小，这也迫使供应商必须加大利用外包物流的力度，以分享服务的形式减少成本。在某些行业，如汽车和电子行业，由于广泛使用原材料"零库存"供应，也对第三方集运服务产生迫切需求。

在美国，第三方物流业被认为处于产品生命周期的投入—成长期；在欧洲，尤其在英国，第三方物流市场有一定的成熟程度。在欧洲，目前使用第三方物流服务的比例约为 76%；在美国约为 58%，且其需求仍然在增长。同样的研究表明，欧洲 24%和美国 33%的非第三方物流用户正积极考虑使用第三方物流；欧洲 62%和美国 72%的第三方物流用户认为他们有可能在 3 年内增加对第三方物流的运用。该行业的观察家对该市场的规模作出了估计，美国第三方物流业的收入在 2000 年会突破 500 亿美元大关。欧洲最近的潜在物流市场的估计，约为 9500 亿美元（1997 年作出）。随着对第三方物流服务需求的增加，第三方物流的供给也相应地增加。有学者指出第三方物流供给的年增长率在 20%～50%的范围内。

就世界范围而言，全世界的第三方物流市场具有潜力大、渐进性和高增长率的特征。这种状况使其可能拥有大量由不同背景发展起来的，为在第三方物流业方面取得成功而提供特色服务的物流服务提供者。就美国而言就有 400 多个第三方物流供应商，其中大多数公司并不一开始就是第三方物流公司，而是逐渐发展进入该行业的。大多数第三方物流公司以传统的"类物流"业为起点，如仓储业、运输业、空运、海运、货代、公司物流部等。

在国际物流方面也有类似的物流服务外部化趋势。制造商的国际运输与产品配送对合同物流供应商的依赖性很大。荷兰国际配送协会（HIDC）的调查表明，美国、日本、韩国等国家有 2/3 的物流配送中心是由第三方物流公司管理的。

4.2.3 第三方物流企业的类型

1. 按提供服务的种类划分

按提供服务的种类划分，第三方物流企业有资产型、管理型和整合型三种基本类型。

（1）资产型第三方物流公司主要通过运用自己的资产来提供专业的服务。

（2）管理型第三方物流公司主要提供物流规划与策划、物流管理咨询服务等。

（3）整合型第三方物流公司则兼具以上两种公司所具有的能力，既能够提供管理咨询，又拥有必要的物流设施装备系统，能够承担各种物流业务。

2. 按物流业务划分

按物流业务划分，第三方物流企业有综合性物流公司和专业性物流公司。

（1）综合性物流公司能够提供运输、储存、包装、装卸、流通加工、物流信息、物流管理等各种物流服务。

（2）专业性物流公司只能提供某一种或者几种物流服务，例如运输公司、仓储公司、搬运公司、物流管理咨询公司等。

4.2.4 第三方物流的基本特征

1. 关系契约化

首先，第三方物流是通过契约形式来规范物流经营者与物流消费者之间的关系的。物流经营者根据契约规定的要求，提供多功能直至全方位一体化的物流服务，并以契约来管理其提供的所有物流服务活动及其过程。其次，第三方物流发展成为物流联盟，也是通过契约的形式来明确各物流联盟参加者之间权责利相互关系的。

2. 服务个性化

不同的物流消费者存在不同的物流服务要求。第三方物流需要根据不同物流消费者在企业形象、业务流程、产品特征、顾客需求特征、竞争需要等方面的不同要求，提供针对性强的个性化物流服务和增值服务。而且，从事第三方物流的物流经营者也因为市场竞争、物流资源、物流能力的影响需要形成其核心业务，不断强化所提供物流服务的个性化和特色化，以增强其在物流市场的竞争能力。

3. 功能专业化

第三方物流所提供的是专业的物流服务。从物流设计、物流操作过程、物流技术工具、物流设施到物流管理必须体现专门化和专业水平，这既是物流消费者的需要，也是第三方物流企业自身发展的基本要求。

4. 管理系统化

第三方物流需要建立现代管理系统，应具有系统化的物流管理功能，这是第三方物流产生和发展的基本要求。

5. 信息网络化

信息技术是第三方物流发展的基础。在物流服务过程中，信息网络技术实现了信息实时共享，促进了物流管理的科学化，极大地提高了物流效率和物流效益。

4.2.5 第三方物流的优势

除了自己建立庞大的物流机构管理全部物流活动之外，多数生产流通企业会以合同的形式将全部或部分物流活动外包出去，由专门的第三方物流服务提供商来提供服务。总体上讲，在生产流通企业物流管理中引入"第三方物流"的主要优势表现在下述几个方面。

1. 有利于集中主业、形成核心竞争力

通过引入第三方物流，生产流通企业能够实现资源优化配置，将有限的人力、财力和物力集中于核心业务上，进行重点研究、发展核心技术、开发新产品、参与市场竞争。特别地，生产流通企业可以通过第三方物流延长其服务之手，有利于提高其客户服务的质量。

2. 有利于提升企业形象

第三方物流提供商与顾客不是竞争对手，而是战略合作伙伴。通过其全球性的信息网络使顾客的供应链管理完全透明化，顾客随时可通过Internet了解供应链的整体运作情况。由于第三方物流提供商是物流专家，他们利用完备的设施和训练有素的员工对整个供应链实现完全的控制，减少了物流的复杂性；通过量体裁衣式的设计，制订出以顾客为导向、低成本、高效率的物流方案，同时利用遍布全球的配送网络和服务提供者（分承包方）大大缩短了交货期，帮助顾客改进服务，树立了顾客良好的品牌形象，使顾客在同行者中脱颖而出，为其在竞争中取胜创造了有利条件。

3. 有利于克服管理上的真空

由于目前我国众多的生产流通企业设在全国各地的仓库由当地的销售部门管理，在管理上易出现漏洞，账货不符现象难以杜绝。采用第三方物流企业为其提供物流服务，第三方物流企业对生产流通企业物流部门负责，为各地的销售部门提供物流服务，这样的制约关系有利于克服生产流通企业在管理上存在的缺陷。由于第三方物流企业有严格的作业流程，可以确保账货相符的实现。

4. 有利于提高作业效率

第三方物流企业一般具有分布合理的物流网络、丰富的物流管理经验、先进的物流管理系统，可以提高订货、发货、配送的作业效率。同时，第三方物流企业可以为其合作方——生产流通企业物流部门提供货物的实时信息，为生产流通企业的管理决策提供科学的依据，提高其决策的及时性和客观性。

5. 有利于降低物流成本

第三方物流提供商借助精心策划的物流计划和适时运送手段，最大限度地减少库存，改善了生产流通企业的现金流量，实现了其成本优势。

首先，第三方物流企业借助于现代信息系统的构筑，一方面使各种物流作业或业务处理能准确、迅速地进行；另一方面能由此建立起物流经营战略系统，具体讲，就是将货物的实时信息通过网络传输给生产流通企业并为其带来利益。

其次，专业的第三方物流提供商利用规模生产的专业优势和成本优势，通过提高各环节能力的利用率实现费用节省，使生产流通企业能从分离费用结构中获益。例如，第三方物流企业常常采取共同配送的方式降低运输成本，运输车辆回程运输可以载货，从整体上讲可以降低货物的配送成本。根据对工业用车的调查结果，企业解散自有车队而代之以公共运输服务的主要原因就是为了减少固定费用，这不仅包括购买车辆的投资，还包括与仓库、发货设施、包装器械以及员工有关的各种开支。

6. 有利于减少信息系统建设成本

通过从第三方物流企业的信息系统获取信息，可以极大地降低生产流通企业在物流系统建设中的计算机软件、硬件投入。

4.2.6　第三方物流的发展状况

1. 西方国家第三方物流的发展

在西方发达国家第三方物流的实践中，不难看出第三方物流业有以下发展趋势：

（1）物流业务的范围不断扩大。商业机构和各大公司面对日趋激烈的竞争不得不将主要精力放在其核心业务上，而将运输、仓储等相关业务环节交由更专业的物流企业进行操作，以求节约和高效。

（2）物流企业为提高服务质量，也在不断拓宽业务范围，提供配套服务。很多成功的物流企业根据第一方、第二方的谈判条款，分析比较自理操作成本和代理费用，灵活运用自理和代理两种方式，提供客户定制的物流服务。

2. 我国第三方物流的机遇与挑战

我国第三方物流的发展可以说是机遇与挑战并存，其发展状况可归纳为：

（1）发展空间大。在国外发达国家，物流成本一般占 GDP 总额的 10%～15%，个别国家甚至能够做到低于 10%。而中国物流与采购联合会发布的《中国采购发展报告（2014）》则显示，2013 年我国社会物流总费用为 10.2 万亿元，占 GDP 的比重为 18%，是美国 8.5%的 2 倍有余。如果"十三五"期间，我国这一比例降低到 13%，每年可增加 3 万亿元左右的经济效益。另外，我国经济总量的增长也给物流业带来了新的发展空间。根据中国仓储协会对我国物流业所做的第三次调查，"总体来看，物流量的增长率要高于国内生产总值的增长率，说明物流业的成长性较好。在当前的经济环境和市场条件下，物流需求市场潜力巨大，第三方物流业有较大的发展空间"。《2018－2023 年中国第三方物流行业市场前瞻与投资战略规划分析报告》显示，2017 年我国第三方物流行业整体市场规模已经超过 1.2 万亿元。未来，随着我国企业对第三方物流需求的不断增加，预计到 2020 年市场规模将达到 1.6 万亿元。

（2）需求增长快。在过去的十几年中，越来越多的企业正在把大部分甚至全部的综合物流业务外包给第三方物流，而不是原来的仓储运输企业。由此可见，中国第三方物流的市场需求是相当可观的。另外，中国物流市场需求的大小，不仅取决于企业本身，还取决于第三方物流提供商的专业水平、供应能力及其运作质量。发展第三方物流无疑是促进企业物流活动合理化、效率化，进而提高整个社会物流合理化的重要途径。特别是在当今的信息时代，将先进的信息技术、网络技术应用到物流管理中，会极大地促进物流业的发展，所以第三方物流在我国具有广阔的发展前景。

（3）服务滞后。经过近些年的迅猛发展，我国第三方物流在规模和总量上已经取得了长足的进步，我国已经成长为一个第三方物流大国。但是，从质量上看，却还远远达不到现代物流企业的要求，例如现代物流管理理念尚未普及，服务内容有限、标准化、规范化、信息化程度低，有点无网或有网不畅，物流设施、技术装备水平落后，等等。我国整个第三方物流市场还相当分散，第三方物流企业规模小。

（4）发展不均衡。目前我国物流市场的地域集中度很高，近80%的收益都来自长江三角洲和珠江三角洲地区。此外，我国物流业在产业结构上还未定型，主要集中在干线运输、市内配送及仓储等几个方面。从规范化来看，目前还没有统一完备的行业标准，在市场营销与定价方面也没有固定的游戏规则。目前我国物流企业正从粗放型经营向集约化经营转变，从传统物流向现代物流转变。我国物流业在质量和数量上的差距为扩张者及拟进入者提供了行业空间与机会，缺乏规则既是风险又是机会的来源，而早期进入者可以与产业发展互相推动，为企业未来发展赢得有利地位。

4.3 全球物流

4.3.1 物流全球化的背景

技术的进步、社会的发展，使得经济向着全球化的方向发展，全球市场逐步形成。与市场全球化相对应，企业间的竞争也在全球范围内展开，企业在世界市场上的竞争地位决定它在国内市场上的竞争地位已成为一种普遍的现象，一个企业如果要获得竞争优势必须在全球范围内分配利用资源，开展经营活动。这样随着市场的全球化和竞争的全球化，全球跨国企业也相应诞生。今天，全球跨国企业和全球化的品牌支配着世界上的许多市场，全球跨国企业以同一品牌在全球市场销售产品是一种趋势，如著名的 IBM、MICROSOFT、COCA-COLA、SONY、PHILIPS 等品牌以及我国的海尔、康佳等品牌。这些产品不仅在每一个国家或地区使用相同的品牌进行销售，而且产品也趋向于标准化（主要指产品的核心部分标准化）。全球跨国企业为了实现竞争优势和增加盈利、在全球范围分配利用资源，必须协调其生产和流通活动，全球跨国企业最基本的战略是在通过采购、制造、流通等方面的规模经济效应寻求减少成本的同时，通过开拓新市场和深耕现有市场来扩大销售，实现企业的成长和效益的增加。但是，我们必须注意到虽然全球化给企业的发展带来了极大的机会，同时也蕴藏着风险和挑战。这种风险和挑战通常表现在两个方面。

1. 消费者需要差异的影响

全球市场消费者的需要并不是完全相同的，不同的消费层和不同国家的消费者的需要往往是不同的。这就要求企业必须克服传统的"从内向外"（Inside-Out）的思考方式（即对成本和效率的重视大于对顾客服务的重视,提高企业内部的作业效率优先于满足顾客的需要,这样往往造成许多企业只提供单一的产品或服务来满足全球所有顾客的需要),建立新型的"从外向内"(Out-Inside)的思考方式(即通过收集、分析消费者的需要信息,进行市场细分确定企业的目标顾客层,以差别化的产品和服务来满足这些顾客,同时控制成本和提高效率)。

2. 企业经营全球化的影响

企业经营的全球化使得管理全球供应链的物流活动变得复杂和频繁,这可能导致巨大的物流成本,因此协调和整合全球供应链的物流活动十分重要。许多寻求获得成本竞争优势的跨国企业在进行全球化经营时着重于通过在全球范围进行生产工厂的集中配置和规模经济效果来降低生产成本。但是现实的问题是,在全球经营中成本的降低不仅取决于生产成本,还包括平衡全球供应链的其他成本项目,如采购成本、库存成本和运输成本等。全球集中生产和采购能降低生产成本、采购成本甚至库存成本,但是增加了运输成本,因此,需要对这些因素进行折中平衡工作。

对跨国企业的全球物流活动的管理是企业全球经营能否成功的关键因素之一。产品和服务范围的增加、产品生命周期越来越短、全球市场的成长和全球供销渠道的大量性和多样化增加了全球物流活动的复杂性,从而要求对全球供应链的物流活动进行管理、协调和控制。

4.3.2 全球物流的基本活动

全球物流活动的构成除了包含与国内物流一样的运输、保管、包装、装卸、流通加工和信息等克服时间和空间阻碍的活动之外,还有全球物流所特有的报关(包含检查、检疫等活动)和相关文书单据制成等克服国界阻碍的活动。其基本活动和特点如下所述。

1. 运输活动及其特点

全球物流中的运输活动与国内物流中的运输活动的最大差异在于前者的运输距离长且运输方式多样。例如,海尔集团采取"三个三分之一的经营战略",即三分之一国内生产国内销售,三分之一国内生产海外销售,三分之一海外生产海外销售。海尔通过代理商或自营渠道将HAIER品牌的产品销售到世界各地,并且在北美、欧洲和东南亚设立了生产基地。这样海尔的全球物流活动包括从生产地点到销售地点的销售物流和海外生产基地的原材料、零部件的采购物流,无疑这些物流活动的运输距离是很长的。另外,我国的国内物流运输主要采用公路、铁路和水运的形式,而全球物流运输不仅采用公路、铁路的方式,还采用海运和空运的形式。其中海运是全球物流运输中最普遍的方式,空运是近年来全球物流运输中的发展很快的方式。海运的特点是运输时间较长,但运输费用低、运量大。空运的特点是迅速及时但运费贵,一般适合于附加价值高且要求及时交货服务的商品。

2. 保管和流通加工及其特点

由于全球物流保管活动中存在办理进出口手续、海港码头装卸转运货物等作业,与国内物流的保管活动比较起来,全球物流的保管活动所花时间要多。另外,为了适合当地及国际的标准和满足销售商的要求,需要商品检验、分类、小包装作业、贴商品价格标签等流通加工活动。

3. 包装活动及其特点

由于全球物流运输距离长、运量大、运输过程中货物堆积存放、多次装卸,因此在运输过程中货物损伤的可能性大。在全球物流活动中包装活动非常重要,集装箱的出现为全球物流活动提供了安全便利的包装方式。

像德国等许多国家从环境保护的角度出发对包装废弃物制定了非常严格的规定限制。在向这些国家出口时，必须使用符合当地标准的包装材料和注意包装废弃物的回收利用。另外，为了提高运输装卸和统计检验等作业效率，需要在包装物品上粘贴物流条形码标签。

4. 装卸活动及其特点

装卸活动是随运输保管加工等活动而发生的物流活动，全球物流的装卸活动由于集装箱的广泛应用而变得有效率和便利。以标准化的集装箱装卸为前提，使得港口码头装卸设备的标准化和大型化、装卸作业的效率化成为可能。

5. 信息及其特点

全球物流活动中信息量和信息来源相对于国内物流活动来说更大和更广。从企业内部角度来看，企业需要把分布在世界各地的生产、销售、物流等子公司连接起来，建立全球零部件采购信息系统、全球制造销售物流信息系统。同时需要与它的全球供应链中的合作伙伴建立物流信息系统、分享信息。从企业外部角度来看，许多国家为了促进海外投资，方便全球贸易，建立了综合的报关信息系统。这种综合报关信息系统把与报关活动有关的货主企业、运输企业、物流服务企业、银行保险企业、商品检验部门、关税仓库、海关等部门紧密地联系在一起，提高了报关速度和全球物流活动的效率。

6. 报关和相关文书单据制成及其特点

全球物流活动的展开必然涉及报关活动。这是全球物流活动区别于国内物流活动的明显特征。海关是一个国家主权的象征，它主要从事征收关税和取缔违法物品和行为的活动。随着市场的全球化、竞争的全球化和企业的全球化，要求海关能提供高效迅速的报关作业，建立综合报关信息系统和改进海关作业程序是实现这一目标的有效方法。

另外，在全球物流活动中涉及大量的贸易合同和文书，这也是全球物流活动区别于国内物流活动的一个明显特征。这些贸易合同和文书涉及运输、报关、保险、结算等方面。

运输单据是指证明货物已经装船或发运或已由承运人接收、监管的单据。按运输方式的不同，运输单据分为海运提单、铁路运单、航空货运单、邮包收据和全球复合运输单据。在 FOB、CIF 和 CFR 条件下，运输单据是卖方凭以证明已履行交货责任和买方凭以支付货款的主要依据。报关文书有出口许可证、出口货物报关单、商品检验证书，以及包含货物名称、件数、价格、装运港、装运日期等信息的装货单、原产地证书等。货主在备齐报关文书后，或自己直接或委托专门报关服务业者向两关申报。

在全球物流活动中，由于运输距离长、装卸保管次数多，在物流过程中可能会遇到不测的各种风险，因此必须办理货物的运输保险，以便在货物遭遇损失时能获得一定的经济补偿。我国海洋运输的基本险别分为平安险、水渍险和一切险三种。

全球物流活动中的结算支付方式远较国内物流活动的结算支付方式复杂。一般使用的支付方式有汇付、托收、信用证、银行保函等，也可以同时将两种或两种以上支付方式结合使用。

4.3.3　全球物流的特征

1. 全球物流交纳周期长

企业全球化的特征之一是企业从规模经济的角度出发，把生产活动按专业分工集中在少数几个地点，这种生产的集中化和专业化与市场（包括供应市场和销售市场）的全球化和分散化之间存在矛盾，这种矛盾直接反映在全球物流交纳周期（LT）上。在海运条件下全球物流运输距离远，需要花费大量时间，装卸报关等其他的物流活动也需要花费大量的时间，这使得全球物流交纳周期的时间较长。

全球物流交纳周期长往往造成两个后果：一是增加物流过程中的库存投资，占用大量资金；二是在迅速满足顾客需要方面存在困难。有些企业为了能迅速满足顾客需要，往往预先在销售地准备大量的安全库存作为缓冲。这虽然能及时满足各地顾客的要求，但需要储存的商品量大，要占用大量的资金，而且存在因顾客需要变化使得库存商品失去原来价值的风险。有些企业为了节约成本，以牺牲及时满足顾客服务为代价，采用长时间的交纳周期来作为缓冲。现在被普遍接受的方法是在生产厂家和顾客之间建立一个中间库存水平来平衡成本和及时服务的关系。

减少运输时间不仅可以节约库存费用，加快资金循环，而且能提高顾客服务水平和营销系统的灵活性。全球物流运输中的航空运输方式是缩短运输时间最有效的方式，航空运输方式近年来被企业广泛接受，发展很快。但是航空运输的缺点是单位运输成本高，因此，在全球物流活动中是否采用航空运输方式将依据商品的特性、库存成本的大小、对市场变化反应、顾客服务水平要求和空运成本等因素之间的折中权衡来确定。一般来说，价值大、体积小、顾客服务要求高、竞争激烈的商品适合航空运输。

2. 运送方式多样化

全球物流涉及多种运送方式的选择——集装（Consolidation）和撤装（Break Bulk）。在全球物流活动中，把货物从工厂运送到消费者手中存在多种运送方式。不同类型企业或者同一企业的不同产品或不同的营销渠道的运送方式往往是不同的。全球物流活动中运送方式的多样化是全球物流的一个特征。企业在全球物流活动中具体采用哪种运送方式需要根据多种因素来作决策，把不同企业的不同产品运送给不同顾客时常用的运送方式有以下四种。

（1）整箱货运送（FCL）方式、直送。在每一个企业内按最终顾客的不同对货物进行分类集装，以整箱货运送（FCL）方式从企业直接运送给最终顾客（图4-1）。

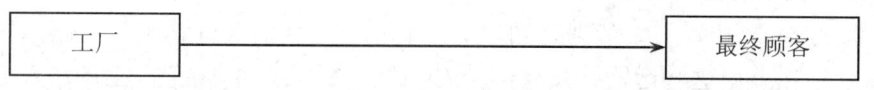

图4-1　整箱货运送（FCL）方式、直送

（2）区域集装、整箱货运送（FCL）方式、直送。在供应地物流中心对来自不同厂家的货物按最终顾客进行分类集装，以整箱货运送（FCL）方式从物流中心直接运送给最终顾客（图4-2）。

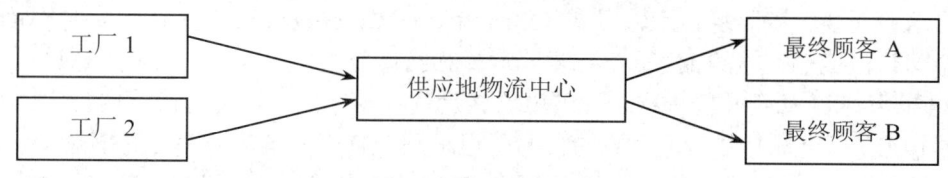

图4-2　区域集装、整箱货运送（FCL）方式、直送

（3）工厂集装、拼箱货运送（LCL）方式、当地撤装分运。在每一个企业内把不同顾客

的货物（每个顾客的货物都不足一个集装箱批量）进行集装，以拼箱货运送（LCL）方式从企业运送到消费地物流中心（或中间物流中心），在消费地物流中心对集装箱货物进行开箱分装，再将货物分送给不同的最终顾客（图 4-3）。

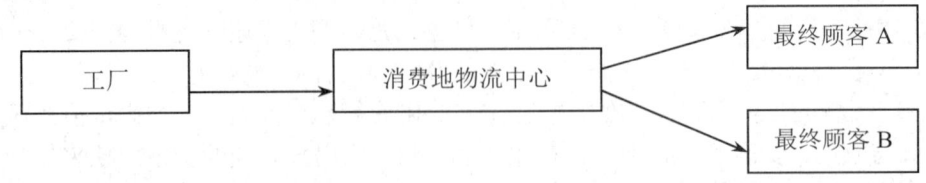

图 4-3　工厂集装、拼箱货运送（LCL）方式、当地撤箱分送

（4）区域集装、拼箱货运送（LCL）方式、当地撤装分运。在供应地物流中心把不同顾客的来自不同厂家的货物（每个顾客的货物都不足一个集装箱批量）进行集装，以拼箱货运送（LCL）方式从供应地物流中心运送到消费地物流中心，在消费地物流中心对集装箱货物进行开箱分装，把货物分送给不同的最终顾客（图 4-4）。

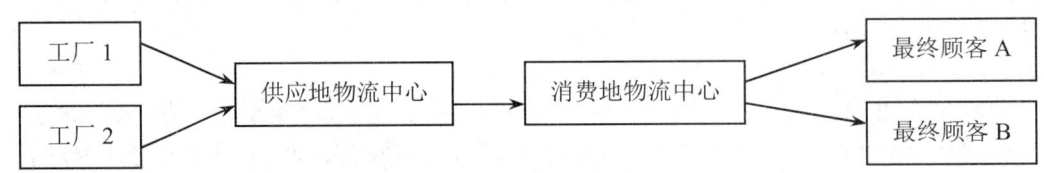

图 4-4　区域集装、拼箱货运送（LCL）方式、当地撤装分运

相对来说，第 1 种、第 2 种运送方式下一次运送批量大，因此能降低单位运输成本，但是会增加库存成本和降低顾客服务水平。第 3 种、第 4 种运送方式下一次运送批量小，能减少库存成本，通过频繁运送来提高顾客服务水平，但是会增加运输成本。

3. 运输方式的多样化

全球物流涉及多种运输方式的选择和组合。其运输方式有海洋运输、铁路运输、航空运输、公路卡车运输以及由这些运输手段组合而成的全球复合运输方式等。全球运输方式的选择和组合不仅关系到全球物流交纳周期的长短，还关系到全球物流总成本的大小，运输方式选择和组合的多样性是全球物流的一个特征。海运是全球物流运输中最普遍的方式，空运是近年来全球物流运输中的发展很快的方式。海运的特点是运输时间较长但运输费用低、运量大．空运的特点是迅速及时但运费高。

全球物流运输活动中，由于门到门（Door To Door）的运输方式越来越受到货主的欢迎，使能满足这种需要的国际复合运输方式（International Combined Transport）得到快速发展，逐渐成为全球物流运输方式的主流。全球复合运输指按照复合运输合同，以至少两种不同的运输方式，由复合运输经营企业将货物从一国境内接受货物的地点运往另一国境内指定的交付货物地点的运输形态。全球复合运输方式的目的是追求整个物流系统的效率化和缩短运输时间，中国远洋运输公司、美国 Federal Express、欧洲 DHL、日本邮船公司等世界有名的运输公司在向货主提供门到门运输服务方面走在了前列。

在企业的全球物流活动中，运输管理的功能应该拓展为包含整个物流过程中的运输管理，以及从发货开始到收货人收到货物为止的整个运输交纳周期（End to End Lead Time）管理。

4. 当地增值的中间产品运输方式

全球化企业的生产集中化和专业化能降低生产成本，而市场的全球化和分散化却增加企业的物流成本，同时企业难以满足当地消费者的特定需要。为了在这两方面取得平衡，领先的全球化企业采取了当地增值的中间产品运输（Intermediate Component Shipping with Local Added Value）这种新型的全球物流作业方式。这些企业通过重新评价审查它的整个价值链（Value Chain）来寻找机会使产品的最后组装加工作业尽可能在靠近消费地的地方进行，这样企业只要运送中间产品到当地，通过当地工厂组装加工成能满足当地市场需求的产品。当地组装加工能够带来以下的优势：当地化、提供不同产品的选择、当地语言包装、实现零部件等的集中库存、在当地市场产品可以直接向顾客运送等。当地增值的中间产品运输方式不仅能实现较低的成本，还能在维持较低的库存水平上满足当地市场的需求，当地增值的中间产品运输方式是全球物流的一个新型特征。

4.3.4　全球物流组织与管理

1. 全球物流组织结构和控制

为了有效地组织全球物流活动，同时实现成本最小、服务最大的目标，必须建立一个集中决策和相互协作的全球物流组织。例如，由于各国基础设施的差异、外汇汇率的变动、运输距离的长短等因素的存在，在全球什么地方设立制造工厂、装配工厂、物流仓库、营销据点、货物运输据点、货物集装据点等选址决策是关系到全球物流效率高低、效益大小的决定性因素之一。另外，选址决策还对厂房设备等固定资产的投资、对企业的收益和竞争力有长期的影响，因此，企业必须全盘统筹考虑、集中决策。

全球化企业的物流组织结构一般由具有综合计划协调功能的物流管理总部、事业部或生产工厂所属的物流部门和海外分厂的物流部门组成。各个层次的物流职责划分如下：

（1）物流管理总部：
- 制定和实施企业的物流政策、物流战略计划和物流教育计划，指导、协商和协调各个事业部的物流活动等。
- 收集、整理积累有关国际运输、物流系统、仓库管理、信息系统等方面的专门知识和技术，负责在企业内部介绍和推荐应用。收集、整理、分析有关全球物流运输状况、全球物流设施、全球物流运输的运输方式、价格费用等方面的信息情报，设计效率高、经济性好的全球物流运送方式。
- 国际贸易手续和规则、各国报关手续和规则等的指导和商谈。
- 与世界各国的主要物流组织保持联系，建立全球物流网络，负责与全球供应链各个参与方物流部门的联系和协调。

（2）事业部所属的物流部门负责管理、协调不同产品种类、市场或加工过程的按事业部划分的物流活动。

（3）工厂所属的物流部门负责全球采购的原材料进厂物流、对应及时生产方式的厂内物流、产品从工厂向世界各国销售的流通物流，即统合工厂的采购、生产、流通中发生的物流活动。

（4）海外分厂的物流部门负责所在国的所有有关物流的活动，包括有关产品、原材料等进出口的物流活动。具体来说有：
- 制订和执行各自国内的物流计划。与物流管理总部和其他海外分厂的物流部门沟通联络。
- 制成和管理国际贸易等方面需要的文件单据。
- 具体安排货物的运输方式。
- 国际运输货物的检查、验收和投保。
- 与当地政府、公共部门、承运企业、代理公司等建立良好的关系。

2. 顾客服务管理

各国市场有各自的特点和特定的市场需要，因此，在企业的全球经营战略指导下，由海外分厂制定当地市场的营销策略和物流策略，是实现满足当地消费者的需要、提高顾客服务水平的最佳方法。顾客服务管理包括顾客服务需要的管理和顾客服务结果的控制，而且其管理范围已扩展到整个订货实现过程（即从订货到送货）。虽然订货实现系统是一个全球性的、集中管理的系统，但并没有削弱当地顾客服务管理的重要性，反而对当地顾客服务管理提出了更高的要求。顾客订货的获得和商品的配送都是由当地相关部门来完成的，消费者需要的多样化、个性化要求当地部门进行多品种小批量、多频度小数量的配送作业，以及时满足需要。

3. 外部委托和合作伙伴

当前，全球经营活动的一个最大的变化是外部委托（Out Sourcing）方式的兴起。企业外部委托的范围也从原材料、零部件的采购发展到市场调查、营销渠道、物流等服务作业。外部委托经营方式是企业把经营资源集中用于价值链中具有竞争优势的业务（即核心经营能力），对于其他的活动则采取外购或外部委托，以便提高企业竞争力和收益率的经营方式。向企业提供委托服务的单位称为第三方（Third Party）。第三方向企业提供外部服务以便使企业集中于核心经营能力，因此第三方在企业控制成本和提高服务水平方面扮演重要的角色。企业利用第三方提供外部委托服务，实际上也与第三方结成了合作伙伴关系。在全球经营活动中，利用第三方服务的企业需求正在迅速增加。

在物流领域，外部委托的业务范围从原来的运输业务和仓库保管业务扩展到材料采购、订货接受处理、库存管理、信息系统等几乎所有的物流领域。对于企业来说，通过物流活动的外部委托，可以把原来作为固定费用的经营资源转化为变动费用，可以以低的成本获得优质的服务，还可以减少对物流活动的管理，节省管理费用。对于物流业者来说，可以长期扩大物流业务、提高物流设备和人力资源的利用效率，反过来又可把物流规模扩大所带来的规模经济效益返还给顾客。

制定外部委托战略、管理和控制与第三方组成合作网络（即供应链）需要企业总部和其海外分公司共同参与和协作。一般的原则是战略决策由企业总部集中进行，而管理和控制供应商的日常业务、与物流伙伴的日常业务联系最好分散在所在国当地进行。

4. 全球物流信息

全球物流管理实质上是全球信息流管理，企业通过信息系统对原材料、零部件、半成品、成品等的复杂流程进行管理控制和协调，通过信息系统获得整个供应链的材料流、库存和市场需要的信息。如果企业没有能力通过供应链获得最终市场的信息，没有能力获得实际的需求信息，没有能力管理即时库存补充作业，那么该企业注定是要依赖大量库存进行经营活动，信息流中的时间滞后可直接看成是库存的发生。今天，信息代替库存好像成了一句老生常谈的话，实际上，它仍然是企业追求的主要目标。现代物流管理方法如 ECR 和 QR 就是基于从实际需求发生点（即最终消费者需求）开始的供应链各个环节的信息来进行管理的。在全球经营活动中，企业的生产销售据点分布在世界各地，生产据点和销售据点之间的库存往往容易掩盖实际的需要，因此，对于全球企业来说，需要建立一个能获得供应链每一个层次的实际需求信息的信息系统。

全球物流系统与国内物流系统比较，不仅范围更广而且更加复杂。对全球物流活动单纯采取当地分散管理或单纯采取总部集中管理的组织管理方法都是不可取的，企业在进行全球物流活动时既要考虑到物流全球化需要集中管理协调的一面，又要考虑到各地在产品规格、市场特点、文化习俗等方面的差异需要当地分散管理的一面，在全球集中管理和当地分散管理中取得平衡。成功企业的经验是"全球思考，当地行动"（Think Globally and Act Locally），或者说是"全球协调，当地管理"（Global Coordination and Local Management）。

"全球协调"的内容包括生产和运送等全球物流网络的优化、建立和管理全球信息系统、库存选址、外部委托和外部采购决策、国际运送方式和运输手段的决策、综合分析和成本控制。"当地管理"的内容包括订货业务和顾客服务管理、库存管理和控制、仓库管理和当地配送、顾客效益分析和营销成本控制、与当地营销商的联系沟通和营销管理、人力资源管理。

4.4 绿色物流

4.4.1 物流对环境造成的负面影响

物流系统是由物流操作系统和物流信息系统所组成的，其中物流信息系统中的物流信息活动对环境几乎没有损害或没有直接损害，而物流操作系统中的运输、保管、搬运、包装、流通加工等作业对环境均有一定的负面影响。例如：①运输作业对环境的负面影响主要表现为交通运输工具的燃料能耗、有害气体的排放、噪音污染、所运输商品的损坏或泄漏及运输业务发展导致道路面积的增加等；②保管过程中的非绿色因素主要有某些化学养护方法（如喷洒杀虫、菌剂）的使用、冷藏设备制冷剂的使用及特殊商品（如易燃、易爆、化学危险品等）因保管不当而对周边环境造成的污染和破坏；③搬运过程中会有噪音污染，因搬运不当或商品本身因素而破坏商品实体，造成资源浪费和环境污染等；④在包装作业中，不易降解、可耗竭资源型包装或不可再生资源材料的使用，过度包装或重复包装、非标准化包装及不合理包装等均可能影响生态平衡，造成环境污染；⑤流通加工是延伸到流通领域内的各种形式的加工作业，其对环境的负面影响与传统工业污染相似，主要表现为加工过程中资源的浪费或过度消耗及加工过程中产生的废气、废水和废固体物的污染。以上五方面经常是结合起来共同对环境产生负面影响。

自然资源和良好的环境是人类赖以生存的物质基础。随着人类对自然资源和环境干涉能力的增强，人类在追求经济利益和社会财富的同时，也极大地破坏了人类自己赖以生存的生态系统。过度开发和不合理的资源利用造成土地大规模退化，河流、水资源严重污染，生物多样性严重下降。随着开发和生产的进行，工业污染也成了目前威胁人类生存的头等大事，人类每年释放到环境中的化学物质，已达到地球作用的 10～100 倍，这些人为物质的释放已改变了地球表层的物质循环及化学循环，使生物链被极大的破坏，生态系统失衡。目前地球上的生物种群因环境破坏,其灭绝的物种已达5万种以上,洪水、疾病等灾难乘虚而入。关注环境问题已经成为21世纪物流管理的焦点。

4.4.2 绿色物流的兴起

经济发展一般会导致更高的物流总量,而对经济发展起基础和支柱作用的物流发展又是发展经济必不可少的关键环节之一。纵观世界经济发展史,在高度经济成长时期,经济发展最受重视,此段时期物流主要与经济发展紧密相关。

目前,包括我国在内的很多国家已基本实现了从短缺经济向过剩经济的转变,拉动消费已成为经济发展的主题,消费生活也成为影响物流发展的一个不可缺少的重要因素,这就使得物流的关联领域已扩展到消费生活。

一般来讲,物流与经济发展、消费生活以及环境具有共生关系,如图4-5所示。在经济高度成长时期,经济发展最受重视,因而物流与经济发展具有密切的关系。近年来物流逐渐从产业物流向产业与消费双方向物流发展,因此物流的关联领域得到了扩大;在21世纪,除了从经济发展和消费生活发展的角度推动物流的深化外,还必须站在与环境共生的立场来不断推进物流管理的全方位发展。

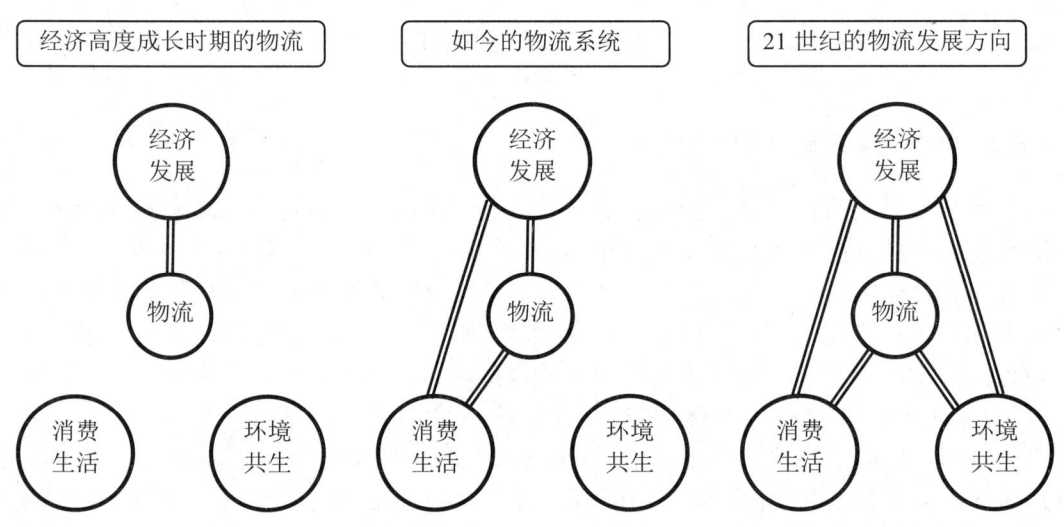

图4-5 物流与经济发展、消费生活以及环境的关系

世界各国的可持续发展战略已逐步得以有效实施,全球绿色消费热逐渐形成。展望未来,现代物流发展已不可能摒弃生态环保、可持续发展因素的制约。未来物流的发展不仅要考虑到经济发展和消费生活的需要,还必须充分注意其对环境所产生的影响,以形成一种能促进经济和消费生活可持续健康发展的新型绿色物流体系。绿色物流强调了全局和长远的利益,体现了对生态环境和可持续发展的关注,表现出物流企业或企业物流的绿色形象,这与全球绿色运动、绿色革命的要求是一致的。绿色物流是物流发展的新方向,是现代物流管理的一种新思路和新理念。绿色物流的发展必然会导致污染较重的物流企业被淘汰,同时,飞速扩大的绿色市场也将为绿色物流及实施绿色物流管理的企业带来众多发展机遇。绿色环保因素已成为影响企业竞争力的重要因素之一,物流企业和企业物流的发展必须考虑绿色环保因素,以适应时代发展的要

求。发展绿色物流是包括第三方物流企业在内的所有企业均应注重和加强的工作。我国企业界亦应提高重视程度，根据企业实际情况逐步并尽快地发展绿色物流，实施绿色物流管理。

4.4.3 绿色物流的理论基础

绿色物流是保障可持续发展，连接绿色供给和绿色需求主体，克服空间和时间阻碍的有效、快速的绿色商品、绿色服务流动的绿色经济活动过程。绿色物流的理论基础主要体现为可持续发展理论、生态经济学理论、生态伦理学理论、外部成本内在化理论和物流绩效理论等。按照可持续发展理论、生态经济学理论和生态伦理学理论的要求，为了子孙后代的切身利益和人类更健康和更安全的生存与发展，人类应当维护生态平衡。我们应负起相关责任，在发展物流的过程中，将经济发展与生态保护有机地结合起来，以谋求经济效益与环境效益的统一，实现可持续发展。绿色物流建设正是在维护生态环境和可持续发展的基础上对传统的物流体系加以改进，以形成一个与环境共生型的、可持续发展的现代物流系统。根据外部（环境）成本内在化理论，物流活动造成环境污染而导致产生的治理成本（使环境污染恢复到未遭受污染状态所应支付的费用总和）亦应计入物流活动的成本内，这也是使企业经济效益与环境效益达成一致的主要做法之一。发达国家已经采用环境会计制度，迫使企业在从事物流活动时必须考虑对环境的负面影响，并与降低直接成本同等重要地给予关注。在绿色运动、绿色消费蓬勃发展的今天，绿色物流管理的实施情况已成为影响企业物流绩效的重要方面，消费者对企业物流活动的满意程度不再仅仅局限于服务时间、服务质量等方面，其环保情况亦受到重要关注。环境污染较重的物流企业难以赢得现代消费者的青睐，也难以维持长期健康发展。

4.4.4 政府规制与绿色物流

从发达国家的实践来看，政府对物流发展的规制集中体现在三个方面，即发生源规制、交通量规制和交通流规制，见表4-1。

表4-1 政府主导的绿色物流对策

发生源规制	根据大气污染防治法对废气排放进行规制
	根据对车辆排放 NO_x 的限制来对车种进行规制
	促进使用符合规制条件的车辆
	低公害车的普及推进
	对车辆噪音进行规制
交通量规制	货车使用合理化指导
	促进企业选择合适的运输方式
	以推进共同事业来提高中小企业流通的效率化
	统筹物流中心的建设
交通流规制	环状道路的建设
	道路与铁路的立体交叉发展
	交通管制系统的现代化
	道路停车规制

发生源规制主要是对产生环境问题的来源进行管理。从当今的物流系统来看，产生环境问题的主要物流形式是货车的普及，即由于物流量的扩大以及配送服务的发展，引起在途货车增加，而在途货车增加必然导致大气污染加重。例如，日本环境厅的调查表明，都市货车的扩张使城市二氧化氮以及悬浮颗粒物增加，尤其是二氧化氮对空气质量的影响最大。因此，发生源规制主要包括废气排出规制和基于汽车二氧化氮排放量限制的车辆规制。前者主要是对车辆废气排出进行限制，而后者是对大都市内特定地域的使用车辆予以控制。在这方面日本政府的规制实践是值得我们学习的，1989年日本中央公害对策协议会提出了10年内三项绿色物流推进目标，即氮化物排出标准降低3成到6成，颗粒物排出降低6成以上，轻油中的硫磺成分降低1/10，在上述三项总体目标的基础上，还制定了大量、有序的短期和长远目标值。1992年日本政府公布了汽车排放物限制法，并规定了允许企业使用的5种货车车型，同时在大都市特定区域内强制推行排污标准较低的货车才允许行使的规制。1993年除了部分货车外，要求企业必须承担更替旧车辆、使用新式符合环境标准的货车的义务。经过日本政府这一系列规制的实施，到1999年NO_x含量降低了12%～65%。由此可见，政府应当采取完善、有效的措施，来遏制企业物流发展造成的对环境的破坏，其中对污染发生源的控制尤为重要。我国自20世纪90年代后半期以来开始不断强化对污染发生源的控制，相应地制定了不少环境法规，例如，北京市为治理大气污染发布了两阶段治理目标，不仅对新生产销售的车辆制定了严格的排污标准，而且由于认识到仅仅控制新车排污量而不对在用车进行治理改造，北京市大气污染严重超标的状况不可能得到有效改善。经国务院批准，北京市发布了控制大气污染的第二阶段紧急措施，措施之一就是要对在用车尾气进行治理。1999年北京市政府实施了对1995年后领取牌照的轿车进行尾气治理的举措，而对1995年前的轿车，在鼓励提前更新的同时，采取限制行驶路线、增加车辆检测频次、加装点火延迟阀等措施。同时，政府还将充分发挥经济杠杆的作用，根据机动车的排污量来收取排污费，经过治理的车辆，污染物排放量会大大降低，交纳的排污费也会相应减少很多。

交通量规制主要是发挥政府的指导作用，推动企业从自用车运输向营业用货车运输转化，发展共同配送，建立现代化的物流信息网络等，以最终实现物流的效率化。其中中小企业如何提高物流效率应当是政府规制的重点。

交通流规制的主要目的是通过建立都市中心部环状道路、道路停车规制以及实现交通管制的高度化等来减少交通堵塞、提高配送效率。

当然，推进绿色物流除了加强政府规制外，还必须重视民间绿色物流的倡导，即积极发挥企业在保护环境方面的作用，从而形成一种自律型的物流管理体系。从当今企业群体或民间组织的举措看，向绿色物流的推进主要表现为通过车辆的有效利用提高配送效率和货物积载率、通过运输方式的改变削减货车运行以及降低单位货车废气排放量等。这其中企业间货物配送的共同化成为民间倡导绿色物流的突破口，这是因为共同配送不仅减少了在途运行车辆，降低了大气污染，而且由于共同化的作业管理，有利于企业间就绿色管理系统的推广达成一致，并真正使环境共生型的管理意识融入到企业的具体实践中。

4.4.5 企业发展绿色物流的途径

绿色物流是经济可持续发展的一个重要组成部分，它的全面开展与实施需要政府、企业和民众等多方面的支持和努力。我们应继续加强环境保护、推进可持续发展战略的实施，大力发展绿色产业，普及绿色营销，推广 ISO 14000:1996 认证及清洁生产，发展绿色包装，加强对绿色物流问题的研究和相关教育工作等，以促进观念的改变和绿色意识的提高，并提供政策、人员、技术、资金支持，为绿色物流在我国的全面开展奠定基础。

只有包括物流企业在内的所有企业高度重视，并尽快采取有效措施，绿色物流战略才能真正得到落实。在减少环境污染、提高企业自身绿色形象的同时，也促进了企业长期经济效益的提高。对企业界而言，向绿色物流的推进主要表现在：①通过车辆的有效利用减少车辆运行，提高配送效率和积载率；②通过制订订发货计划，实现其均衡化和配送路线的最优化，提高往返载货率，减少退货运输和错误配送，争取实现运输配送的效率化和现代化；③通过同产业共同配送、异产业共同配送、地域内共同配送或由第三方物流企业统一集中发货，实现运输配送的合理化与最优化；④通过联合运输、装载工具的标准化、包装尺寸的标准化等来实现物流标准化；⑤通过缩短商品检验时间、确保停车场地及配送工具等来缩短配送时间；⑥通过第三方物流来实现运输集约化和库存集约化；⑦通过转向海上运输、铁路运输、集装箱运输，向符合规制的车辆转换等方式来削减总行车量，减少车辆的排污量。

理论及实践都已证明，企业对环保方面的投资有助于员工绿色意识的增强，有利于企业绿色形象的树立、长期成本的降低和长期利润的提高，因而企业不能因暂时的环保投资而忽视其长期效益。

4.4.6 再生资源物流

再生资源及废弃物是相关的两类。在工业、农业、人民生活的各种活动中，必然要排放各种排放物，或称废料。现在科学技术和生产工艺可以从初始排放物中回收可再生利用的部分，称再生资源。再生使一部分资源进入循环利用的过程，但是在这种循环过程中，总还是要再不断排放出废物，这种不断排放，不断再生利用过程中所不断产生的基本上或完全失去使用价值的物质，即无法再利用的最终排放物，称之为废弃物。排放物、再生资源及废弃物的形成关系如图 4-6 所示。

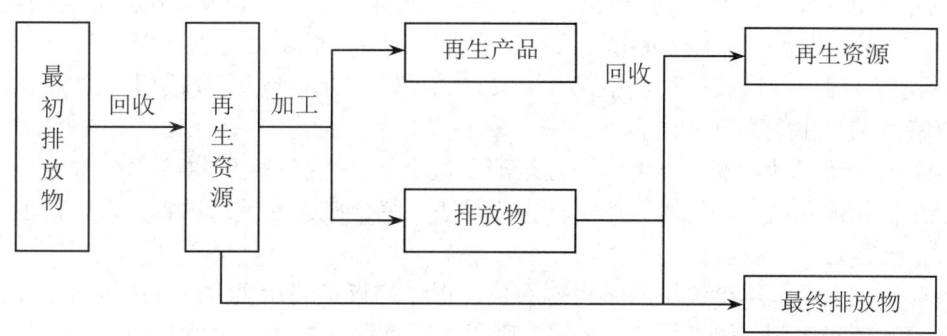

图 4-6　排放物、再生资源和废弃物形成关系图

现在社会上容易将尚可回收一部分再生资源的排放物和最终排放物混淆，都称为废弃物，其实两者是不同的。前者中间还包含不废弃的部分，而后者则是现阶段科学技术或因经济效益决定完全或基本不能再利用的部分。两者物流形态是不同的，因此本书将排放物分成再生资源和废弃物两个部分，讨论其物流问题。

1. 再生资源的分类及其物流特点

再生资源是可以再生利用资源的总称,是生产加工制造过程中尚未形成使用价值的排放物,或生活过程中已完成一次使用价值的排放物中全部或一部分可再转化成有用物的一类资源。

再生资源有多种分类方法,与物流有关的分类方法主要有三种:

(1) 按再生资源物理形态分类。在这种分类中,主要有固体再生资源、液体再生资源和气体再生资源三类。其中,物流量较大、物流形式较多的是固体再生资源,往往可利用通常物流工具和物流系统来运载,液体再生资源则主要利用管道、罐体的特殊物流形式。

(2) 按再生资源的来源产业分类:

- 工业排放物。工业排放物是再生资源的一大来源,大体有三种:一是生产过程中的工艺性排放物,二是生产过程中的废品,三是劳动工具、装备、设施的更新报废物。其中,工艺性排放物由工艺流程和技术水平决定,往往是连续排放同样物质,排放时间、数量以及排放物种类都有规律性,因而能形成稳定的物流系统。

生产过程中的废品,有一定规律性但也有很大的偶然性,其中一大部分可以重回工艺过程中,所以往往在工艺设计中就有工艺复用的流程,而进入社会物流的不多。

更新报废的设备、工具等,并不是经常发生的,因而不可能有稳定的物流系统予以支持,具有发生一次、组织一次物流的特点。

- 农业排放物。农业排放物主要有农业性生产过程的排放物,如秸秆、皮、壳、叶等和农产品加工过程的排放物两类。前者排放物产出分散,再加上价值很低,其物流的主要特点是短距离和低成本运输;后者则和一般工业排放物大体一样。其不同的是,农产品加工排放物是有机物,往往含有一定水分,因此物流难度较大,物流中发酵、发霉、污染问题需特别解决。

- 生活排放物。生活排放物包括家庭垃圾、办公室垃圾、城市垃圾、建筑垃圾等。这种排放物特点是成分远比工业、农业排放物复杂,而且掺混在一起。收集垃圾的物流系统由于垃圾排放的规律性而容易建立,但再资源化过程中的物流则较为复杂,例如分选系统的处理量比一般配送中心大得多,分选方法也与一般配送的分选相差极大。

(3) 按再生资源的来源行业细分。在工农业、商业、物流业,几乎其中每一个行业都有排放物。由于不同行业排放物种类不同、排放方式不同,所以形成了各种不同的物流。这里列举几种有特点的再生资源行业:

- 钢铁冶炼工业。主体再生资源是废渣及废金属。废渣进行厂内处理(如水淬)后进入社会物流系统,由其他行业实行再生加工。废金属则通过厂内物流,重新进入生产工艺过程之中。

- 煤炭工业。主体再生资源是煤矸石,其物流特点是装运量大,占用堆场面积大,物流成本要求很低。如果物流成本高,则再生后产品价格过高而无经济效益,从而往往将再生资源变成最终废弃物。所以,低成本、大批量的物流方式对这种再生资源的物流运营至关重要。

- 电力工业。主体再生资源是粉煤灰,其物流特点是排放数量大且连续排放,电厂本身又不能回用,粉煤灰形态特殊,污染严重,不能利用社会公共物流系统,所以往往是以一条专用物流管道排放至专门场地或排放至利用粉煤灰的其他企业,形成稳定的、专用的物流线。

- 木材加工工业。主体再生资源是木屑（包括锯木、刨花、碎末等），其物流特点是直接在厂区附近复用或进入厂内再生利用生产线，一般不进入社会物流领域。
- 玻璃生产工业。主体再生资源是碎玻璃，其物流特点是直接在厂区附近复用，重新进入到生产线中，一般不进入社会物流领域。
- 纺织工业。主体再生资源是落地花、废纺织品、废纱等，其物流特点是直接在厂区附近复用，作为配料重回生产过程中或直接在厂区附近制造低档织品，一般不进入社会物流领域。
- 机械加工工业。主体再生资源是金属废屑，其物流特点是，加工废屑装运难度较大，体积不规则且容重低，因而往往是经压块的流通加工之后再进行运输，可以利用社会物流的公共设施及运输工具。在企业内有熔炼设备的，这种再生资源便不再进入社会物流系统，而通过企业物流复用。
- 粮食加工工业。主体再生资源是谷、壳、糠等，其物流过程一是内部再生产饲料及其他商品，利用企业物流将再生资源和企业内部生产线联结起来；二是利用外部物流系统运输出厂，由其他行业利用。

2. 几种再生资源物流

（1）以废玻璃瓶为代表的回送复用物流系统。废玻璃瓶作为可再生利用资源，其物流方式的特点是，有一个回送复用的运输系统，依靠这个运输系统，可以将用毕的玻璃瓶再回运给生产企业，而不使之成为废弃物。这个回送复用的运输系统是配送运输的逆运输，在实践中，配送运输和回送复用运输两者构成了一个往返式的物流系统，一般将这种系统看成是一个完整的双向配送系统。

这个双向系统的主要优点在于，回送复用运输并不专门安排运力，而是配送回程的"捎脚"运输，因此并不增加多少投入便解决了空瓶回运问题，也不增加城市区域的物流密度。这种回运系统只适合汽车运输方式。如果返程是实载的火车、大型汽车等远程物流，返程只载空瓶则运力浪费很大，运费往往超过新瓶的价格，生产厂不如购买新瓶。在这种情况下，这种回送复用的物流系统便失去价值了。除了瓶子之外，采用这种方式的还有包装箱等。

（2）以废纸为代表的收集集货物流系统。废纸再生资源的物流系统的特点在于，有一个收集废纸的废纸收集物流系统，这种收集系统是集货系统的一种。和上述再生资源不同，废纸需要收集、集中，才能批量提供给再生加工业，所以废纸收集物流是这种再生资源物流的主体方式。

由于废纸资源、分散，这种集货系统一般是依靠简单的人力劳动或半机械化劳动，在集货结点处进行集货加工，做成一定捆装、包装体，完成大规模物流的准备，再以现代物流工具送达再利用的用户，如图4-7所示。

金属加工碎屑、不复用破璃器皿、碎废布等再生资源也采用这种物流方式。

（3）以粉煤灰为代表的联产供应物流系统。粉煤灰再生资源的物流方式不是单一的，其中较有特殊性的一种方式是联产建筑材料的供应物流方式。这种物流方式所采用的物流手段主要是管道。

电厂排放的粉煤灰，如不采取联产建筑材料的供应物流方式，则只能排到山谷、河谷、坑塘之中，形成这种再生资源的人为堆积地，日后有可能取走复用，也有可能堆积不用，成了最终废弃物。而采用联产供应物流系统这一方式，电厂通过管道将粉煤灰直接输送供应给建筑材料生产企业，这种再生资源也成了建筑材料生产企业的主要原料。这个物流系统既是电厂的排放系统，也是建材厂的供应系统。

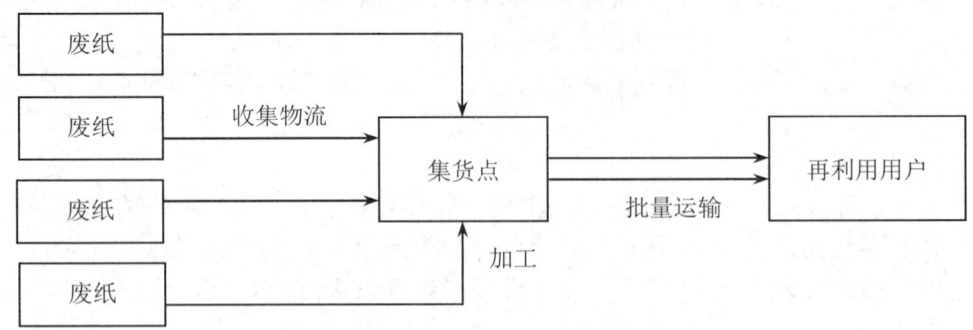

图 4-7　废纸收集物流系统

此外化工石膏、冶金矿渣等也采取这种物流方式。

（4）以废玻璃为代表的原厂复用物流系统。玻璃厂中的碎玻璃物流系统，是原厂复用型，即无论哪个工序产生的碎破璃，都可回运至配料端。由于其成分与本厂生产玻璃的成分一致，无须再进行成分的化验和组成的计算，而按一定配料比例与混合料一起投入炉内重新熔制。

这种系统的物流设备大体有两种：一种是料斗与传送带配合，各工序碎玻璃扔于料斗中，通过料斗漏置于传送带上，再由传送带直送投料处的废玻璃堆场；另一种是采用作业车辆完成物流，各工序碎玻璃投入带斗车辆中，定期用车辆运至投料端待再熔化。

陶瓷工业的泥料，冶金工业中的金属渣、块，机械工业中的边角料等再生资源也采取这种物流方式。

4.4.7　废弃物物流

1. 废弃物的分类及其特点

废弃物主要有两种分类方法：

（1）废弃物按物理形态可分为三类：

- 固体废弃物。一般称作垃圾，其形态是各种各样固体物的混杂体。这种废弃物物流一般采用专用垃圾处理设备，在无专用处理设备的地方，也可采用一般物流工具。
- 液体废弃物。一般称作废水、废液，其形态是各种成分液体混合物，这种废弃物物流采用管道方式。
- 气体废弃物。一般称为废气，主要是工业企业尤其是化工类型工业企业的排放物，多种情况下是通过管道系统直接向空气中排放，其构成较简单。

（2）按来源主要有以下几种分类：

- 生活垃圾。这是人们生活中各种排放物的混杂体，其主要成分是食品屑、水果屑、蔬菜帮叶及变质的各类食物等有机物，各种生活用品的包装废料，建筑物、家具、用具损坏形成的无机物等。

  生活垃圾的物流特点，是垃圾本身对环境卫生有很大影响，有污染，有异味，有细菌传播和蚊蝇滋生，而且数量大，是经常性排放物。需用防止散漏的半密封物流器具储存和运输，而且需要专用。因而，物流费用较高。

- 产业垃圾。这是各种产业排放的最终废弃物，大多是尽可能再生之后不可再利用的最终废弃物。

  产业垃圾的产出源在各产业的各行业之中，每个行业都有其特点。例如，第一产业即农业最终废弃物为农田杂屑，大多不再收集处置，也很少有物流问题；第二产业最终废弃物则因行业不同而异，其物流方式也各异，基本是完成向外界的排放和送往堆场、填埋场地的物流，如土、石、碎混凝土、砖屑等，由于量大体重，大多就近填埋；第三产业的垃圾和生活垃圾类似，其处理方式也类似。

- 环境垃圾。环境垃圾大多没有一定的产出源，而是来自总体环境，如街道土、环境落尘、落叶、环境丢弃物等。也有些环境垃圾是其他产业或生活造成的，如进入环境的废水、废渣排放物等。

  环境垃圾产生面积大，来源广泛，对环境危害大。其物流特点是收集及掩埋，要完成收集的物流并完成送往处理掩埋场的物流。另外，环境垃圾的特殊流通加工也是环境垃圾物流的特点，如废水处理场。这种流通加工的目的和一般流通加工有本质区别，不是为了增值而是为了减少危害。

2. 几种废弃物的物流方式

（1）垃圾掩埋。这是在一定规划地区，利用原来的废弃坑塘或用人工挖深坑，将垃圾运来后倒入，到一定处理量之后，表面用好土掩埋，掩埋之后的垃圾场，可还田于农，进行农业种植，也可用于绿化或做建筑、市政用地。这种方式适于对地下水无毒害的固体垃圾，优点是不形成堆场、不占地、不露天污染环境、可防止异味对空气污染；缺点是挖坑、填埋要有一定投资，在未填埋期间仍有污染。

（2）垃圾焚烧。这是在一定地区用高温焚毁垃圾以减少垃圾和防止污染及病菌、虫害滋生。这种方式只适用于有机物含量高的垃圾或经过分类处理使有机物集中的垃圾。有机物在垃圾中容易发生生物化学作用，是造成空气、水及环境污染的主要原因，而其本身又有可燃性，因此采取焚烧的办法是很有效的。

（3）垃圾堆放。在远离城市地区的沟、坑、塘、谷中，选择合适位置直接倒垃圾，也是一种物流方式。这种方式物流距离较远，但垃圾无须再处理，通过自然净化作用使垃圾逐渐沉降风化，是一种低成本的处置方式。

（4）净化处理加工。这是对垃圾（废水、废物）进行净化处理，以减少对环境危害的废弃物物流方式。废水的净化处理是其中有代表性的流通加工方式。在废弃物物流领域，这种流通加工具有特殊性，它不是实现流通和衔接产需这两种典型的流通加工，而是为了实现废弃物无害排放的流通加工。其主要特点是有良好的社会效益，而微观经济效益却很差。一般流通加工有较大的产出投入比，而净化处理的流通加工的产出投入比很低，这种物流活动主要是社会活动而不是经济活动。

再生资源物流与废弃物物流是绿色物流的重要组成部分和研究对象。尽管我国已采取各种措施以加速废弃物处理，控制废弃物物流，但从总体来看，这方面的工作还非常落后，对经济和社会发展仍存在着严重的消极影响。我国应加强对再生资源回收物流及废弃物物流的研究、相关技术引进及对相关领域的基础设施投资。同时，对应由产业部门自行处理的工业废物，应加强监管；对消费产生的生活废弃物，在逐步提高民众的环保意识的同时，政府应增加相应财政支出，以提高相关软硬件设施的现代化水平。对于企业而言，不能仅考虑自身的物流的便利与优化，还要考虑到企业自身物流活动带给社会（环境）的影响。

4.5 供应链管理

4.5.1 供应链概述

1. 供应链产生的历史背景

科学技术的发展和社会的进步，使得社会分工日益深化。在这种环境条件下，任何企业都无法承担从原材料生产到最终产品加工组装以及销售的全部活动，一件产品的生产和销售要通过众多企业的分工合作才可以完成，这就在客观上形成了一个供应链。供应链上相邻节点企业之间存在着买卖交易关系。即下游的企业以上游企业的产品作为生产要素投入生产经营过程，生产出来的产品卖给相邻的下游企业。

但是，在传统的企业管理模式下，这种关系并不是非常稳定和牢固，企业之间的联系是通过买卖关系建立起来的。而且，在这种关系中，交易双方更多的是一种竞争的关系。企业是站在自身的高度上考虑经营合理化和效益最大化问题。交易关联企业的信息缺乏交流，甚至相互保密，来自于最终消费市场的需求信息不能有效而顺畅地沿着供应链的方向由下游企业传递到上游企业，信息共享程度低。由于企业之间相互独立，存在着利益冲突，因此造成整个供应链运作效率低下，供应链整体竞争能力减弱。

在市场和产业还不发达的时代，供应链存在着的这种问题还没有引起人们足够的重视。但是，随着社会经济环境的变化，传统的企业管理模式已经不能够适应当今时代的需要。社会经济环境的变化主要体现在这样几个方面：

- 由于市场需求向多样化和个性化方向发展、科学技术的突飞猛进以及企业间竞争的日益加剧，产品的更新换代速度在逐步加快，顾客对于产品的技术性能和服务的要求越来越苛刻。
- 经济的全球化趋势日益明显，企业的经营范围不仅仅局限在国内，而且向国际范围扩展，企业面临的竞争对手也扩展到外资企业和跨国公司。
- 社会已经进入了信息时代，信息量在急剧增加。企业生产经营的成功很大程度上取决于对信息的把握。
- 企业之间的竞争日益激烈，企业必须不断提高产品的性能、开发新产品和改善经营服务，以市场需求作为制定各项计划和政策的依据，树立以顾客为中心的经营理念等。

以上这些变化告诉我们这样一个事实：只有改变传统的企业管理模式，才能够适应经济发展的需要。供应链管理正是在这种变化的环境中产生的一种新的管理思想。其核心是集成化管理的思考方法。通过信息共享、长期合作关系的建立来提高供应链整体效益。借助于供应链整体实力的增强，提高每一个节点企业的竞争能力和经济效益。现代企业的竞争已不单纯是个别企业间的竞争，而是供应链之间的竞争。

2. 供应链的含义

对于供应链的理解，尚存在不同的观点。

美国学者史迪文斯（Stevens）：通过增值过程和分销渠道控制从供应商的供应商到用户的用户的物流就是供应链，它开始于供应的源点、结束于消费的终点。

伊文思（Evens）：供应链管理是通过前馈的信息流和反馈的物料流及信息流，将供应商、制造商、分销商、零售商，直到用户连成一个整体的模式。

哈里森（Harrison）：供应链是执行采购原材料、将它们转换成中间产品和成品并且将成品销售到用户的功能网链。

马士华：供应链是围绕核心企业，通过信息流、物流、资金流的控制，从采购原材料开始，制成中间产品以及最终产品，最后由销售网络把产品送到消费者手中的将供应商、制造商、分销商、零售商，直到最终用户连成一个整体的功能网链结构模式。

本书的观点：所谓供应链，是指为达到以更低成本更好质量满足最终用户对最终产品的需求的目的，而以提供产品为核心，由供应源到需求源所涉及的各个环节（包括核心企业、供应商、供应商的供应商、分销商、用户、用户的用户等）组成的有机结合体。

供应链的构成如图 4-8 所示。

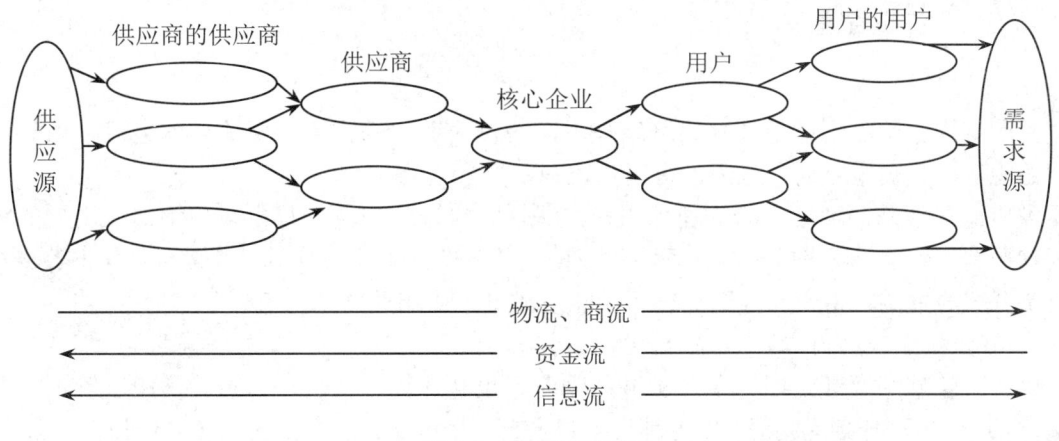

图 4-8　供应链结构图

3．供应链的特征

从供应链的结构模型可以看出，供应链是一个网链结构，由围绕核心企业的供应商、供应商的供应商和用户、用户的用户组成。一个企业是一个节点，节点企业和节点企业之间是一种需求与供应关系。供应链主要具有以下特征：

（1）复杂性。因为供应链节点企业组成的跨度（层次）不同，供应链往往由多个、多类型甚至多国企业构成，所以供应链结构模式比一般单个企业的结构模式更为复杂。

（2）动态性。供应链管理因企业战略和适应市场需求变化的需要，其中节点企业需要动态地更新，这就使得供应链具有明显的动态性。

（3）面向用户需求。供应链的形成、存在、重构，都是基于一定的市场需求而发生，并且在供应链的运作过程中，用户的需求拉动是供应链中信息流、产品/服务流、资金流运作的驱动源。

（4）交叉性。节点企业可以是这个供应链的成员，同时又是另一个供应链的成员，众多的供应链形成交叉结构，增加了协调管理的难度。

4. 供应链的类型

任何一个供应链都必然有一个核心企业，供应链的管理主要靠核心企业运作。供应链的功能是由核心企业的性质来决定的，核心企业是供应链中产品运作的领导者。

因此，按照核心企业的性质，我们将供应链分为：

（1）以生产企业为核心的供应链。一般是特定产成品的装配加工企业。它能够组织领导这种产品的制造装配和分销，构造出这种产品的供、产、销的供应链系统。这种供应链一般是一种加工供应链。

（2）以流通企业为核心的供应链。一般是多种产品的批发和零售企业。它能够组织领导多种产品的生产和销售，从制造商、供应商处购进它们的产品，储存在仓库或卖场，然后再组织分销，构造出这许多种产品的进、存、销的供应链系统。这种供应链一般是一种流通供应链。

（3）以物流企业为核心的供应链。一般是产品的储运、配送企业。它能够组织领导产品的储运、配送等物流活动，构造出产品的集、存、分的供应链系统。这种供应链一般是一种物流供应链。

4.5.2 供应链管理

1. 供应链管理的含义

供应链管理就是借助于计算机网络技术，对供应链中的物流、商流、资金流、信息流进行全面规划，并实施计划、组织、协调和控制职能。

供应链管理是一种集成的管理思想和方法，它执行供应链中从供应商到最终用户的物流计划和控制等职能。现代供应链管理将供应链上的各个成员企业作为一个整体，并将各个成员企业所分担的采购、生产、分销和销售职能组成一个协调发展的有机体。

2. 供应链管理的内容

供应链管理主要涉及四个主要领域：供应、生产计划、物流、需求。供应链管理是以同步化、集成化生产计划为指导，以各种技术为支持，尤其以 Internet/Intranet 为依托，围绕供应、生产作业、物流（主要指制造过程）、满足需求来实施的。供应链管理主要包括计划、合作、控制从供应商到用户的物料（零部件和成品等）和信息。供应链管理的目标在于提高用户服务水平和降低总的交易成本，并且寻求两个目标之间的平衡（这两个目标往往有冲突）。

在以上四个领域的基础上，我们可以将供应链管理细分为职能领域和辅助领域。职能领域主要包括产品工程、产品技术保证、采购、生产控制、库存控制、仓储管理、分销管理。而辅助领域主要包括客户服务、制造、设计工程、会计核算、人力资源、市场营销。

由此可见，供应链管理关心的并不仅仅是物料实体在供应链中的流动，除了企业内部与企业之间的运输问题和实物分销以外，供应链管理还包括以下主要内容：

- 战略性供应商和用户合作伙伴关系管理。
- 供应链产品需求预测和计划。
- 供应链的设计（全球节点企业、资源、设备等的评价、选择和定位）。
- 企业内部与企业之间物料供应与需求管理。
- 基于供应链管理的产品设计与制造管理、生产集成化计划、跟踪和控制。
- 基于供应链的用户服务和物流（运输、库存、包装等）管理。

- 企业间资金流管理（汇率、成本等问题）。
- 基于 Internet/Intranet 的供应链交互信息管理等。

供应链管理注重总的物流成本（从原材料到最终产成品的费用）与用户服务水平之间的关系，为此要把供应链各个职能部门有机地结合在一起，从而最大限度地发挥出供应链整体的力量，达到供应链企业群体获益的目的。

4.5.3 供应链物流管理

1. 供应链物流管理

（1）供应链物流管理的含义。供应链物流管理是将供应链中的上下游企业作为一个整体，通过相互合作、信息共享，实现库存的合理配置，提高物流的快速反应能力，降低物流成本的一种物流管理方式。

（2）供应链物流管理的指导思想，就是要结合供应链的特点，综合运用各种物流管理的方法和手段，实现物的有效移动，既保障供应链正常运行所需的物流需要，又保障整个供应链的总物流成本最低、整体效益最高。

4.5.4 供应链物流管理的方法

供应链物流管理的方法包括很多内容，除了一般物流管理的方法，还涉及供应链物流管理的一些特色方法，主要包括联合库存管理、快速响应系统、信息化、第三方物流公司、供应商掌握库存、供应链运输管理、连续补充货物、分销资源计划、准时化技术等。由于信息化、第三方物流公司、准时化技术在本书的其他章节已有介绍，这里不再重复，只介绍联合库存管理、快速有效的响应系统、供应商掌握库存、连续补充货物、分销需求计划。

1. 联合库存管理

所谓联合库存管理，就是建立起整个供应链以核心企业为核心的库存系统，具体来说，一是要建立起一个合理分布的库存点体系，二是要建立起一个统一的库存控制系统。

（1）合理分布的库存点体系指的是库存点的空间分布。这里所谓合理分布，是指对于核心企业来说是最方便有效，并且成本最低。

联合库存分布一般是供应商企业取消自己的成品库存而将自己的成品的库存直接设置到核心企业的原材料仓库中，或者直接送上核心企业的生产线。

联合库存分布有两种模式：

- 第一种模式是集中库存模式，即是变各个供应商的分散库存为核心企业的集中库存。各个供应商的货物都直接存入核心企业的原材料库，变各个供应商的分散库存为核心企业的集中库存。
- 第二种模式是无库存模式，核心企业也不设原材料库存，实行无库存生产。这个时候供应商的成品库和核心企业的原材料库都取消，这时供应商与核心企业实行同步生产、同步供货，直接将供应商的产成品送上核心企业的生产线。这就是准时化供货模式。这种准时化供货模式，由于完全取消了库存，所以效率最高、成本最低。但是对供应商和核心企业的运作标准化、配合程度、协作精神则也要求越高，操作过程也要求越严格，一般两者的距离不能太远。

这两种联合库存模式不但适用于各个供应商和核心企业，原理上也适用于核心企业与分销企业。在运用于核心企业与分销商的情况下，核心企业要站在供应商的立场上，对各个分销企业实行分布库存，将货物直接存于各个分销仓库，并且直接掌握各个分销库存采用配送等方式实行小批量、多频次送货。

（2）统一的库存控制系统也有两种模式：

- 第一种是合理库存量控制模式。合理库存量控制模式主要适用于核心企业设有原材料库存的情况，无库存控制模式主要适用于核心企业实行无库存生产的情况。

   合理库存量控制就是要根据企业生产的需要，对仓库的库存量进行控制，控制的目的，就是要保持仓库的合理库存量，既能满足需要，又总成本最小。由于供应商的库存都已经存到了核心企业的原材料仓库中，所以供应链系统的库存控制问题实际上就转化成了普通企业的库存量控制的问题了，而对核心企业的库存量的控制，实际上也就是对供应链的库存量进行控制。由于各个供应商的产品都在自己的仓库中，我们可以统一调度、统筹规划、统一进行库存控制，因此也非常方便。另外通过对各个供应商的产品库存量的控制，实际上也就控制了各个供应商的生产和配送运作，达到整个供应链优化运作的目的。

- 第二种是无库存控制模式。无库存控制模式，就是要取消原材料库存，让供应商直接向核心企业的生产线上的需求点进行连续小批量、多频次的补充货物，实现"在需要的时候、把所需要的品种、所需要的数量、送到所需要的地点"的操作模式。这样在生产线开动、需要货物时，保证有适量的货物连续不断地进行供应，生产线一停、不需要货物的时候，现场没有多余的货物，实现零库存。

2. 快速、有效的响应系统

快速响应系统（Quick Response，QR）是 20 世纪 80 年代由美国塞尔蒙（Kurt Salmon）公司提出并流行开来的一种供应链管理系统，主要思想就是依靠供应链系统，而不是只依靠企业自身来提高市场响应速度和效率。一个有效率的供应链系统通过加强企业间沟通和信息共享、供应商掌握库存、连续补充货物等多种手段进行运作，能够达到更高效率，能够以更高速度灵敏地响应市场需求的变动。

有效率的客户响应系统（Efficient Consumer Response，ECR）也是美国塞尔蒙公司于 20 世纪 90 年代提出来的一个供应链管理系统，主要思想是组织由生产厂家、批发商和零售商等构成的供应链系统在店铺空间安排、商品补充、促销活动和新商品开发与市场投入四个方面相互协调和合作，更好、更快并以更低的成本满足消费者需要为目的的供应链管理系统。

3. 供应商掌握库存

供应商掌握库存（Vendor Managed Inventory，VMI），是供应链管理理论出现以后提出来的一种新的库存管理方式，就是供应商掌握核心企业库存的一种库存管理模式，是对传统的由核心企业自己从供应商购进物资、自己管理、自己消耗、自负盈亏的模式的一种革命性变动。

实施 VMI，由供应商掌握库存，可以实现核心企业和供应商企业的"双赢"。供应商管理库的优势表现为：

（1）灵活机动。供应商是商品的生产者，它掌握核心企业的库存具有很大的主动性和灵活机动性。它可以根据市场需求量的变化，及时调整生产计划和采购计划，库存消耗速率大，就主动地多生产一些，库存消耗速率小了，就少生产一些，所以既不会造成超量库存积压，又可以灵活响应市场的变化。既不存在占用资金的问题,又不会存在增加费用、造成浪费的问题。

(2) 提高效率。供应商掌握库存,就可以把核心企业从库存陷阱中解放出来。它们不需要占用库存资金,不需要增加采购、进货、检验、入库、出库、保管等一系列的工作,使它们能够集中更多的资金、人力、物力用于提高它们的核心竞争力,更好地搞它们自身的工作,大大提高效益,扩大市场,从而提高了整个供应链的活力,给整个供应链(包括供应商企业)创造一个更加有利的局面。

(3) 掌握市场。供应商掌握库存,就是掌握市场。核心企业的库存消耗就是市场需求的组成部分,它直接反映了客户的消费水平和消费倾向,这对于供应商改进产品结构和设计、开发销售对路的新产品,对于企业的生产决策和经营决策起着有力的信息支持作用,使它们也能够获得一个更好的发展局面。

4. 连续补充货物

连续补充货物(Continuous Replenishment Process,CRP),就是供应点连续地多频次、小批量地向需求点补充货物。它基本上是与生产节拍相适应的运输蓝图模式。主要包括配送和准时化供货方式。配送供货一般用汽车将供应商下了线的产品按核心企业所需要的批量(日需要量或者半天需要量)进行频次批量送货(一天一次、二次)。准时化供货,一般用汽车、叉车或传输线进行更短距离、更高频次的小批量、多频次供货(按生产线的节拍,一个小时一次、二次),或者用传输线进行连续同步供应。

5. 分销需求计划

分销需求计划(Distribution Requirement Planning,DRP),是 MRP 原理和技术在流通领域中的应用。该技术主要解决分销物资的供应和调度问题。基本目标是合理进行分销物资和配置资源,以达到既有效地满足市场需要又使得配置费用最低的目的。

(1) 分销需求计划应用范围。DRP 主要在以下两类企业中得到应用:

- 流通企业。如储运公司、配送公司、物流中心、流通中心等。这些企业的基本特征是:不一定搞销售,但必须有储存和运输的业务。这些企业具有较强大的储存能力和运输能力,受生产企业的委托存货或自己从这些生产厂购进货物存放在自己的仓库里,为生产企业销售部门或企业订货用户进货。
- 生产企业。大多数中小企业生产的产品是交给经销商或零售商去销售,自己没有销售网络,但一部分较大型的生产企业有自己的销售网络和储运设施,这样的生产企业是面对市场来生产自己的产品,既搞生产,又搞流通。

这两类企业的共同之处是:以满足社会需求为企业的宗旨;依靠一定的物流(储运、包装、装卸、搬运等)能力来满足社会的需求;为满足社会需求,要从制造企业或物资资源市场组织物资资源。

(2) 分销需求计划的原理。实施 DRP 时,要输入三个文件,输出两个计划。

输入的三个文件是:

- 社会需求文件。其内容包括所有用户订货单、提货单和购货合同,也包括下属子公司、企业的订货单。将这些需求按品种、需求日期进行统计,制定出社会需求文件。
- 库存文件。它是仓库里所有库存物资量的列表。仓库里有的物资,从仓库里提货送货,送货的数量不得超过现有的库存量,仓库里没有,就应订货进货。

- 生产厂货源文件。包括可供应的品种、生产厂的地理位置情况。主要为 DRP 制订订货计划所用。

输出的两个计划：

- 送货计划。该计划是对用户的送货计划。由于仓库与用户、下属子公司都有一定的路程，所以提货送货都要提前一定时间开始作业。对于大批量需求者可实现直送，对于数量众多的小批量需求者可以进行配送。
- 订货进货计划。该计划是指从生产厂订货进货的计划。对于需求物资，如果仓库内无货或库存不足，则需要到生产厂订货进货。因为订货进货需要时间，所以要设定订货提前期。

小　　结

本章在简要介绍美国、日本和中国三个国家物流管理发展历史的基础上，详细介绍了物流管理发展新趋势方面的内容，包括：第三方物流的含义、特征，第三方物流的类型，第三方物流的优势；全球物流的基本活动，全球物流的特征，以及全球物流的组织与管理；绿色物流的概括；供应链的含义、特征，供应链管理的内容，供应链物流管理的含义、指导思想，供应链物流管理的方法。

阅　读　资　料

物流发展阶段概览

世界物流业的快速发展可追溯到 20 世纪末期，尤其是 20 世纪 90 年代以后，世界物流业持续 10 年保持了每年 20%～30%的高速增长，从而一举上升为与高科技、金融业并驾齐驱的三大朝阳产业之一。全球物流业的发展水平首推发达国家，而在发达国家中又以美国和日本物流业的发展尤为突出：美国物流产业规模为 9000 亿美元，占美国国内生产总值的 10%以上，并以年平均 20%以上的速度增长；日本政府也非常重视物流产业的发展，早在 1974 年 4 月，日本就拟定了《综合物流施策大纲》作为改革国家经济进程的重要一环，并提出了"综合物流管理"这一观点，使日本物流业的现代化进程更进一步。

不同时期，物流的背景和思维方式是不同的。具体来说，物流的发展阶段可以分为以下三个时期。

1. 大量生产时期的物流

在大量生产时期，企业经营活动的重点是如何增加产品数量，企业物流管理的核心是解决原材料需求与供应之间的矛盾，物流管理工作的内容侧重于对企业所需的各种物资进行谋划、采购、验收、保管、发放、节约使用和综合利用。因此，这一阶段物流管理工作的重点是探索原材料供给和需求之间的规律，研究如何运用先进的管理手段，经济合理地组织供应，以保证生产的正常进行。

2. 大量生产—大量消费时期的物流

在大批量生产和大批量消费时期，企业对大批量配送的需求增加，这也是满足消费者便利的需要。这一时期企业的物流管理工作的重点是如何有效地利用原材料，企业开始对从原材料采购、在制产品、库存产品到消费地进行全过程研究,并且强调各功能的系统化,即与其他的采购、生产、销售系统等功能保持良好的有机的联系。另外,企业也开始重视在运输、保管、配送、装卸、包装等物流作业中引入各种高新技术,以求达到企业物流的自动化和效率化。

3. 多品种、小批量生产时期的物流

在这个时期,企业开始按用户的不同需求以销定产,这使企业的物流管理和配送管理工作更加复杂和繁琐。这一时期,企业开始从系统整体出发,互相协调对客户和本企业内部提供最佳服务,最大限度地降低物流费用,并且把物流管理的层次从一般作业层次提升到经营分析层次的高度。因此,物流管理开始被分解为许多环节,如财务、采购、销售、生产、研发、促销等,只有协调好企业物流各业务环节的工作,才能保证企业总目标的实现。

与传统物流相比,顺应科学技术和全球化大趋势的现代物流业则是流程顺畅、势头强劲。基于 Internet 的信息技术既可以保证客户需求信息的快速传递与影响,又可以实时了解和分析货物在库、在途和到达状况,预测货物的销售和库存情况,还可以即时了解客户的生产、采购计划,即时做出反应、组织采购等,因而能够保证整个物流系统中各参与方的协调运作,实现共赢的战略目标。

资料来源:韩大勇. 你不了解的联合包裹服务公司:极速 UPS. 北京:北京工业大学出版社,2012: 117-118.

练 习 题

一、单选题

1. 对物流活动和物流管理的认识最初肇端于(   ),而其物流管理的研究和实践也最为先进、最为完善,并成为其他国家学习和仿效的榜样。
   A)美国   B)日本   C)德国   D)英国
2. (   )年是美国物流理论体系的形成与实践推广阶段。
   A)1945—1950   B)1950—1978
   C)1978—1985   D)1985 年至今
3. (   )年是美国物流理论的成熟与物流管理现代化阶段。
   A)1945—1950   B)1950—1978
   C)1978—1985   D)1985 年至今
4. (   )年是美国物流理论、实践的纵深化发展阶段。
   A)1945—1950   B)1950—1978
   C)1978—1985   D)1985 年至今
5. (   )年日本流通技术考察团考察美国并开始引入物流观念。
   A)1946   B)1956   C)1966   D)1976
6. (   )我国的现代物流起步阶段。
   A)1949—1965 年   B)1966—1977 年
   C)1978—1990 年   D)1991 年至今

7. 按物流业务划分，第三方物流企业包括（　　）。
   A）管理型物流公司和综合型物流公司
   B）综合性物流公司和各种专业性物流公司
   C）自营型物流公司和外包型物流公司
   D）单一业务型物流公司和混合业务型物流公司

8. （　　）第三方物流公司主要提供物流规划与策划、物流管理咨询服务等。
   A）资产型　　　B）管理型　　　C）整合型　　　D）综合性

9. 全球物流中的运输活动与国内物流中的运输活动的最大差异在于（　　）。
   A）运输距离长　　　　　　　　B）运输方式多样
   C）运输周期长　　　　　　　　D）运输距离长且运输方式多样

10. 在（　　）方面，全球物流活动明显有别于国内物流活动。
    A）包装　　　　　　　　　　　B）保管和流通加工
    C）装卸　　　　　　　　　　　D）报关和相关文书单据制成

11. 在全球物流组织中，（　　）负责所在国的所有有关物流的活动，包括有关产品、原材料等进出口的物流活动。
    A）物流管理总部　　　　　　　B）事业部所属物流部门
    C）工厂所属的物流部门　　　　D）海外分厂的物流部门

二、填空题

1. 在第二次世界大战期间，美国军队运用运筹学的理论方法卓有成效地调运军用物资，统筹安排人力运力，解决了一系列物资供应中出现的矛盾和问题，被概括为_____。

2. _____年_____正式将名称从 National Council of Physical Distribution Management 改为 National Council of Logistics Management，从而标志现代物流观念的确立，以及对物流战略管理的统一化。

3. _____年是日本大量物流设施建设、构筑的时代，同时也是日本经济高度成长、大量生产、大量销售的时代。

4. 第一次石油危机后，经营成本的降低成为经营战略的重要课题，从而要求日本物流能有所作为，这一时期便成为日本的_____时期。

5. _____物流是由供方与需方以外的物流企业提供物流服务的业务模式。

6. 按提供服务的种类划分，第三方物流企业有资产型、_____和_____三种基本类型。

7. 全球物流活动的构成除了包含与国内物流一样的运输、保管、包装、装卸、流通加工和信息等克服时间和空间阻碍的活动之外，还有全球物流所特有的_____（包含检查、检疫等活动）和相关文书单据制成等克服国界阻碍的活动。

8. 在全球物流活动中包装活动非常重要，_____的出现为全球物流活动提供了安全便利的包装方式。

9. 全球化企业的物流组织结构一般由具有综合计划协调功能的_____、_____或生产工厂所属的物流部门和海外分厂的物流部门组成。

10. 从发达国家的实践来看，政府对物流发展的规制集中体现在三个方面，即_____

规制、_____规制和_____规制。

11. 所谓_____，是指为达到以更低成本更好质量满足最终用户对最终产品的需求的目的，而以提供产品为核心，由供应源到需求源所涉及的各个环节（包括核心企业、供应商、供应商的供应商、分销商、用户、用户的用户等）组成的有机结合体。

12. 供应链的特征包括复杂性、_____、面向顾客需求和_____。

13. _____是将供应链中的上下游企业作为一个整体，通过相互合作、信息共享，实现库存的合理配置，提高物流的快速反应能力，降低物流成本的一种物流管理方式。

三、问答题

1. 美国物流理论与实践的发展经过了哪些阶段？
2. 简述日本物流管理的发展阶段。
3. 简述中国物流管理的发展阶段。
4. 简述第三方物流的产生和发展。
5. 第三方物流的基本特征有哪些？
6. 总体上讲，在生产流通企业物流管理中引入"第三方物流"主要优势表现在哪几个方面？
7. 简述全球物流的基本活动。
8. 全球物流具有哪些特征？
9. 企业发展绿色物流的途径有哪些？
10. 供应链物流管理的指导思想是什么？

第二篇　物流的职能

　　物流是物的物理性流动。物流由一系列的职能所组成，所有这些活动既作为独立的个体而存在，同时又形成一个有机的整体。物流管理的目的就是要实现物流的合理化，为顾客提供优质的物流服务。这就要求在对物流从整体上把握的前提下，深入研究物流的各项职能活动，以各项职能活动的合理化，确保物流合理化目标的实现。本篇共 7 章，分别介绍了物流的职能。第 5 章包装；第 6 章流通加工；第 7 章储存；第 8 章装卸；第 9 章运输；第 10 章配送；第 11 章物流信息。

第 5 章 包装

- 包装的含义、功能
- 包装的类型
- 包装材料的种类
- 包装技术
- 包装机械
- 包装合理化

- 包装合理化

熟练掌握以下内容:
- 包装的含义、功能
- 包装的类型
- 包装材料的种类
- 常用的包装机械
- 包装合理化

了解以下内容:
- 包装技术
- 包装机械的作用
- 包装机械的分类

包装是保证整个物流系统流程顺畅的重要环节之一。包装可大体划分为两类:工业包装和商业包装。工业包装的原则是便于运输、便于装卸、便于保管,能保质、保量、促销。商业包装的目的主要是促进销售,包装精细、考究,以利于宣传、吸引消费者购买。本章重点围绕包装合理化,介绍包装的功能、类型、包装技术、包装设备等有关知识。

5.1 包装的功能

包装是按规定的包装标准和要求,采用相应的包装技术与包装材料,将产品进行包装,以保护产品在物流过程中的完好无损,并便于储运作业和促进产品销售。它是与物流全过程中的运输、保管、装卸和配送等业务有机联系起来的一个重要作业环节。

包装的功能归纳起来有以下三个方面。

5.1.1 保护功能

包装的保护功能,即保护物品不受损伤的功能,它体现了包装的主要目的。物品在整个流动过程中,要经过多次的装卸、存取、运输,甚至拆卸和再包装,会受到各种各样的外力冲击、碰撞、摩擦。另外,有可能在恶劣环境中受到有害物质的侵蚀。为了保护货物,避免不必要的损失,物品必须包装。

具体而言,包装的保护功能,表现为下述几个方面。

1. 防止物资的破损变形

为了防止物资的破损变形,物资包装必须能承受在装卸、运输、保管等过程中的各种冲击、震动、颠簸、压缩、摩擦等外力的作用,形成对外力的防护,而且具有一定的强度。

在搬运装卸作业中,由于操作不慎而包装跌落,造成落下冲击;仓库储存堆码,使最低层货物承受强大的压力;由于运输和其他物流环节的冲击震动,跳起后又落回等,都要求包装有足够的强度。

2. 防止物资发生化学变化

为防止物资受潮、发霉、变质、生锈等,物资包装必须能在一定程度上起到阻隔水分、潮气、光线以及大气中各种有害气体的作用,避免外界不良因素的影响。

3. 防止有害生物对物资的影响

鼠、虫及其他有害生物对物资有很大的破坏性。包装封闭不严,会给细菌、虫类造成侵入之机,导致变质、腐败,特别是对食品危害性更大。鼠、白蚁等生物会直接吞食纸张、木材等物资。

4. 其他

例如,防止异物混入、污物污染、丢失、散失。

5.1.2 便于处理

通过包装而方便处理也是工业包装的目的之一。货物的形态是各种各样的,有固体、液体、气体之分,有大有小,有规则与不规则,有块状与粉末状,有硬与软等各种特性,而装卸、运输的工具样式要少得多,为了提高处理的效率,也必须对货物进行包装。处理的劳动生产率指标一般都用包装后所组成的货物单元来描述,例如,每小时装箱数量、每小时分拣了多少箱货物等。大多数货物都采用成组化或集装化的包装。

物品包装具有方便流通、方便消费的功能。在物流的全过程中,物资所经过的流转环节,合理的包装会提供巨大的方便,从而提高物流的效果。物资包装的方便功能可体现在以下几个方面。

1. 方便物品的储存

物品的储存涉及搬运、装卸、保管、验收等具体工作。从搬运、装卸角度上看,物品出、入库时,在包装的规格尺寸、重量、形态上适合仓库内的作业,为仓库提供了搬运、装卸的方便。从物资保管角度上看,物资的包装为保管工作提供了方便条件,便于维护物资本身的原有使用价值；包装物的各种标志，使仓库的管理者易于识别，易于存取，易于盘点，有特殊要求的物资易于引起注意。从物资的验收角度上看，易于开包、便于重新打包的包装方式为验收提供了方便性；包装的集合方法、定量性，对节约验收时间、加快验收速度起到十分重要的作用。

2. 方便物资的装卸

经过适当包装的物品，为装卸作业提供了方便。物资的包装便于各种装卸、搬运机械的使用，有利于提高装卸、搬运机械的工作效率。包装的规格尺寸标准化后为集合包装提供了条件，从而能极大地提高装载效率。

3. 方便运输

包装的规格、形状、重量等与货物运输关系密切。包装尺寸与运输车辆、船、飞机等运输工具箱、仓容积的吻合性，方便了运输，提高了运输效率。

5.1.3 促进销售

产品包装还具有识别和促销的作用。毋庸置疑，包装能起到广告宣传的效果，良好的包装，往往能为广大消费者或用户所瞩目，从而激发其购买欲望。包装已成为产品推销的一种主要工具和有力的竞争手段。产品包装后，可与同类竞争产品相区别。精美的包装，不易被仿制假冒、假造，有利于保持企业的信誉。另外，通过改进包装，可以使产品给人带来一种新的印象。由此可见，包装能够有效地帮助产品上市行销，维持或扩大市场占有率。

5.2 包装的分类

现代包装门类繁多，品种复杂，这是由于要适应各种物资性质差异和不同运输工具等各种不同的要求和目的，使包装在设计、选料、包装技法、包装形态等方面出现了多样化。

包装的种类可以从形态、功能、目的等多个角度进行划分，具体来说，可以按形态、功能、包装方法、包装材料、包装商品、内容状态、包装阶段等多个标志进行分类。

5.2.1 按包装功能不同分类

按物资包装的功能，包装可分为商业包装和商业包装两大类。

1. 商业包装

商业包装是以促进商品销售为主要目的的包装，其本身构成商品的一部分，也称为零售包装或消费包装。这种包装的特点是：外形美观，有必要的装潢，包装单位应适合顾客购买量和商店设施的要求。

2. 工业包装

工业包装又称为运输包装，是物资运输、保管等物流环节所要求的必要包装。工业包装以强化运输、保护商品、便于储运为主要目的。对于生产资料，工业包装的作用尤其突出。这是因为生产资料的生产与消费，批量大，数量多，因而导致物资的运输量和储存量都大大超过生活资料。工业包装要在满足物流要求的基础上使包装费用越低越好。一般来说，为了降低包装费用，包装的保护性也往往会随之降低，故商品的流转损失亦会加大；反之，如果增强包装，包装费用相应增加，而流转损失会有所下降。因此，对于普通物资的工业包装其程度应当适中，才会有最佳的经济效果。

对于某些商品,商业包装与工业包装往往有矛盾。例如,为了便于运输,包装往往应当结实,但外部形体不够美观,因而不利于销售,反之,促进销售效果的优美的商业包装,大多又比较单薄,强度较低,保护效果较差。近年来,两者有相互接近的倾向。为了实现物流的合理化,工业包装采用与商业包装同样的创意,工业包装同时具有商业包装的功能。

5.2.2 按运输工具不同分类

按物资运输工具的不同,包装可分为铁路货物包装、卡车货物包装、船舶货物包装、航空货物包装等。这种分类方法基于使用的运输工具不同采取不同包装的包装技术。上述无论哪种包装形式,其共同特点是最大限度地使用运输工具、减少空载吨位。同时,又要根据不同的运输工具采用具有针对性的包装。如船舶运输包装需要具有一定的耐压程度,还要具有抵抗搬运中较大震动的能力。铁路包装有小包装、行李装、混装货物等,在利用铁路运输时,必须施以相应的包装技术。利用飞机运输物资的包装其特征与重量又有限制。应指出,在新的物流条件下,卡车、火车、船舶的联合运输,在包装上应尽可能达到多种运输的要求。

随着物流技术的不断发展和提高,新的物资包装形式会不断出现。目前广泛应用的集装箱、托盘等,可视为适应物流发展的专门的包装形式。集装箱是指一种特制的容器。它可以通过现代化的运输车辆或船只进行运输。由于集装箱能把零星的物资汇集成一组大的单位,使物资成组化,再加上它在物流过程中装卸、搬运、储存等采用机械作业,因而已成为物流中理想的包装形式。托盘是目前被普遍采用的一种搬运工具,具有类似集装箱的作用。

5.2.3 按形态分类

按包装形态,包装可以分为个装、内装和外装。

1. 个装

个装是指物品按个进行的包装,目的是提高商品的价值或保护物品。

2. 内装

内装是指包装货物的内部包装,目的是防止水、湿气、光热和冲击碰撞对物品造成的破坏。

3. 外装

外装是指货物的外部包装,即将物品放入箱、袋、罐等容器中或直接捆扎,并打上标识、印记等。其目的是便于对物品的运输、装卸和保管,保护物品。

5.2.4 按包装方法分类

按照包装的技术方法,包装可以分为防湿包装、防锈包装、缓冲包装、收缩包装、真空包装等。

5.2.5 按包装材料分类

按照包装物所使用的材料可以划分为纸箱包装、木箱包装、纸袋包装、玻璃瓶包装、塑料袋包装(软包装)等。

5.2.6 按包装使用次数分类

根据使用次数，包装又可分为一次性使用包装和重复使用包装。重复使用包装又分为两种情况，一是收回复制再用（纸、金属等），还有一种情况是回收后可直接复用（如酒瓶回收）。

5.2.7 按包装商品种类分类

按照商品的种类，包装可以分为食品包装、药品包装、蔬菜包装、机械包装、危险品包装等。

5.3 包装材料

包装材料与包装功能存在着不可分割的联系。无论从包装材料的选择，还是从包装技术的实施，都是为了保证和实现物资包装的保护性、方便性等功能。

包装材料是指构成包装实体的主要物质。由于包装材料的物理性能和化学性能的千差万别，所以包装材料的选择对保护产品有着非常重要的作用。

用于物流包装的材料很多，从传统的纤维纸板到最新的记忆性塑料带，可谓应有尽有。按不同用途，包装材料可分为以下几类：容器材料，用于制作箱子、瓶子、罐子，有纸制品、塑料、木料、玻璃、陶瓷、各类金属等；内包装材料，用于隔断物品和防震，有纸制品、泡沫塑料、防震用毛等；包装用辅助材料，如各类接合剂、捆绑用细绳（带）等。

5.3.1 纸包装材料

在包装材料中，纸的应用最为广泛。它的品种最多，耗量也最大。由于纸具有价格低、质地细腻均匀、耐摩擦、耐冲击、容易粘合、不受温度影响、无毒、适于包装生产的机械化等优点，所以目前在世界范围内，纸占包装材料的比重比其他包装材料都大。

纸的品种是很多的。有专用包装纸，一般指牛皮纸，用途多半为选用强度较大的制成纸袋。纸袋为多层叠合构造，如果需要，还可以做防潮处理，把牛皮纸和塑料薄膜制成复合多层构造。大型纸袋通常用于水泥、肥料、谷物等粉粒状货物的包装。牛皮纸的强度与每平方米纸张的重量有关，一般有四种规格：75g、78g、81g、84g。它的特性项目包括抗拉强度、抗裂强度、伸长率、耐水率等，均有国家标准。

纸板是指用牛皮纸浆、化学纸浆、旧纸浆等为原料制成的厚纸板的总称。根据不同用途可分为：瓦楞原纸、白板纸、黄板纸等，其中瓦楞原纸的用途最广泛，产量也最大。

瓦楞原纸分为中芯原纸和内衬原纸，前者用于制造瓦楞波形部分，后者贴在外侧，两者粘合制成瓦楞纸板。瓦楞波形有波高和波数两个参数。波高用毫米计量，一般在 2.5~5mm；波数用 30cm 宽度内的波的数量计量，一般有 36~50 波。不同参数组合有不同强度，分成 A、B、C、D 四种槽形。根据不同用途和方式可制成不同层数的瓦楞纸板，一般有单面瓦楞纸板、双面瓦楞纸板、两层双面瓦楞纸板和三层双面瓦楞纸板。瓦楞纸箱是颇受欢迎的纸制包装材料。瓦楞纸具有成本低、重量轻、容易进行机械加工、容易回收复用等优点。用瓦楞纸制作的纸箱具有一定的刚性，因此有较强的抗压、抗冲击能力。这为产品安全、完好地从生产者送到消费者所经历的储存、运输、装卸等活动提供了方便和可靠保证。但是，纸的防潮、防湿性能较差，这是纸制包装材料的最大弱点。

5.3.2 木制包装材料

木材是最传统的包装材料，至今仍有较广的使用。由于木材资源的再生速度很慢，许多包装领域已用纸或塑料替代。但因木材具有良好的包装特性，特别是作为物资的外包装材料，更显示出其抗压、抗震等优点，木材至今在包装材料中仍占有十分重要的地位。据国外一些发达国家统计，木制包装占所有包装材料的10%左右。在重物包装以及出口物品等方面还在使用。木材较多地用于制作桶、木箱和胶合板箱三类容器。普通的密闭木箱可装200kg的货物；如果选用下设垫板的木箱，则可装运200kg以上的货物。为了承载重物，通常选用木垫板，可装载并固定60t的重物。木材的另一个用途是制作托盘。由于木材资源有限，木材作为包装材料受到很大的局限。同时，由于塑料、复合材料、胶合板的发展，木材作为包装材料的比重在不断下降。

5.3.3 塑料制品包装材料

塑料制品在包装中被广泛使用，可用于单个包装、内包装、外包装，用于运输包装时可制成各种塑料容器。聚乙烯塑料袋是最常见的包装物，以替代20~30kg包装用纸袋，如聚乙烯和聚丙烯塑料编织袋（俗称蛇皮袋）的包装用麻袋。在箱袋结合的运输包装中，将塑料制成各种盛液体的容器，以替代玻璃瓶、金属罐、木桶等，再把塑料容器放入瓦楞纸箱内。成型容器（塑料罐、箱）也是塑料包装的重要领域，受价格和成型难易影响，多数用聚乙烯材料制成，国家在容量、尺寸、强度等方面都有规定。另外，用于替代木箱的运输用塑料箱也大量使用，一般用在食品、饮料等物品的运输包装方面。

5.3.4 金属包装材料

金属包装材料是指把金属压制成薄片，用于物资包装的材料。通常有金属圆桶，白铁皮罐，储气瓶，金属丝、网等。用作运输包装的金属容器有罐和桶。罐有方形和圆形两种，主要用于食品、药品、石油类、涂料类及油脂类物品包装；桶主要用于以石油为主的非腐蚀性半流体、粉末体、固体等物品的包装，容量为20~200L。目前，在世界金属包装材料中，用量最大的是马口铁（镀锡薄钢板）和金属箔两大品种。马口铁具有坚固、抗腐蚀、易进行机械加工、表面容易进行涂饰和印刷等优点。尤其用马口铁所制作的容器，具有防水、防潮、防污染等优点。所以，马口铁是较理想的包装材料。金属箔是指把金属压延成很薄的薄片。金属箔多用于食品包装，如糖果、肉类、奶油、乳制品等。应指出，目前用金属箔和纸复合制成的包装材料具有广泛的用途。

5.3.5 纤维包装材料

纤维包装材料是指用各种纤维制作的袋状容器。自然界天然生的纤维材料有黄麻、红麻、大麻、青麻、罗布麻、棉花等。经工业加工提供的纤维材料有合成树脂、玻璃纤维等。

5.3.6 陶瓷与玻璃包装材料

陶瓷与玻璃很早就作为包装材料而使用了。在科学技术日新月异的今天，虽然新的包装材料不断出现，但玻璃作为包装材料仍可与塑料材料争奇夺丽。这是因为玻璃具备其他材料所没有的优点。玻璃具有耐风化、不变形、耐热、耐酸、耐磨等优点，尤其适合各种液体物资的包装。陶瓷、玻璃制作的包装容器，容易洗刷、消毒、灭菌，能保持良好的清洁状态。同时，它们可以回收复用，有利于包装成本的降低。玻璃、陶瓷也有它们最大的弱点，即在超过一定的冲击力的作用下容易破碎。

5.3.7 合成树脂包装材料

合成树脂包装材料是指用合成树脂制作的各种塑料容器、塑料瓶、塑料袋和塑料箱等。合成树脂包装材料在现代包装中所处的地位越来越重要。塑料包装材料是近20多年来新发展起来的一种新兴包装材料。由于塑料有许多良好的性能，非常适合物资包装的条件和要求，所以深受人们的欢迎。塑料包装材料概括起来有如下特性和优点：透明，对容器内包装的物资不必开封便一目了然；有适当的强度，可以保护商品的安全；有较好的防水、防潮、防霉等性能；有耐药剂、耐油性能；耐热、耐寒性能较好，对气候变化有一定的适应性；有较好的防污染能力，使包装的物资既安全，又卫生；密封性能好等。合成树脂的品种超过千种，用于包装的主要有聚乙烯、聚丙烯、聚氯乙烯、聚苯乙烯、酚醛树脂、氨基塑料等10多种。

5.3.8 复合包装材料

随着包装科学技术的不断发展，人们对各种包装材料的理化性能不断进行研究。包装材料不断创新，以满足物资包装的各种要求。复合材料就是将两种以上，具有不同特性的材料复合在一起，以改进单一包装材料的性能，发挥包装材料更多的优点。常见的复合材料有三四十种，最广泛的是塑料与玻璃纸复合；塑料同塑料复合；金属箔与塑料复合；金属箔、塑料、玻璃纸复合；纸张与塑料复合等。

5.3.9 草制包装材料

草制包装材料是比较落后的包装材料。它的原料来源是各种天然生的草类植物。将这些草类植物经过梳理，编织成诸如草席、蒲包、草袋等包装材料。由于草制包装防水、防潮能力较差、强度很低等，现在在物流中的作用逐渐下降，有被淘汰的趋势。

5.4 包装技术

常见的包装技术包括缓冲包装技术、防水包装技术、防潮包装技术、防锈包装技术、防霉包装技术等。

5.4.1 缓冲包装技术（防震包装技术）

为使外力不完全作用在物品上，必须采用某些缓冲的办法，使外力对物品的作用限制在毁坏限度之内。这种方法称为缓冲包装法。防震包装技术为防止运输中震动或冲击而造成的物品损伤，一般情况下采取在内装材料中插入防震材料，以吸收外部冲击力。防震包装设计的主题是确定防震材料的种类和厚度。在设计上，还应该同时考虑成本问题，选择不同的材料、设计不同的衬垫形状都会影响成本。

采取缓冲包装技术应考虑以下因素。

1. 物资的特征

除了要对物资的形状、尺寸、重量、价格、数量等了解外，还应了解物资在物流过程中所可能承受的冲击、震动、压缩、弯曲等外力作用。必要的时候，则需要进行试验、分析，以至确定物品所能容许的加速度和外力。

物资能够承受最大限度的加速度被称为允许的加速度值，并用重力加速度（G）作为单位来表示。物资耐震能力的大小可称为 G 因素的多少。内装物资允许的加速度一般分为三个等级：一级为脆弱物品，其允许加速度在 40G 以下；二级为中度脆弱物品，其允许加速度为 41～90G；三级为普通物品，其允许加速度为 91G 以上。

2. 包装材料的缓冲性能

不同的包装材料其缓冲性能是不同的。防震缓冲材料应具有对冲击能量和震动的吸收性、良好的复原性、温度和湿度的安定性等。防震缓冲材料大致可分为无定型和定型材料。无定型缓冲材料有塑料丝、纸丝、木屑、动植物纤维等；定型防震缓冲材料有成型纸浆、瓦楞纸板衬垫、纸棉材料、草垫、弹簧装置等。合成防震材料具有很多优点，如原料来源丰富、性能好、清洁美观、价格便宜等，其中应用最多的是泡沫塑料。

5.4.2 防水包装技术

防水包装是为防止水浸入包装物影响内装物质量而采取一定防护措施的包装。

包装在运输、装卸、储存过程中，为防止外界雨、淡水、海水等渗入包装内，影响内装物资质量，采用某些防水材料作阻隔层，并用防水粘接剂或衬垫、密封等措施，以阻止水浸入包装内部。

防水包装材料主要有：包装外壁框架材料，如木材、金属、瓦楞纸板三大类；内衬材料，各种防水包装用纸、涂布、复合塑料薄膜、铝箔及铝塑复合膜等；用作纸箱、胶合板箱等表面防水处理的防水涂料，如石蜡、清漆等；密封材料及外层覆盖材料等。

5.4.3 防潮包装技术

物品在流通过程中，因空气中的潮气侵蚀会变质、潮解、锈蚀、霉变。为防止上述现象发生的包装技术是防潮包装技术。防潮包装技术是防止水浸入包装物内部而采取的包装技术，可分为耐浸水包装和耐雨水、飞沫的耐散水包装两类。

防潮包装主要有两种方法：一是用透湿度低的材料包装；二是控制包装容器内的湿气。

实施防潮包装是用低透湿度或透湿度为零的材料，将被包装物与外界潮湿大气相隔绝。凡是能阻止或延缓外界潮湿空气透入的材料均可用来作防潮阻隔层材料，如金属、塑料、陶瓷以及经防潮处理的棉、麻、木材等。现代防潮包装中，应用最广泛的材料为聚乙烯、聚丙烯、聚氯乙烯、聚苯乙烯、聚酯、聚偏二氯乙烯等。控制包装内湿气的方法，有化学干燥和物理干燥两类，但用于包装的主要是物理干燥，最常用的是硅胶。

5.4.4 防锈包装技术

防锈包装是为了防止潮湿空气或雨水等浸入包装件而使金属腐蚀的包装技法。

在金属表面采用涂覆防锈材料，以破坏电化学腐蚀的条件是防锈包装最常使用的手段。

如轴承包装是在经表面清理后的轴承上用黄油涂覆,然后用防水蜡纸进行裹包后,放入内包装中;在采用容器包装时,还可采用在容器内或周围放入适量吸潮剂(如硅胶)的做法,以吸收包装内部残存的或由外部进入的水气,使其相对湿度下降,而达到防锈的目的。

5.4.5 防霉包装技术

防霉包装是为了防止因霉菌侵袭内装物而长霉,影响产品质量,所采取的具有一定防护措施的包装方法。

耐低温包装一般是用耐冷耐潮的包装材料制成的,经过包装的物品能较长时间在低温下存放,而包装材料在低温下不会变质,从而达到以低温抑制微生物的生理活动,使内装物不霉腐的目的;防潮包装可以防止包装内水分的增加,也可达到抑制微生物生长和繁殖的目的,可延长内装物品的储存期;采用陶瓷、金属、玻璃等高密封容器进行真空和其他防腐处理(如加适量防腐剂),对食品防腐来说是常使用的防霉包装技法。

5.5 包装机械

包装机械指完成全部和部分包装过程的机器设备。

5.5.1 包装机械的作用

1. 提高包装劳动生产率,确保包装质量

用机械包装代替手工包装,使产品不与人体直接接触,减少了产品暴露在空气中的时间,这对于食品和药品的清洁卫生及金属制品的防锈蚀等提供了可靠的保证。机械包装计量准确,包装紧密,外形整齐美观,包装质量稳定,包装规格化、标准化,能适应标准化的集装箱、托盘、火车、船舶等各种运输条件和装卸方式。

2. 降低包装劳动强度,改善劳动条件

用机械包装来代替手工包装,可以使包装工人从繁重、无味的包装体力劳动中解放出来,降低了劳动强度,改善了劳动条件。

3. 降低包装成本和流通费用

不同的商品,采用不同的包装机械,运用不同的包装技法,有利于节省包装材料,降低包装成本。例如,有些松泡商品,像棉花、羽绒和针棉织品等采用压缩包装机预压包装,可以大大缩小包装件的体积。在物流中包装对节省库容、增加仓库储存量、减少保管费用、节省运输费用等,也具有很明显的作用。

5.5.2 包装机械的分类

包装机械的分类方法有很多,常用的方法是按包装工序来进行分类。包装工序有裹包、灌装、充填等,完成这些包装工序的包装机称为包装主机。另外还有完成洗涤、烘干、检测、输送等工作的辅助包装机械。

1. 裹包包装机械

裹包包装机械用于包装块状产品,按照裹包的不同工艺可分为扭结式包装机、端折式包装机、枕式包装机、信封式包装机和拉伸式包装机等。

2. 充填包装机械

充填包装机械用于包装粉状、颗粒状的固态物品。充填包装机械包括直接充填包装机和制袋充填包装机两类。直接充填包装机是利用预先成型的纸袋或塑料袋进行充填，也可直接充填于其他容器。制袋充填包装机是既要完成袋容器的成型，又要完成将产品充填入容器内两道工序的包装机械。

3. 灌装包装机械

灌装包装机械用于包装流体和半流体物品。按照灌装产品的工艺可分为常压灌装机、真空灌装机、加压灌装机等。灌装包装机械通常与封口机、贴标机等连接起来成为一条机械化灌装流水线。

4. 封口机械

封口机械用于各种包装容器的封口。按封口的不同工艺又可分为玻璃加盖机械、布袋口缝纫机械、封箱机械、各种塑料袋和纸袋的封口机械。

5. 贴标机械

贴标机械是用于将商标纸或标签贴于包装件上的机械。

6. 捆扎机械

捆扎机械有带状捆扎机、线状或绳状捆扎材料的结扎机等。

7. 热成型包装机械

热成型包装机械按加工工艺的不同分为泡罩包装机和贴体包装机。

8. 真空包装机械

真空包装机械按其抽真空后能否充入不活泼气体而分成真空包装机和充气包装机两种。

9. 收缩包装机械

收缩包装机械除了有可作单件产品或多件产品的销售包装的小型收缩包装机，还有可用于将托盘包装在内的大型收缩包装机。

10. 其他包装机械

除以上几类包装机械外，还有洗瓶机、烘干机、检测机、盖印机、计量机等。它们和其他包装机联合成包装机组。

5.5.3 常用包装机械

1. 制袋充填封口包装机

制袋充填封口包装机的主要工序有：包装袋成型、充填、封口、切断等。它所采用的包装材料主要是薄膜制品，如塑料薄膜、铅筒、纸、复合薄膜等。

2. 热成型包装机械

热成型包装机械根据包装成型工艺的不同，可分为泡罩包装机与贴体包装机。贴体包装与泡罩包装类似，两类的区别是贴体包装的产品作为成型模，泡罩包装由专门模具来成型。贴体包装可使产品固定不动，使产品质量在流通过程中不会因相互碰撞而受损。

3. 收缩包装机械

收缩包装机械是用经过拉伸定向的热收缩薄膜包装物品，然后对薄膜进行适当的加热处理，使薄膜收缩而紧裹物品的包装机械。收缩薄膜由上下两个卷筒张紧，产品由机器部件推向薄膜，薄膜包裹产品后，由封口部件将薄膜的三面封合，随后由输送带输送，通过加热装置，紧裹物品，冷却形成收缩包装。

5.6 包装合理化

　　包装是物流的起点，包装合理化是物流合理化的重要对象，也是物流合理化的基础。近代工业包装是以大量生产、大量消费背景下的商品流通为对象，以大量性、迅速性、低廉性和省力性为目标展开其合理化过程的。包装合理化朝着包装尺寸标准化、包装作业机械化、包装轻薄化、包装单位大型化、包装成本低廉化、包装材料的资源节省化等方向不断发展。

5.6.1 包装尺寸标准化

　　包装尺寸的确定过去大多是以保护内部物品、便于人工装卸搬运作业、节约包装材料等作为考虑因素，与物流其他作业环节、其他运载工具的关联性考虑得不多。包装合理化只是从局部出发，没有站在物流综合系统的角度，以物流总体的合理化为目标。实现包装的标准化对于实现物流全过程的物流整体合理化具有特别重要的意义。包装尺寸的设计，例如，纸箱尺寸的设计应与托盘、集装箱、车辆、货架等各种各样的物流子系统发生联动，包装、运输、装卸、保管等不同物流环节的机械器具的尺寸设计需要建立在共同的标准之上。

　　作为确定包装尺寸基础的是包装模数尺寸。为实现包装货物合理化而制定的包装尺寸的系列叫作包装模数，用这个规格确定的容器长度×容器宽度的组合尺寸称为包装模数尺寸。包装模数尺寸的基础数值，即包装模数则是根据托盘的尺寸，以托盘高效率承载包装物为前提确定的。标准的包装尺寸应该与包装模数尺寸相一致，只有这样，才能够保证物流各个环节的有效衔接，按照包装模数尺寸设计的包装箱就可以按照一定的堆码方式合理、高效率地码放在托盘上。

5.6.2 包装作业机械化

　　实现包装作业的机械化是提高包装作业效率、减轻人工包装作业强度、实现省力的基础。包装作业机械化首先从个装开始，之后向装箱、封口、挂提手等外装关联作业推进。

5.6.3 包装轻薄化

　　由于包装只是起保护作用，对产品使用价值没有任何意义，因此，在强度、寿命、成本相同的条件下，更轻、更薄、更短、更小的包装，可以提高装卸搬运的效率。而且轻薄短小的包装一般价格比较便宜，如果是一次性包装还可以减少废弃包装材料的数量。

5.6.4 包装单位大型化

　　随着交易单位的大量化和物流过程中的装卸机械化，包装的大型化趋势也在增强。大型化包装有利于机械的使用，提高装卸搬运效率。

5.6.5 包装成本低廉化

　　包装成本中占比例最大的是包装材料费，容器和附属材料的总费用不少都超过总成本的50%。因此，降低包装成本首先应该从降低包装材料费用开始。为此，需要对包装材料的价格和市场行情做充分调查，合理组织包装材料采购。对于材料的种类、材质的选择应该在保证功能的前提下，尽量降低材料的档次，节约材料费用支出。

影响包装成本的第二个因素是劳务费，特别是在经济发达的地区和国家，劳务费用占包装成本的比重相当高。节约劳务费用的办法是提高包装作业的机械化程度，降低包装作业对人工的依赖程度。当然，机械化包装作业需要购置包装机械，机械使用费用同样构成包装成本，如果节约的劳务费用低于使用机械支付的费用，包装成本不仅不会下降，反而会提高。仅仅从包装环节和费用的角度看，机械化程度的高低需要结合人工使用成本综合考虑。在许多场合，通过机械与人工的合理组合在半机械化的条件下从事包装作业，既可以提高效率，又可以节约人工，使包装成本得到有效控制。

最后，在包装设计上要防止过剩包装，应根据内容商品的价值和商品特点设计包装。对于有些低价值的商品，为保证不发生包装破损而采用高档次包装的做法在经济上未必合理。

应本着比较利益原则，在满足需要的前提下，尽可能降低包装成本。

5.6.6 包装材料的资源节省化

包装材料中大量使用的纸箱、木箱、塑料容器等消耗大量的自然资源，资源的有限性、大量开发资源对环境造成的破坏，包装废弃物给环境带来的负面影响要求我们必须以节约资源作为包装合理化的重要衡量标准。实现包装材料的能源节省化的重要途径是加大包装物的再利用程度，加强废弃包装物的回收，减少过剩包装。同时，开发和推广新型包装方式，减少对包装材料的使用。

5.6.7 包装的特色化

为适应消费者需求的个性化，商品的包装应该充分考虑到购买者的性别、年龄、民族等方面的差异，在包装设计上形成特色，以满足不同消费者的需求，促进商品的销售。

小 结

包装具有保护、便于处理、促进销售的功能。包装的类型多种多样，可以按照功能的不同、运输工具的不同、包装的形态、包装的方法、包装材料、包装的使用次数、包装商品的种类等，对包装进行分类。包装材料分为：纸包装材料、木制包装材料、塑料制品包装材料、金属包装材料、纤维包装材料、陶瓷与玻璃包装材料、合成树脂包装材料、复合包装材料、草制品包装材料。包装技术有缓冲包装技术、防水包装技术、防潮包装技术、防锈包装技术、防霉包装技术。对于包装机械，除了了解其作用，还要了解其种类，以及常用的包装机械。包装合理化包括七个方面的内容：包装尺寸标准化；包装作业机械化；包装轻薄化；包装单位大型化；包装成本低廉化；包装材料的资源节省化；包装的特色化。

阅 读 资 料

未来10年颠覆包装业的十大力量

1. 力量一：创新设计

报告显示，以顾客为主的思想在当代市场经济背景下表现尤为明显，企业在进行包装设计的初期就要考量消费心理。消费者心理需求制约着包装设计，处于两者的主导地位。包装设计相对处于被动地位，需要主动适应消费者心理的影响，才可能对消费者心理产生一定的积极作用。在这个过程中，包装设计成为连接企业与消费者的桥梁，未来10年，包装设计的创新将对行业发展产生积极作用。

2. 力量二：个性定制

报告显示，为应对营销环境的变化，特别是针对喜欢个性、有趣和好玩，讨厌千篇一律的年轻消费群体，包装企业需要采取个性化包装营销的方式。包装是产品最重要的媒介载体，企业如将部分预算投向个性包装定制，产品就可以在众多品牌中脱颖而出，成为年轻人和社交媒体热议的话题。报告显示，目前个性定制包装大多由包装设计部门制作，但新兴的模式，如消费者成为包装设计者，与包装企业共同创作产品的数量也在增加。

3. 力量三：绿色环保

除企业自身加强环境管理、提升环保意识、改进环保技术外，消费者对环境问题的关注也是绿色环保政策落地的主要推动力。在环保理念逐渐深入人心的现在，可持续发展成为全球包装企业的价值取向，践行绿色印刷、包装轻量化，改进环境管理、加强环保意识逐渐成为企业的自觉行动，企业的绿色理念也响应了消费者对可持续发展的生活方式的追求。2018年，亚洲绿色印刷包装市场将占全球总量的32%。

4. 力量四：货架营销

货架等销售终端是包装产品与消费者亲密接触的地方，该研究所表示，站在实效营销与消费者购买行为的角度，包装产品销售的最终目的是让消费者为自己的产品买单。史密瑟斯·皮尔研究所调查发现，货架营销是未来10年影响包装印刷行业发展的一大重要因素。报告提出，包装产品货架营销需要遵循两个原则：一是让包装在货架上"跳舞"，吸引消费者眼球；二是让包装与消费者"说话"，拉近与消费者的距离。

在追求品质的时代，优秀的包装产品不再只起着简单的运输和保护作用，在为产品创造价值和推广的同时，也带动了相关产业的迅速发展，不仅起到了美化生活环境和提升生活品质的作用，同时也起到了提升品牌竞争力的积极作用。

5. 力量五：科技升级

随着市场需求的提升，以奢侈品包装为代表的高档包装产业增速将超越包装行业其他产业的平均增长水平。在包装产业中，奢侈品包装是发展迅速且潜力巨大的市场领域，2016年其市值就已达到137.8亿美元，预计2017年消费额将达到142.5亿美元。

由于奢侈品的品牌效应，其对消费者的吸引力更强。为加强用户体验，奢侈品包装逐渐选用一些高质量材料，在包装表面、装饰、瓶盖瓶塞等外部造型上采用更新颖的设计。在使用高级材料和装饰品的基础上，奢侈品包装开始更多地采用防伪标识与二维码等技术，使消费者可以通过智能设备验证产品真伪。无线射频识别（RFID）与近场通信（NFC）等新型标签可以让消费者与品牌商进行互动，形成更深入、更持久的售买关系。

6. 力量六：文化元素

报告提出，目前很多国际包装企业的产品在各个国家都有销售，受到各国消费者的认可，而每个国家都有自己的文化与风格，需要包装设计者了解各个国家的文化特征与心理需要，否则就找不准卖点，商品难以畅销。调查显示，成功的包装企业往往有着自己独特的设计风格，通过树立国际意识，从各个国家的语言、文化中得到启迪，在国际化环境中产生自己独特的包装设计艺术；并通过对市场调研，对包装进行差异定位设计，改进产品包装，给企业带来经济效益与社会效益。

7. 力量七：可持续发展

史密瑟斯·皮尔研究所调查发现，品牌商对包装企业施加的绿色制造的压力越来越强，使得印包企业可持续发展的自觉性提高。研究所在对英国数百家包装企业的深度调查中发现，67%的受访企业负责人认为最大限度减少包装废弃物是企业可持续发展的主要策略，64%的受访者认为回收材料再利用是首要策略，61%的受访者认为轻量化、减量化包装是第一位，47%选择节能减排降低成本，46%选择使用可回收材料，26%强调开发可持续降解材料。

8. 力量八：安全防伪

报告显示，仿冒产品的威胁、新的监管要求、技术的不断进步等因素推动防伪包装产品市场不断增长。由于贸易区的扩大，国际贸易成为常态，为了响应零售商与品牌所有者对供应链安全、产品认证和防止损失的需求，防伪技术供应商使用了更具成本效益的先进品牌保护技术，推动消费者、品牌商与执法单位越来越多地采用移动数字渠道（如智能手机等）辨别产品真伪。

调查数据表明，2022年全球防伪、品牌保护和安全包装产品市值将达36亿美元，2017—2022年年均复合增长率为5.5%。美国与欧洲各国在食品、饮料、制药和工业部件等关键领域采用强制性标签与监察篡改数据等措施，中国、印度、韩国、巴西与土耳其等国家也已推出旨在加强医药行业供应链的安全措施。数据显示，食品包装是品牌保护包装应用最为广泛的市场，占防伪包装产品总额的38.8%，工业市场居第二位，其他消费品居第三位。

云印刷和互联网包装正在成为包装印刷行业变革的重要方向，互联网包装将产业链条上各方主体联结至同一个平台，信息化、大数据、智能化生产将大幅提高运营效率、降低成本，为客户提供快速便捷、价格低廉、优质的一体化服务。

9. 力量九：电商平台

包装印刷电商平台的发展有目共睹，各种商业模式和细分市场的包装印刷实践层出不穷，行业对电子商务的认知也逐渐加深。调查显示，成功的包装印刷电商平台往往具有一定的细分市场基础，已有业务市场竞争力极高，并适合采用网络印刷的方式，且致力于在已有业务基础上进行创新，如大数据创新与渠道创新等。

10. 力量十：绿色物流

伴随电商快递量的增长，快递耗材环境污染问题变得日益严重。报告显示，优化整合供应链并实现绿色物流包装是未来包装印刷行业的重要发展方向之一。针对电商商业模式匹配的包装技术、电商货物单元化包装尺寸链、电商物流与传统物流的差异、电商配送环境对包裹的危害等方面，通过物联网技术及大数据平台分析物流货损并有的放矢地实施电商运输包装设计等，才能有效地对当代电商物流需要的运输包装技术进行创新升级。

资料来源：史密瑟斯·皮尔研究所网站.薛帅编译.

练 习 题

一、单选题

1.（   ）又称为运输包装，是物资运输、保管等物流环节所要求的必要包装。

A）工业包装　　　B）商业包装　　　C）消费包装　　　D）零售包装
2. 在包装材料中，（　　）的应用最为广泛。
   A）纸包装材料　　　　　　　　B）木制包装材料
   C）塑料制品包装材料　　　　　D）金属包装材料
3. （　　）是最传统的包装材料，至今仍有较广的使用。
   A）纸包装材料　　　　　　　　B）木制包装材料
   C）塑料制品包装材料　　　　　D）金属包装材料
4. （　　）是为了防止潮湿空气或雨水等浸入包装件而使金属腐蚀的包装技法。
   A）防霉包装　　　B）防锈包装　　　C）防潮包装　　　D）防水包装
5. （　　）是指物品按个进行的包装，目的是提高商品的价值或保护物品。
   A）个装　　　　　B）内装　　　　　C）外装　　　　　D）散装

二、填空题

1. 包装的功能归纳起来有以下三个方面：_____、_____和_____。
2. 按物资包装的功能，包装可分为工业包装和_____两个大类。
3. 根据使用次数，包装又可分为_____和_____。其中，_____又分为两种情况，一是收回复制再用（纸、金属等），还有一种情况是回收后可直接复用（如酒瓶回收）。
4. 目前，在世界金属包装材料中，用量最大的是_____和_____两大品种。
5. 按物资运输工具的不同，物资包装可分为铁路货物包装、卡车货物包装、_____和_____。
6. 为使外力不完全作用在物品上，必须采用某些缓冲的办法，使外力对物品的作用限制在毁坏限度之内，这种方法称为_____。

三、问答题

1. 具体而言，包装的保护功能表现为哪几个方面？
2. 包装材料主要包括哪些？
3. 常见的包装技术包括哪些？
4. 包装机械的作用有哪些？
5. 包装合理化包括哪些方面内容？

第 6 章　流通加工

- 流通加工的含义
- 流通加工的作用
- 流通加工的分类
- 流通加工的具体形式
- 流通加工的管理
- 流通加工不合理的表现
- 流通加工合理化

- 流通加工的管理
- 流通加工的合理化

熟练掌握以下内容：
- 流通加工的含义
- 流通加工的作用
- 流通加工的分类
- 流通加工不合理的表现
- 流通加工的合理化

了解以下内容：
- 流通加工的具体形式
- 流通加工的管理

　　流通加工就是产品从生产到消费中间的一种加工活动，或者说是一种初加工活动。通过流通加工，可以节约材料、提高成品率，保证供货质量和更好地为用户服务。所以，对流通加工的作用同样不可低估。流通加工是物流过程中"质"的升华，使流通向更深层次发展。本章的重点在于分析流通加工不合理的表现，以及实现流通加工的合理化。

6.1 流通加工概述

6.1.1 流通加工的概念

流通加工是在物品从生产领域向消费领域流动的过程中，为促进销售、维护产品质量和提高物流效率，对物品进行一定程度的加工。流通加工通过改变或完善流通物品的原有形态来实现"桥梁和纽带"的作用。因此流通加工是流通中的一种特殊形式。

流通加工和一般生产加工相比较，在加工方法、加工组织、生产管理方面无显著区别，但在加工对象、加工程度方面差别较大。其差别主要表现在下述三个方面。

1. 加工对象不同

流通加工的对象是进入流通过程的商品，具有商品的属性；而生产加工对象不是最终产品，而是原材料、零配件及半成品。

2. 加工内容不同

流通加工大多是简单加工，主要是解包分包、裁剪分割、组配集合、废物再生利用等；而生产加工一般是复杂加工。流通加工对生产加工是一种辅助及补充。特别需要指出的是，流通加工绝不是对生产加工的取消或代替。

3. 加工目的不同

流通加工的目的主要是方便流通、方便运输、方便储存、方便销售、方便用户和物资充分利用；而生产加工的目的在于创造物资的使用价值，使它们能成为人们所需要的商品。

4. 所处领域不同

流通加工处在流通领域，由流通企业完成；而生产加工处在生产领域，由生产企业完成。

6.1.2 流通加工的作用

流通加工作为一项重要的物流活动，在完善流通、增加利润、提高资源的利用程度、提高运输手段的效率等方面发挥着特有的作用。

1. 方便流通

方便流通，是以方便用户为中心，包括方便运输、方便储存、方便销售。用量小或临时需要的用户，缺乏进行高效率初级加工的能力，依靠流通加工可使用户省去进行初级加工的投资、设备及人力，方便了用户。目前发展较快的初级加工有：将水泥加工成混凝土、将原木或板方材加工成门窗、钢板预处理等。例如钢板裁剪，薄板厂生产出来的薄板为60吨一卷，运输、吊装、储存都非常方便，但运到金属公司销售给用户时，有的用户只买几米。为了方便销售、方便用户，就需要金属公司用切板机将钢板切割、裁剪成适合用户需要的形状尺寸，用户买回去就可以直接使用，因此钢板裁剪这种流通加工就起到了方便流通、方便运输、方便储存、方便销售、方便用户的作用。在方便用户的同时，也降低了用户成本。

2. 物流业的重要利润来源

由于采用流通加工，生产企业可以进行标准化、整包装生产，这样做适应大生产的特点，提高了生产效率，节省了包装费用和运输费用，降低了成本；流通企业可以促进销售，增加销售收入，也提高了流通效益。实践中，有的流通加工通过改变商品包装，使商品档次升级而充分实现其价值；有的流通加工可将物品利用率大幅提高 30%，甚至更多。这些都是采取一般方法以期提高生产率所难以做到的。实践证明，在流通企业中，由流通加工提供的利润并不亚于从运输和保管中挖掘的利润，因此我们说流通加工是物流业的重要利润来源。

此外，还可以通过改变功能，增加商品价值，提高收益。在流通过程中进行一些改变产品某些功能的简单加工，可提高产品销售的经济效益。例如，内地的许多制成品（如洋娃娃玩具、时装、轻工纺织产品、工艺美术品等）在深圳进行简单的装潢加工，改变了产品的外观，仅此一项就可使产品售价提高 20%以上。流通加工可以成为提高物资附加价值的活动。

3. 提高原材料利用率

提高原材料利用率有两种途径：

一是集中下料。由于建立集中加工点，可以采用效率高、技术先进、加工量大的专用机器和设备。这样做的好处是：提高了加工质量；提高了设备利用率；提高了加工效率。其结果是降低了加工费用及原材料成本。例如，一般的使用部门在对钢板下料时，采用气割的方法，需要留出较大的加工余量，不但出材率低，而且由于热加工容易改变钢的组织，加工质量也不好。集中加工后可采用高效率的剪切设备，在一定程度上防止了上述缺点。

二是实现废物再生，物资充分利用、综合利用。例如集中下料可以优材优用、小材大用、合理套裁，具有明显的提高原材料利用率的效果。再比如，北京、济南、丹东等城市曾对平板玻璃进行流通加工（集中裁制、开片供应），玻璃利用率从 60%左右提高到 85%～95%。木屑压制成木板、边角废料改制等流通加工都可以实现废物再生利用，提高原材料的利用率。

4. 充分发挥各种输送手段的最高效率

流通加工环节将实物的流通分成两个阶段。一般来说由于流通加工环节设置在消费地，从生产企业到流通加工这一阶段输送距离长，可以采用船舶、火车等大运量输送手段；而从流通加工到消费环节这一阶段距离短，主要是利用汽车和其他小型车辆来配送经过流通加工后的多规格、小批量、多用户的产品。这样，可以充分发挥各种输送手段的最高效率，加快输送速度，节省运力运费。

6.1.3 流通加工的类型

根据不同的目的，流通加工具有不同的类型。

1. 以保存物品为主要目的

目的是使物品的使用价值得到妥善的保存，延长物品在生产和使用期间的寿命。如水产品、蛋产品、肉产品的保鲜、保质的冷冻加工、防腐加工等；丝、麻、棉织品的防虫、防霉加工等。如为防止金属材料的锈蚀而进行的喷漆、涂防锈油等措施，运用手工、机械或化学方法除锈；木材的防腐朽、防干裂加工；水泥的防潮、防湿加工；煤炭的防高温自燃加工等。

2. 为适应多样化的需要

为了满足用户对产品多样化的需要，同时又要保证高效率的大生产，将生产出来的单一化物品进行多样化的改制加工。例如，对钢材卷板的舒展、剪切加工；平板玻璃按需要规格的开片加工；木材改制成枕木、方材、板材加工等。

3. 为了消费方便省力

根据下游生产的需要将商品加工成生产直接可用的状态。如将水泥拌成混凝土混合料。

4. 为提高产品的利用率，减少浪费

利用加工者为不同使用者加工，可以提高货物的利用率，集中加工可以减少原料消耗，提高加工质量。

5. 为提高物流效率，降低物流损失

由于商品在装卸和运输过程中极易受损，因此需要进行适当的流通加工加以弥补。如自行车需要在使用地装配；造纸用木材磨成木屑的流通加工，可极大提高运输工具的装载效率等。

6. 为了实施配送

配送中心为了实现配送活动，满足客户的需要而对货物进行的加工。如混凝土搅拌车可根据客户的要求，把沙子、水泥、石子、水等各种不同材料按比例要求装入可旋转的罐中，在配送路途中，汽车边行驶边搅拌，到达施工现场后，混凝土已经均匀搅拌好，可直接投入使用。

6.2 流通加工的形式

6.2.1 生鲜食品的流通加工

如冷冻加工、分选加工、精制加工、分装加工等。

6.2.2 水泥熟料的流通加工

在需要长途运入水泥的地区，变运入成品水泥为运进熟料这种半成品，在该地区的流通加工点（磨细工厂）磨细，并根据当地资源和需要的情况掺入混合材料及外加剂，制成不同品种及标号的水泥供应给当地用户，这是水泥流通加工的重要形式之一。它可以省去添加剂的运力和运费，可以更好地满足当地的实际需求，降低使用成本，容易以较低成本实现大批量、高效率的输送，可以大大降低水泥的输送损失，能更好地衔接产需，方便用户。

6.2.3 机电产品的组装加工

机电设备储运困难较大，主要原因是不易进行包装，包装成本过大，并且运输装载困难，装载效率低，流通损失严重。但是这些货物有一个共同特点，即装配较简单，装配技术要求不高，装配后不需进行复杂检测及调试。所以，为解决储运问题，降低储运费用，可以采用半成品（部件）高容量包装出厂，在消费地拆箱组装的流通加工方式。

6.2.4 钢板剪板及下料加工

热连轧钢板和钢带、热轧厚钢板等板材最大交货长度常可达 7～12m，有的是成卷交货。对于使用钢板的用户来说，大型企业由于消耗批量大，可设专门的剪板及下料设备，按生产需要进行剪板；对使用量不大的多数中、小型企业，可利用钢板剪板及下料的流通加工达到使用要求。和钢板的流通加工类似的还有圆钢、型钢、线材的集中下料、线材冷拉加工等。

6.2.5 木材的流通加工

1. 磨制木屑、压缩输送

木材是容重轻的物质，在运输时占有相当大的容积，往往使车船满装但不能满载，同时，装车、捆扎也比较困难。从林区外送的原木中有相当一部分是造纸材，美国采取在林木生产地就地将原木磨成木屑，然后压缩使之成为容重较大、容易装运的形状，之后运至靠近消费地的造纸厂，取得较好的效果。根据美国的经验，采取这种方法比直接运送原木可节约一半的运费。

2. 集中开木下料

在流通加工点将原木锯截成各种规格锯材，同时将碎木、碎屑集中加工成各种规格板，甚至还可以进行打眼、凿孔等初级加工。过去用户直接使用原木不但加工复杂、加工场地大、加工设备多，更严重的是资源浪费大，木材的平均利用率不到 50%，平均出材率不到 40%。实行集中下料、按用户要求供应规格料，可以使原木利用率提高到 95%，出材率提高到 72% 左右，有相当好的经济效果。

6.2.6 煤炭及其他燃料的流通加工

1. 除矸加工

除矸加工是以提高煤炭纯度为目的的加工形式。为了多运"纯物质"，少运矸石，充分利用运力，降低成本，可以采用除矸的流通加工排除矸石。

2. 煤浆加工

煤浆加工，是为避免用运输工具载运煤炭时损失浪费较大，又容易发生火灾，而将煤炭制成煤浆且采用管道运输的一种新兴加工技术。

3. 配煤加工

在使用地区设置集中加工点，将各种煤及一些其他发热物质，按不同配方进行掺配加工，生产出各种不同发热量的燃料，称为配煤加工。这种加工方式可以按需要发热量生产和供应燃料，防止热能浪费和"大材小用"，也防止发热量过小，不能满足使用要求。工业用煤经过配煤加工还可以起到便于计量控制、稳定生产过程的作用，在经济上和技术上都有价值。

4. 天然气、石油气等气体的液化加工

由于气体输送、保存都比较困难，天然气及石油气往往只好就地使用，如果当地资源充足而用不完，往往就地燃烧掉，这会造成浪费和污染。两气的输送可以采用管道，但因投资大、输送距离有限，也受到制约。在产出地将天然气或石油气压缩到临界压力之上，使之由气体变成液体，就可用容器装运，使用时机动性较强。这是目前采用较多的方式。

6.2.7 平板玻璃的流通加工

按用户提供的图纸对平板玻璃套裁开片，向用户供应成品，用户可以将其直接安装到采光面上。这种方式的好处是：平板玻璃的利用率可由不实行套裁时的 62%～65%提高到 90%以上；可以实现从工厂向套裁中心运输大包装平板玻璃。这不但节约了大量包装用木材，而且可防止流通中大量破损。套裁中心按用户要求裁制有利于玻璃生产厂简化规格，搞单品种、大批量生产，这不但能提高工厂生产率，而且可以简化工厂切裁、包装等工序。现场切裁玻璃劳动强度大，废料也难以处理，搞集中套裁可以广泛采用专用设备进行裁制，废玻璃相对数量少并且易于集中处理，能够满足用户的个性化需要，提高服务水平。

6.2.8 加工定制

企业委托外厂进行加工和改制，是弥补企业加工能力不足的一项措施，如非标准设备、工具、配料、半成品等，可分为带料加工和不带料加工。前者为使用单位供料，加工厂负责加工；后者为加工厂包工包料。

6.3 流通加工的管理

组织流通加工的方法和组织运输、交易等方法区别较大，许多方面类似于生产组织和管理。因此，流通加工的管理需要特殊的组织和安排。

6.3.1 流通加工的投资管理

由于流通加工是在产需之间增加了一个中间环节，所以它延长了商品的流通时间，增加了商品的生产成本，存在着许多降低经营效益的因素。因此，设置流通加工点，从事流通加工业务，必须进行可行性分析。分析的内容有以下几点。

1. 必要性分析

流通加工是对生产加工的辅助和补充。是否需要这种补充，主要取决于两个方面：一是生产厂家的产品是否可直接满足用户需要；二是用户对某种产品有无能力在流通领域做进一步加工。如果生产厂家的产品可以直接满足用户的消费需求，流通加工就没有必要；如果生产厂家的产品虽然不能直接进入消费，但用户自己有加工的能力，该流通加工也没有必要。只有当生产厂家的产品不能直接进入消费，用户又没有进一步加工能力时，流通加工才是必需的。当然，有时从社会效益和经济效益考虑，为了节约原材料、节约能源、组织合理运输，设置流通加工环节也是必要的。

2. 经济性分析

流通加工一般都是比较简单的加工，在技术上不会有太大的问题，投资建设时要重点考虑的是经济上是否划算。流通加工的经济效益主要取决于加工量的大小，加工设备和生产人员是否能充分发挥作用。如果任务量很小，生产断断续续，加工能力经常处于闲置状态，那就有可能出现亏损，因此加工量预测是流通加工点投资决策的主要依据。此外，还要分析该流通加工项目的发展前景，如发展前景良好，近期效益不理想也是可以接受的。

3. 投资决策和经济效果评价

流通加工项目的投资决策和经济效果评价主要使用净现值法、投资回收期和投资收益率。

6.3.2 流通加工的生产管理

流通加工生产管理内容及项目很多，如劳动力、设备、动力、财务、物资等方面的管理，对于套裁型流通加工其最具特殊性的生产管理是出材率的管理。这种流通加工形式的优势就在于物资的利用率高，出材率高，从而获取效益。为此，要加强消耗定额的审定及管理，并采用科学方法，如数学方法进行套裁的规划及计算。

6.3.3 流通加工的质量管理

流通加工的质量管理是对加工产品的质量控制。由于加工成品一般是国家质量上没有的品种和规格，因此，进行这种质量控制的依据，主要是用户要求。各用户要求不一，质量宽严程度也不一，流通加工据点必须能进行灵活的柔性生产才能满足质量要求。此外，全面质量管理中采用的方法也可以在此采用。

6.3.4 流通加工中心的布局

1. 以实现物流为主要目的的加工中心

这种加工中心设置在靠近生产地区，以实现物流为主要目的。经这种加工中心的货物能顺利地、低成本地进入运输、储存等物流环节。如肉类、鱼类的冷冻食品加工中心，木材的制浆加工中心等。

2. 以实现销售、强化服务为主要目的的流通加工中心

这种加工中心设置在靠近消费地区，以实现销售、强化服务为主要目的。经这里加工过的货物能适应用户的具体要求，有利于销售，如平板玻璃的开片套裁加工中心等。

6.4 流通加工的合理化

6.4.1 不合理流通加工的形式

流通加工是在流通领域中对生产的辅助性加工，从某种意义来讲它不仅是生产过程的延续，而且是生产本身或生产工艺在流通领域的延续。这个延续可能有正、反两方面的作用，即一方面可能有效地起到补充完善的作用；但是，也必须估计到另一个可能性，即对整个过程的负效应。各种不合理的流通加工都会产生抵消效益的负效应。

不合理的流通加工形式有如下几种。

1. 流通加工地点设置的不合理

流通加工地点设置即布局状况，直接影响到整个流通加工是否有效的问题。如前所述，以实现物流为主要目的的加工中心，应设置在靠近生产地区；而以实现销售，以强化服务为主要目的的流通加工中心，应设置在靠近消费地区。如果将以强化服务为主要目的的流通加工中心设置在生产地区，其不合理之处在于：多样化需求的产品，多品种、小批量由产地向需求地的长距离运输会出现不合理；在生产地增加了一个加工环节，同时增加了近距离运输、装卸、储存等一系列物流活动。

一般而言，为方便物流的流通加工环节应设在产出地，设置在进入社会物流之前。如果将其设置在物流之后，即设置在消费地，则不但不能解决物流问题，又在流通中增加了一个中转环节，因而也是不合理的。

即便是在产地或需求地设置流通加工的选择是正确的，还有流通加工在小地域范围的正确选址问题，如果处理不善，仍然会出现不合理。这种不合理主要表现在交通不便，流通加工与生产企业或用户之间距离较远，流通加工点的投资过高（如受选址的地价影响），加工点周围社会、环境条件不良等。

2. 流通加工方式选择不当

流通加工方式包括流通加工对象、流通加工工艺、流通加工技术、流通加工程度等。流通加工方式的确定实际上是与生产加工的合理分工有关。本来应由生产加工完成的，却错误地由流通加工完成；本来应由流通加工完成的，却错误地由生产过程去完成，都会造成不合理性。

流通加工不是对生产加工的代替，而是一种补充和完善。所以，一般而言，如果工艺复

杂，技术装备要求较高，或加工可以由生产过程延续或轻易解决者都不宜再设置流通加工，尤其不宜与生产过程争夺技术要求较高、效益较高的最终生产环节，更不宜利用一个时期市场的压迫使生产者变成初级加工或前期加工，而流通企业完成装配或最终形成产品的加工。如果流通加工方式选择不当，就会出现与生产夺利的恶果。

3. 论证不足，使得流通加工成为多余环节

论证不足，使得流通加工成为多余的环节，带来两个方面的不利影响：

（1）没有必要设立流通加工环节。有的流通加工过于简单，或对生产及消费者作用都不大，甚至有时流通加工的盲目性，同样未能解决品种、规格、质量、包装等问题，相反却增加了环节，这也是流通加工不合理的重要形式。

（2）运作效率不高。有必要设立流通加工或勉强设立，使得流通加工成本过高，效益不好。流通加工之所以能够有生命力，重要优势之一是有较大的产出投入比，因而有效起着补充完善的作用；如果流通加工成本过高，则不能实现以较低投入实现更高使用价值的目的。

6.4.2 流通加工的合理化

流通加工合理化的含义是实现流通加工的最优配置，不仅要避免各种不合理，而且要做到流通加工的整体优化。虽然在这个问题上并没有统一的衡量标准，但是以下几个方面的问题需要予以考虑。

1. 加工和配送结合

将流通加工设置在配送点，一方面按配送的需要进行加工，另一方面加工又是配送业务流程中的一环。加工后的产品直接投入配货作业，这就无须单独设置一个加工的中间环节，使流通加工有别于独立的生产，又使流通加工与中转流通巧妙结合在一起。同时，由于配送之前有加工，可使配送服务水平大大提高，这是当前对流通加工作合理选择的重要形式。

2. 加工和配套结合

在对配套要求较高的流通中，配套的主体来自各个生产单位。但是完全配套有时无法全部依靠现有的生产单位进行适当的流通加工，则可以有效促成配套，大大提高流通作为连接生产与消费的桥梁与纽带的能力。

3. 加工和运输结合

流通加工能有效衔接干线运输与支线运输，促进两种运输形式的合理化。利用流通加工，使干线运输与支线运输之间的转换更加合理，从而大大提高运输及运输转载水平。

4. 加工和商流相结合

通过加工，有效地促进销售，使商流合理化，也是流通加工合理化的考虑方向之一。加工和配送有机结合，可以提高配送水平，强化销售，这是加工与商流相结合的一个成功的例证。此外，通过简单地改变包装加工，形成方便的购买量，通过组装加工消除用户使用前进行组装、调试的困难，都是有效促进商流的例子。

5. 加工和节约相结合

节约能源、节约设备、节约人力、节约耗费是流通加工合理化重要的考虑因素，也是目前我国设置流通加工、考虑其合理化的较普遍形式。但是，对于流通加工合理化的最终判断，要看其是否能实现社会的和企业本身的两个效益。流通加工企业更应首先树立社会效益第一的观念，以发挥自身对生产加工或全部物流活动的补充完善功能作为自己生存的价值所在，才能

真正地做到厉行节约，实现自身能力的提升，提高获利水平。

小　　结

　　流通加工不但可以方便流通，而且还是物流业的利润来源，对于提高原材料的利用率，提高各种输送手段效率都具有重要的作用。流通加工的类型，根据不同的目的，可以划分为不同的类型：以保存为目的的流通加工；以适应多样化需要为目的的流通加工；以消费方便为目的的流通加工；以提高产品利用率，减少浪费为目的的流通加工；以提高物流效率，降低物流成本为目的的流通加工；以实施配送为目的的流通加工。流通加工的管理包括：流通加工的投资管理；流通加工的生产管理；流通加工的质量管理；流通加工中心的布局。流通加工的合理化是重点内容。不合理的流通加工主要表现在：流通加工地点设置的不合理；流通加工方式选择不当；论证不足，使得流通加工成为多余环节。实现流通加工的合理化，需要树立系统的观念，把流通加工与配送、配套、运输、商流、节约有机地结合起来予以考虑，方能取得预期的效果。

阅 读 资 料

加工出口区（Export Processing Zone）

　　由政府在本国境内画出一个区域以供厂商在该区域内从事外销品加工、装配或制造之用。区域内设有仓储、包装、运输、银行等企业，以配合厂商的产销。区域内厂商所进口机器、物料、原料、半制品等，可免除关税，其产品限于外销。

　　资料来源：中国物流与采购网.http://www.chinawuliu.com.cn/xsyj/200705/22/149389.shtml

产品多样化

　　产品多样化有两类，即客户可见的产品外部多样化（Externalvariety）以及在产品制造和分销过程中可以感受到的产品内部多样化（Internalvariety）。产品外部多样化通常是好的，但并非总是如此，而产品内部多样化则总是不好的。

　　1. 产品外部多样化

　　可以把产品外部多样化分为两类。第一类是客户欢迎的、有用的多样化，例如，能够使客户更加满意的有用的选项、不同的风格以及不同的规格。应该在成本和生产效率允许的范围内，尽量增加有用的多样化。

　　另一类产品外部多样化是无用的，它对客户来说是表面性的、不重要的，甚至是令人困惑的。例如，尼桑牌汽车有87种可供选用的方向盘，其中70种只安装在5%的汽车上。无用的多样化，应该通过下一条中所述的合理化方法予以消除。

　　2. 产品内部多样化

　　这种类型多样化通常表现为零件、特征、工具、夹具、原材料和工艺方面过多的和不必要的种类。通过标准化技术，可以将产品内部多样化减至最少。

　　在确认和消除了客户认为是无用的或表面性的产品多样化之后，大规模定制企业力求进行有效的有用产品多样化生产和分销，同时尽量减少内部多样化。

　　资料来源：[美]大卫 M.安德森 B.约瑟夫·派恩二世. 21世纪企业竞争前沿——大规模定

制模式下的敏捷产品开发. 冯娟, 李和良, 白立新, 译. 北京: 机械工业出版社, 1999: 55-56.

练 习 题

一、单选题

1. 下列关于流通加工作用的说法中，错误的是（　　）。
   A）可以方便流通　　　　　　　　B）是物流业最重要的利润来源
   C）可以提高原材料利用率　　　　D）可以充分发挥各种输送手段的最高效率
2. 以实现物流为主要目的的加工中心一般设置在靠近（　　）。
   A）生产地区　　　　　　　　　　B）消费地区
   C）物流中心　　　　　　　　　　D）生产地区与消费地区中间
3. 进行流通加工中质量控制的依据，主要是（　　）。
   A）企业标准　　B）用户要求　　C）国家标准　　D）行业标准
4. （　　）是流通加工点投资决策中作经济性分析时的主要依据。
   A）投资回收期　　B）加工单价　　C）原材料消耗　　D）加工量预测

二、填空题

1. 在物品从生产领域向消费领域流动的过程中，为促进销售、维护产品质量和提高物流效率，对物品进行一定程度的加工，这叫作_____。
2. 提高原材料利用率有两种途径：一是_____；二是实现废物再生，物资充分利用、综合利用。
3. 流通加工的可行性分析包括：必要性分析、_____和_____。
4. 以实现销售、强化服务为主要目的的流通加工中心一般设置在靠近_____地区。
5. 一般而言，为方便物流的流通加工环节应设在_____，设置在进入社会物流之前。

三、问答题

1. 流通加工和一般生产加工相比较有哪些主要差别？
2. 简述流通加工的作用。
3. 根据不同的目的，流通加工具有哪些不同的类型？
4. 什么是流通加工？请举例说明。
5. 如何实现流通加工的合理化？
6. 不合理的流通加工形式主要有哪几种？

第 7 章 储存

- 储存的功能
- 储存的方式
- 储存的业务管理
- 储存合理化的原则
- 储存现代化

- 储存合理化的原则
- 储存现代化

熟练掌握以下内容：
- 储存的功能
- 储存的方式
- 储存的业务管理
- 储存合理化的原则

了解以下内容：
- 储存现代化

储存与流通加工、配送一起构成了物流"点"上的活动，其目的是克服生产和消费在时间上的距离，保持供应上的连续性。寻求储存的合理化，就必须研究储存的基本功能、方式和业务管理等方面的内容，并把储存纳入整个物流活动的全过程中统筹考虑。

7.1 储存概述

储存活动也称保管活动，与运输活动具有同等重要的地位。保管活动是借助于各种仓库，完成物资的堆码、保养、维护等工作。其要求合理确定仓库的库存量，建立各种物资的保管制度，确定保管流程，改进设施和技术，以提高保管工作的效率。

7.1.1 储存的功能

概括地说，储存的功能就是两个方面：安全与防劣化；提高储存空间利用率。具体说来，储存的功能表现在以下几点。

1. 保管的功能

任何仓库都必须具备一定的空间，用以容纳被储存的物资。现代仓库不仅仅是一个储存物资的场所，还要根据储存物资的特性，相应地设有各种设备，并采取适度的保管措施。这是仓库的最基本的传统功能，因此，保管过程中应保证物品不丢失、不破坏、不变质。要有完善的保管制度，合理使用搬运机具，用正确的操作方法，在搬运和堆放时不能碰坏或压坏物品。

根据所储存货物的特性，仓库里应配有相应的设备，以保持储存物品的完好性。例如对水果、鱼肉类仓库要控制其温度，使之成为冷藏仓库及冷冻仓库；储存精密仪器的仓库应防潮防尘，保持温度恒定，需要空气调节及恒温设备；一些储存挥发性溶剂的仓库必须有通风设备，以防止空气中挥发性物质含量过高而引起爆炸。

2. 调节的功能

调节功能具体表现为两点。第一，调节供需的功能。从生产和消费两方面来看，其连续性的规律都是因产品不同而异。因此生产节奏和消费节奏不可能完全一致。有的产品生产是均衡的而消费不是均衡的，如电风扇等季节性商品；相反，有的产品生产节奏有间隔而消费则是连续的，如粮食。诸如此类的情况都产生了供需不平衡，这就要有仓库的储存作为平衡环节加以调控，使生产和消费协调起来，使物资的供应和需求相适应，把产品的生产和消费联系得更好，物资储存可起到"蓄水池"式的调节作用，体现出物流系统创造物资时间效用的基本职能。第二，调节运输能力的功能。物品的运输是依靠运输设备完成其空间位移的活动，以获得物品的空间效用。但是，由于运输工具的不同，运输能力千差万别。各种运输工具的运量相差很大，比如，船舶的运量大，海运船一般是万吨以上，内河船也以百吨或千吨计。相对而言，火车的运量较小，每节车皮能装 30～60 吨，一列火车的运量多达数千吨。汽车的运量最小。它们之间进行转运时，运输能力是很不匹配的，这种运力的差异也是通过仓库或货场进行调节和衔接的。

3. 配送的功能

现代仓库除以储存为主要任务之外，还向流通仓库的方向发展。物流事业较发达国家的仓库，已由原来的储存型转变为流通型。仓库形成流通、销售、零部件供应的中心，其中一部分在所属物流系统中起着货物供应的组织协调作用，被称为物流中心。这一类仓库不仅具备储存保管货物的设施，而且增加了分拣、配送、捆包、流通加工信息处理等设置，这样既扩大了仓库的经营范围，提高了物资综合利用率，又促进了物流合理化，方便了消费者，提高了服务质量。

这一变革使仓库储存的概念得到了扩充，使储存的功能发展为既要完成基本保管任务，又要具有物资配送的功能。仓储活动因此从静态管理转向了动态管理，从而开拓了物流合理化的新局面。

我国目前保管型仓库还是大多数，而具备流通中心作用的仓库还很少，但随着国民经济的发展，企业对于物流的要求越来越高，势必推动储存向系统化、国际化、现代化的方向快速发展。

4. 节约的功能

储存的节约功能，是储存间接表现的功能。可从以下方面去理解。第一，生产过程。由于以必要的库存作为储备，保证了生产的连续性、均衡性，从而使得企业能够及时满足顾客的要求，同时降低了一些不必要的支出。第二，采购过程。批量采购，能够获得竞价优势。第三，外包。通过合理的管理，与其他企业合作，采取外包的方式，亦可在保证供应的前提下，实现费用的降低。

7.1.2 储存的方式

储存的主要场所是仓库。广义上的仓库是指"保管物品的设施"。这里的设施是指为防止物品的丢失和损伤而实施保管活动的建筑物，以及为防止物品的丢失和损伤而实施保管工作的水面或土地。仓库不仅是用来进行物品保管的场所，而且也是从事包装、分拣、流通加工等物流作业活动的物流节点设施。

储存的方式与仓库的类型密切联系在一起。根据管理的不同需要，仓库的种类可以从运营形态、保管对象、布局、建筑形态、功能等不同角度进行划分，这里仅就几种重要的分类介绍。

1. 按基本形态分类

按照基本形态，可分为自用仓库、营业仓库、公共仓库和租赁仓库。

（1）自用仓库。保存自己物品的仓库称为自用仓库，包括工厂仓库（原材料仓库、成品仓库）、商业仓库、事业单位或团体的仓库等。

（2）营业仓库。为经营仓库保管业务，根据仓库业管理的有关法规设立的仓库。营业仓库面向社会提供仓库保管服务。商业系统、物资系统以及外贸等系统的储运仓库以及专业仓库企业的仓库都属于营业仓库。

（3）公共仓库。政府部门或公共团体、社会团体修建的，为社会物流业务服务的仓库，所保管的物资也多为公共或公益事业而储存、管理或保管的。如铁路车站的货场仓库、交通港口的码头仓库等都属于公共仓库。

（4）租赁仓库。仓库设施的所有者（营业仓库以外的企业或个人）本身并不直接提供保管服务，而是将其拥有的仓库设施租赁给他人用来储存保管物品，这种性质的仓库为租赁仓库。

2. 按流通环节分类

按照流通环节，可分为产地仓库、集散地仓库、流通中心仓库和消费地仓库。

（1）产地仓库。以地区的农牧渔、矿产或大量土特产品为主的，具有保温、冷藏、防腐、防蚀、防潮等设备的，设在产地附近的专业设备仓库。

（2）集散地仓库。以商品大量集中而又分散的转口交通要道为基地而建设的专供运输保管的仓库。这类仓库除正式库房外，多附设有大型堆货场或积货棚。

（3）流通中心仓库。主要设立在大城市的周边地区，以疏通缓和城市中心的交通滞塞，提高流通效率为主要目的，供批发、转运、作短期保管的仓库业使用。它们多建于大城市的主要火车站、高速公路的出入口，占用大面积场地而形成仓库团地，并有宽大的停车场。这些仓库吞吐量大，保管品种多，装卸搬运现代化。

（4）消费地仓库。多设在消费城市的周围，以受托于工商企业存放该地区生活资料及生产资料为主要业务。这类仓库业又称为"城市仓库"。除作上述物资保管外，还设有"特别专柜"，如为客户保管珍贵的衣物、家具、书画、古董等。

3. 按地理布局分类

按照地理布局，可分为沿岸仓库、沿线仓库和内陆仓库。

（1）沿岸仓库。位于港湾、河岸边的仓库，包括码头仓库和临岸仓库。

（2）沿线仓库。以铁路货物为对象的仓库，包括车站仓库和铁路货物中转站仓库。

（3）内陆仓库。位于内陆的仓库，包括农业仓库、工厂仓库和都市仓库等。

4. 按保管对象分类

按照保管对象，可分为普通仓库、材料与制品仓库、冷藏仓库和恒温仓库、危险品仓库、露天仓库、储备仓库、水面仓库。

（1）普通仓库。用来保管普通货物的仓库。

（2）材料与制品仓库。用来保管生产企业原材料和产成品的仓库。

（3）冷藏仓库和恒温仓库。冷藏仓库是在摄氏 10 度以下低温环境下保存物资的仓库。生鲜鱼肉、冷冻食品等农畜水产品、加工食品需要利用冷藏仓库保管，以保持鲜度。为保持低温，冷藏仓库的建筑具有隔热性，安装有制冷设备。

（4）危险品仓库。用于保存危险品的仓库。根据危险品的种类，要接受消防法、火药管理法、有毒物品管理法等相关法规的制约。

（5）露天仓库。用于保管不受风雨影响的，对保管条件要求低的物品的露天货场，保管的物资一般多为原材料等。

（6）储备仓库。用于储备石油、粮食等战略物资的仓库，储存期一般较长。

（7）水面仓库。利用港湾或河流，在水面周围筑堤或用其他物料相围形成的水面保管设施，用来保存原木，也称为水面储木场。

5. 按建筑结构分类

按照建筑结构，可分为平房仓库、楼房仓库、高层货架仓库、罐式仓库和简易仓库。

（1）平房仓库。只有一层，结构简单，作业方便，造价较低。

（2）楼房仓库。两层以上的仓库，土地占用少，机械化程度相对较高。

（3）高层货架仓库。属于机械化和自动化程度高的立体仓库，进出库作业在计算机的控制下进行。在发达国家这种仓库较多，20 世纪 80 年代以后，我国的某些汽车、家电制造企业已经拥有这种仓库。

（4）罐式仓库。储存石油、天然气、化工原料等液体和气体物品的球形或柱形的储存设施，如油罐或气罐。

（5）简易仓库。构造简单、造价低廉的仓库，一般作为临时仓库或存放保管条件要求低的物品。

7.2 储存的业务管理

储存的业务管理主要包括下列几个方面的内容。

7.2.1 入库管理

仓库作业过程的第一个步骤就是验货收货，物品入库。它是物品在整个物流供应链上的短暂停留，而准确的验货和及时的收货能够加强此环节的效率。一般来讲，在仓库的具体作业过程中，入库主要包括以下几个具体步骤。

1. 核对入库凭证

根据物品运输部门开出的入库单核对收货仓库的名称、印章是否有误，商品的名称、代号、规格和数量等是否一致，有无更改的痕迹等，只有经过仔细的核对后才能确定是否收货。

2. 入库验收

物品的验收包括对物品规格、数量、质量和包装方面的验收。对物品规格的验收主要是对物品品名、代号、花色等方面的验收；对物品数量的验收主要是对散装物品进行称量，对整件物品进行数目清点，对贵重物品进行仔细的查收等；对物品质量的验收主要是查看物品是否符合仓库质量管理的要求、产品的质量是否达到规定的标准等；对物品包装方面的验收主要有核对物品的包装是否完好无损、包装标志是否达到规定的要求等。

3. 记账登录

如果物品的验收准确无误，则应该在入库单上签字，确定收货，安排物品存放的库位和编号，并登记仓库保管账目；如果发现物品有问题，则应另行做好记录，交付有关部门处理。

7.2.2 在库管理

仓库作业过程的第二个步骤是存货保管，物品进入仓库进行保管，需要安全地、经济地保持好物品原有的质量水平和使用价值，防止由于不合理的保管措施所引起的物品磨损和变质或者流失等现象。具体步骤如下所述。

1. 堆码

由于仓库一般实行按区分类的库位管理制度，因而仓库管理员应当按照物品的储存特性和入库单上指定的货区和库位进行综合的考虑和堆码，做到既能够充分利用仓库的库位空间，又能够满足物品保管的要求。物品堆码的原则主要是：

- 尽量利用库位空间，较多采取立体储存的方式。
- 仓库通道与堆垛之间保持适当的宽度和距离，提高物品装卸的效率。
- 根据物品的不同收发批量、包装外型、性质和盘点方法的要求，利用不同的堆码工具，采取不同的堆码形式。其中，危险品和非危险品、性质相互抵触的物品的堆码应该区分开来，不得混淆。
- 不要轻易地改变物品储存的位置，大多应按照先进先出的原则。
- 在库位不紧张的情况下，尽量避免物品堆码的覆盖和拥挤。

2. 养护

仓库管理员应当经常或定期对仓储物品进行检查和养护，对于易变质或对储存环境要求比较特殊的物品，应当经常进行检查和养护。检查工作的主要目的是尽早发现潜在的问题，养护工作主要是以预防为主。在仓库管理过程中，应保持适当的温度和湿度，并采取相应防护措施，预防破损、腐烂或失窃等，达到储存物品的安全。

3. 盘点

对仓库中贵重的和易变质的物品，盘点的次数越多越好；其余的物品应当定期进行盘点（例如每年盘点一次或两次）。盘点时应当做好记录，与仓库账目核对，如果出现问题，应当尽快查出原因，及时处理。

7.2.3 出库管理

仓库作业管理的最后一个步骤是发货出库。仓库管理员根据提货清单,在保证物品原先的质量和价值的情况下,进行物品的搬运和简易包装,然后发货。仓库管理员的具体操作步骤如下所述。

1. 核对出库凭证

仓库管理员根据提货单,核对无误后才能发货。除了保证出库物品的品名、规格和编号与提货单一致外,还必须在提货单上注明物品所处的货区和库位编号,以便能够比较轻松地找出所需的物品。

2. 配货出库

在提货单上,凡是涉及较多的物品,仓库管理员应该认真复核,交与提货人。凡是需要发运的物品,仓库管理员应当在物品的包装上做好标记,而且可以对出库物品进行简易的包装。在填写完有关的出库单据、办理好出库手续之后,可以放行。

3. 记账清点

每次发货完毕之后,仓库管理员应该做好仓库发货的详细记录,并与仓库的盘点工作结合在一起,以便于以后的仓库管理工作。

7.3 储存的合理化

储存合理化,虽无明确的标准,但应明确储存合理化过程中应遵循的原则以及储存管理现代化的要求。

7.3.1 合理化原则

1. 面向通道原则

为便于物品上架存放和取出,提高储存、保管效率,物品的码放、货架的朝向应该面对通道,这也是库内设计的原则。

2. 高层堆码的原则

尽可能地向高处码放,提高储存、保管效率,有效利用库内容积。为防止破损,保证安全,应当尽可能使用棚架等储存、保管设备。

3. 先出原则

储存、保管的重要一条是,对于容易变质、容易破损、容易腐败的物品以及对于机能容易老化、退化的物品,应尽可能按先进先出的原则,加快周转。由于商品的多样化、个性化,使用寿命普遍缩短,因此,贯彻这一原则显得十分重要。

4. 回转对应原则

根据出库频率选定位置。出货和进货频率高的物品应放在靠近出入口,易于作业的地方;流动性差的物品放在距离出入口稍远的地方;季节性物品则依其季节特性来选定放置的场所。

5. 同一性原则

为提高作业效率,相同品种的物品应放在同一地方储存、保管。

6. 类似性原则

将类似的物品放在临近的地方储存、保管。

7. 重量特性原则

根据物品重量安排保管的位置。安排放置场所时，要把重的东西放在下边，把轻的东西放在货架的上边；需要人工搬运的大型物品码放在腰部以下的位置，轻型物品码放在腰部以上的位置。

8. 形状特性原则

依据形状安排保管的方法，如标准形状商品应放在托盘或货架上来保管，特殊形状的商品采用相应的器具保管。

9. 位置标识原则

货物存放的场所要有明确的标识，以便于货物的查找，提高上货和取货的速度，减少差错的发生。标识的位置要便于作业人员的视觉识别。

10. 网络化保管原则

以货物抽出方式为前提，将相关联的物品（按照预计的出库货物构成确定的关联物品）码放在相近的场所，以便提高出库作业效率。

7.3.2 储存管理现代化

1. 管理人员的现代化

储存的现代化，人员（特别是管理人员）的素质是关键。

一要树立新观念。必须从储存的被动接受的观点向为流通服务的主动的观点转变，要树立"时间、效率、竞争、成本"的观念，不断改革现有的管理体制，努力提高物流过程的经济效益。

二要提高管理人员的能力。管理人员必须具备专门的知识与技能。要重视与加强对有关人员的培训和考核，培养一支具有现代化科学管理知识和管理技术的高素质的队伍，不断提高储存管理现代化水平。

2. 储存管理技术的现代化

不断强化新的科技手段在储存管理中的应用，以作业机械设备配套为基础，自动化操作为中心，最大限度地减少作业人员的体力和脑力劳动消耗，实现作业的高效率和高效益。

例如，条形码技术属于自动识别范畴，是随着电子技术的进步尤其是计算机技术在现代化生产和管理领域中的广泛应用而发展起来的一种实用的数据输入技术。条形码功能强大，输入方式具有速度快、准确率高、可靠性强等特点，在商品流通、工业生产、仓储管理、信息服务等领域获得了广泛的应用。目前在我国推广应用条形码技术已具有一定的物质基础。条形码技术的应用对开发我国物品标识系统，使其规范化、标准化，并实现与国际标准兼容，以推进我国的计算机应用和现代化管理，促进国内商品经济的繁荣，增强中国产品在国际市场的竞争力，推进生产自动化管理现代化具有深远的意义。

3. 储存管理方法的科学化

要不断吸取与应用社会科学与自然科学的最新成果，例如线性规划、网络规划、决策理论等，结合储存的特点，不断探索、使用和改进管理方法，提高储存的工作效率。其中库存控制的科学化显得尤为重要。库存控制主要是对库存量进行控制。众所周知，库存有一个合理的规模问题，库存量过多将会招致许多问题。如占用过多的流动资金，并为此付出相应的利息；

存货过多则仓库的各种费用,如仓储费、保险金、劳务费也随之增加;此外,还会导致物资变质、过时、失效等。而降低库存又会出现缺货率上升的风险。

因此,库存控制应综合考虑各种因素,一般而言,合理的库存应满足以下三方面要求:
- 降低采购费和购入价等综合成本。
- 减少流动资金、降低盘点资产。
- 提高服务水平、防止缺货。

4. 内部管理规范化

(1) 制度规范。建立一套科学合理的规章制度,是实现储存管理规范化的基础和保证。

(2) 具体工作程序化。具体工作多数具有重复性的特点,因此,对此部分工作实施程序化管理,可以极大地提高工作效率。如前所述,对于易变质、易破损、易腐败的物品以及对于机能易退化、老化的物品,应尽可能按先入先出的原则,加快周转;相同品种在同一地点储存;将类似的物品放在邻近的地点储存;采用 ABC 管理法。

小　　结

储存具有保管、调节、配送、节约方面的功能。储存的主要场所是仓库,储存的方式与仓库的类型密切联系在一起。仓库的类型可以按照仓库的基本形态、流通环节、地理分布、保管对象、建筑结构进行分类。储存的业务管理,概括起来主要包括入库管理、在库管理和出库管理。储存的合理化有两个层面的含义:一是储存合理化的原则,主要包括面向通道原则、高层堆码的原则、先出原则、回转对应原则、同一性原则、类似性原则、重量特性原则、形状特性原则、位置标识原则、网络化保管原则;二是储存的现代化,主要包括管理人员的现代化、储存管理技术的现代化、储存管理方法的科学化、内部管理规范化。

阅 读 资 料

存货管理绩效评量尺度

评量尺度	定义	计算方式	目前状况	目标	价值
存货正确度	实际存货量 v.s 电子计算器系统资料	(实际数量/SKU)÷(电子计算器系统的数量/SKU)	%	%	$
受损存货	存货受损以比例衡量	总受损金额÷总存货价值金额	%	%	$
存货天数	以过去销售额为基础,存货平均销售天数	平均存货价值金额÷过去几个月的平均每日销售额	天数	天数	$
仓库利用	储藏库容量相对于存货比率	平均存货立方英尺÷储藏库容量立方英尺	%	%	$
码头到储位时间	卡车抵达码头至可供作订单捡取的平均小时	每批进货平均码头到储位时间	小时	小时	$
存货可见度	实际存货量与电子计算器系统资料的时间差	资料进入系统的时间–货真正进入仓库时间	小时	小时	$

资料来源：苏雄义编著. 企业物流总论——新竞争力源泉 北京: 高等教育出版社, 2003.6: 279.

练 习 题

一、单选题

1. 储存活动也称（　　），与运输活动具有同等重要的地位。
   A）仓储活动　　B）保管活动　　C）储运活动　　D）配送活动
2. （　　）是仓库的最基本的传统功能。
   A）保管　　　　B）调节　　　　C）配送　　　　D）节约
3. 仓库形成流通、销售、零部件供应的中心，其中一部分在所属物流系统中起着货物供应的组织协调作用，被称为（　　）。
   A）仓储中心　　B）流通中心　　C）物流中心　　D）现代仓库
4. 储存的主要场所是（　　）。
   A）仓库　　　　B）车间　　　　C）运输工具　　D）成品仓库
5. 为经营仓库保管业务，根据仓库业管理的有关法规设立的仓库叫作（　　）。
   A）自用仓库　　B）营业仓库　　C）公共仓库　　D）租赁仓库
6. （　　）多设在消费城市的周围，以受托于工商企业存放该地区生活资料及生产资料为主要业务。
   A）集散地仓库　　　　　　　　B）城市仓库
   C）流通中心仓库　　　　　　　D）产地仓库
7. （　　）主要设立在大城市的周边地区，以疏通缓和城市中心的交通滞塞，提高流通效率为主要目的，供批发、转运、作短期保管的仓库业使用。
   A）集散地仓库　　　　　　　　B）消费地仓库
   C）流通中心仓库　　　　　　　D）产地仓库
8. 按照地理布局，可分为沿岸仓库、（　　）和内陆仓库。
   A）沿岛仓库　　B）岛屿仓库　　C）沿海仓库　　D）沿线仓库
9. 在库管理中的养护工作主要是以（　　）为主。
   A）堆码　　　　B）预防　　　　C）盘点　　　　D）配送
10. 储存的现代化，（　　）是关键。
    A）储存管理技术　　　　　　　B）储存管理方法
    C）内部管理规范化　　　　　　D）人员的素质

二、填空题

1. 概括地说，储存的功能就是两个方面：_____和_____。
2. 保管活动是借助于各种仓库，完成物资的_____、_____、_____等工作。
3. 调节功能具体表现为：第一，调节_____的功能；第二，调节_____的功能。
4. 仓库按照基本形态，可分为自用仓库、_____仓库、_____仓库和_____仓库。

5．仓库按照流通环节，可分为_____仓库、集散仓库、_____仓库和消费地仓库。

6．_____是以商品大量集中而又分散的转口交通要道为基地而建设的专供运输保管的仓库。这类仓库除正式库房外，多附设有大型堆货场或积货棚。

7．_____是利用港湾或河流，在水面周围筑堤或用其他物料相围形成的水面保管设施，来保存原木，也称为水面储木场。

8．在库管理的具体步骤包括_____、_____和_____。

9．仓库作业管理的最后一个步骤是_____。

三、问答题

1．具体说来，储存的功能表现在哪些方面？
2．按照基本形态，仓库可分为哪些种类？
3．按照建筑结构，仓库可分为哪些种类？
4．储存的业务管理主要包括哪几个方面的内容？
5．入库主要包括哪几个具体步骤？
6．简述物品堆码的原则。
7．如何实现储存管理现代化？
8．储存的合理化原则有哪些？

第 8 章 装卸

- 装卸的特点
- 装卸的类型
- 装卸的基本内容
- 装卸机械的选择
- 装卸的合理化

- 装卸机械的选择
- 装卸的合理化

熟练掌握以下内容:
- 装卸的特点
- 装卸的类型
- 装卸机械的选择
- 装卸的合理化
- 了解以下内容:
- 装卸的基本内容

装卸、搬运是物流各环节连接成一体的接口,是运输、储存、包装等物流作业得以顺利实现的根本保证。装卸、搬运是连接运输、保管和包装各个系统的节点,该节点的质量直接关系到整个物流系统的质量和效率,而且又是缩短物流移动时间、节约流通费用的重要组成部分。本章研究的重点是装卸的合理化,围绕这一主题,主要介绍装卸的特点、装卸的类型、装卸机械的选择等内容。

8.1 装卸概述

在同一地域范围内(如车站范围、工厂范围、仓库内部等),改变"物"的存放、支承状态的活动称为装卸,改变"物"的空间位置的活动称为搬运,两者全称装卸搬运。有时候或在特定场合,单称"装卸"或单称"搬运",也包含了"装卸搬运"的完整含义。

装卸与搬运是密不可分的,理论上并不过分强调两者差别,而是将两者作为同一种活动来对待。在实际工作中,各个行业也有自己的习惯用语,如在物流领域(如铁路运输)中常将装卸搬运这一整体活动称作"货物装卸";在生产领域中常将这一整体活动称作"物料搬运"。本书使用"装卸"一词,表示"装卸搬运"。

在物流过程中,装卸活动是不断出现和反复进行的,它出现的频率高于其他各项物流活动,由于在物流活动中的每次装卸活动都要花费很长时间,所以往往成为决定物流速度的关键。装卸活动所消耗的人力也很多,所以装卸费用在物流成本中所占的比重也较高。以我国为例,铁路运输的始发和到达的装卸作业费用大致占运费的20%左右,而船运还要高,达到40%左右。

此外,进行装卸操作时往往需要接触货物,因此,这是在物流过程中造成货物破损、散失、损耗、混合等损失的主要原因。

装卸的地位可以从以下几组数据中体现出来:

据我国统计,火车货运以500千米为分界点,运距超过500千米,运输在途时间多于起止的装卸时间;运距低于500千米,装卸时间则超过实际运输时间。

美国与日本之间的远洋船运,一个往返需25天,其中运输时间13天,装卸时间12天。

我国对生产物流的统计,机械工厂每生产1吨成品,需进行252吨次的装卸,其成本为加工成本的15.5%。

8.1.1 装卸的特点

1. 装卸是附属性、衍生性的活动

装卸是与物流的每一项活动相伴而生的,运输、储存、流通加工等项物流管理活动都伴随着装卸。因此,装卸要么时常被忽视,要么被看作进行其他操作时不可缺少的组成部分。

2. 装卸是支持、保障性活动

装卸的附属性不能理解成被动的,实际上,装卸搬运对其他物流活动有一定的决定性。装卸会影响其他物流活动的质量和速度。例如装车不当,会引起运输过程中的损失;卸放不当,会引起货物转换成下一步运动的困难。许多物流活动都是在有效的装卸支持下,才能实现高水平的操作。

3. 装卸是衔接性的活动

物流的各项活动互相转换或过渡时,都是以装卸来衔接的,也正因为如此,装卸又往往成为整个物流的"瓶颈",是物流各功能之间能否有机联系和紧密衔接的关键,而这又是一个系统的关键。建立一个有效的物流系统,关键是看这一衔接是否有效。比较先进的系统物流方式——联合运输方式就是通过着力解决这种衔接而实现的。

4. 装卸是一种经济性的活动

经济性体现在两个相互对立的方面。一是节约费用支出。通过加强装卸环节的管理,实现物流活动的合理化,进而减少与之相应的费用。二是增加费用支出。也就是通常所说的不经济,对于物流而言,物流过程中多次重复、不必要的装卸活动,不仅延长了物流时间,而且要投入大量的活劳动和物化劳动,这些劳动不能给物流对象带来附加价值,只是增大了物流的成本。由于装卸搬运反复进行的次数多,累计费用的数量是不可忽视的。

8.1.2 装卸的类型

1. 按照装卸施行的物流设施、设备对象分类

按照装卸施行的物流设施、设备对象,可将其分为仓库装卸、铁路装卸、港口装卸和汽车装卸。

(1) 仓库装卸。配合出库、入库、维护保养等活动进行,并且以堆垛、上架、取货等操作为主。

(2) 铁路装卸。是对火车车皮的装进及卸出。特点是一次作业就需实现一车皮的装进或卸出,很少有像仓库装卸时出现的整装零卸或零装整卸的情况。

(3) 港口装卸。包括码头前沿的装船,也包括后方的支持性装卸搬运,有的港口装卸还采用小船在码头与大船之间"过驳"的办法,因而其装卸的流程较为复杂,往往经过几次装卸及搬运作业才能最后实现船与陆地之间货物过渡的目的。

(4) 汽车装卸。一般一次装卸批量不大,由于汽车的灵活性,可以减少或不必经过搬运活动,而直接、单纯利用装卸作业达到车与物流设施之间货物过渡的目的。

2. 按照装卸的作业方式分类

按照装卸的作业方式,可将其分为吊上吊下方式、叉上叉下方式、滚上滚下方式、移上移下方式和散装散卸方式。

(1) 吊上吊下方式。采用各种起重机械从货物上部起吊,依靠起吊装置的垂直移动实现装卸,并在吊车运行的范围内或回转的范围内实现搬运或依靠搬运车辆实现小搬运。由于吊起及放下属于垂直运动,这种装卸方式属垂直装卸。

(2) 叉上叉下方式。采用叉车从货物底部托起货物,并依靠叉车的运动进行货物位移,搬运完全靠叉车本身,货物可不经中途落地直接放置到目的处。这种方式垂直运动不大而主要是水平运动,属于水平装卸方式。

(3) 滚上滚下方式。主要指港口装卸的一种水平装卸方式。利用叉车或半挂车、汽车承载货物,连同车辆一起开上船,到达目的地后再从船上开下,称为"滚上滚下"方式。利用叉车的滚上滚下方式,在船上卸货后,叉车必须离船;利用半挂车、平车或汽车,则用拖车将半挂车、平车拖拉至船上后,拖车开下离船而载货车辆连同货物一起运到目的地,再原车开下或拖车上船拖拉半挂车、平车开下。滚上滚下方式需要有专门的船舶,对码头也有不同要求,这种专门的船舶称为"滚装船"。

滚装方式在铁路运输领域也有采用。货运汽车或集装箱直接开上火车车皮,到达目的地再从车皮上开下的方式,又称为驮背运输。

(4) 移上移下方式。在两车之间(如火车及汽车)进行靠接,然后利用各种方式,不使货物垂直运动,而靠水平移动从一个车辆上推移到另一车辆上,称为移上移下方式。移上移下方式需要使两种车辆水平靠接,因此,需对站台或车辆货台进行改变,并配合移动工具实现这种装卸。

(5) 散装散卸方式。对散装物进行装卸,一般从装点直到卸点中间不再落地,这是集装卸与搬运于一体的装卸方式。

3. 按照被装物的主要运动形式分类

按照被装物的主要运动方式,可将其分为垂直装卸和水平装卸。

（1）垂直装卸。采取提升和降落的方式进行装卸，这种装卸需要消耗较大的能量。垂直装卸是采用比较多的一种装卸形式，所用的机具通用性较强，应用领域较广，如吊车、叉车等。

（2）水平装卸。对装卸物采取平移的方式实现装卸的目的。这种装卸方式不改变被装物的势能，因此比较节能，但是需要有专门的设施，例如和汽车水平接靠的高站台、汽车与火车车皮之间的平移工具等。

4. 按照装卸对象分类

按照装卸对象，可将其分为成散装货物装卸、单件货物装卸和集装货物装卸。

5. 按照装卸的作业特点分类

按照装卸作业特点，可将其分为连续装卸和间歇装卸。

（1）连续装卸。主要是同种大批量散装或小件杂货通过连续输送机械，连续不断地进行作业，中间无停顿，货间无间隔或少间隔。在装卸量较大、装卸对象固定、货物对象不易形成大包装的情况下适合采取这一方式。

（2）间歇装卸。有较强的机动性，装卸地点可在较大范围内变动，主要适用于物流不固定的各种货物，尤其适用于包装货物、大件货物，散粒货物也可采取此种方式。

8.2 装卸的基本内容

装卸的基本内容有三项，即物、移动和方法。这三项内容是进行任何装卸分析的基础。具体而言，装卸流程包含了下列活动。

8.2.1 装卸物分类

装卸过程中，装卸物往往是多种多样的，必须按一定的规则对它们进行分类，使同一类的物基本上用同一方式进行搬运。

1. 分类的原则

装卸物分类是为了便于装卸搬运，因此，分类的原则是根据影响装卸物移动难易程度的各种特征和能否采用同一种装卸方法的其他特征进行分类。在实际应用中，往往按装卸物的实际最小单元（瓶、罐、盒等）或按最便于装卸的单元（箱、捆等）进行分类。

2. 装卸物的主要特征

实施有效的分类，前提是必须了解物料的特征。

（1）物理特征。物理特征包括以下内容：

- 尺寸：长、宽、高。
- 重量：每运输单元重量或单位体积重量（密度）。
- 形状：扁平的、弯曲的、紧密的、可叠套的、不规则的等。
- 损伤的可能性：易碎、易爆、易污染、有毒、有腐蚀性等。
- 状态：不稳定的、粘的、热的、湿的、脏的等。

（2）其他特征

其他特征包括以下内容。

- 数量：较常用的数量或产量（总产量或批量）。
- 时间性：经常性、紧迫性、季节性。

- 特殊控制：政府法规、工厂标准、操作规程。

装卸物的物理特征通常是影响装卸物分类最重要的因素，也就是说，装卸物通常是按其物理性质来划分的。数量也比较重要，运大批量的装卸物和运小批量的装卸物是不一样的。

3. 分类的程序
- 列表标明所有装卸物或分组归并装卸物的名称。
- 记录其物理特征及其他特征。
- 分析每类装卸物的各项特征，并确定哪些特征是主导的，在起决定作用的特征下面画出标记线。
- 确定装卸物类别，把那些具有相似主导特征的装卸物归并为一类。
- 对每类装卸物写出分类说明。

对装卸物进行分类后，可编制装卸物特征表（表 8-1）。

表 8-1 装卸物特征表

物的名称	物的实际最小单元	单元物的物理特征					其他特征			类别
		尺寸	重量	形状	损伤的可能性（对物、人、设施）	状态（湿度、稳定性、刚度）	数量（产量）或批量	时间性	特殊控制	

8.2.2 设施布置

设施布置和装卸搬运是分不开的，不同的布置，搬运的起点和终点之间的距离是不一样的，而空间移动距离又是选择装卸搬运方法的主要因素。在根据现有的布置制定装卸搬运方案时，距离是已经确定的，然而有时为了装卸搬运的合理化，在可能的条件下，也可以改变布置。因此，在设计方案时，往往要对搬运和布置进行分析。

设施布置的设计有三项基本内容，即相互关系（位置之间）、空间（占有面积）和调整（相互间位置进行调整）。

1. 布置类型

设施布置有三种传统类型：

（1）按固定位置布置。产品（或物料）尺寸比较大，数量比较少，工艺过程比较简单的，可按固定位置布置。其装卸搬运的特点是：主要物料及主要部件尺寸庞大或者非常笨重，不经常搬运。

（2）按工艺过程布置。产品（或物料）比较多样化，数量中等或少量，工艺过程占主导地位或费用昂贵的，可按工艺过程布置。其装卸搬运通常是机动灵活的；如果是固定位置的，则要求通用性强，适应性好，而且是间断工作的。

（3）按产品布置。产品（或物料）比较标准，数量较多，工艺过程较简单的，可按产品布置。装卸搬运通常是固定的、直线的或直接的，而且相对来讲是连续性的。

2. 物流模式

在物流场站布置中常遇到的基本物流模式有三种：直线形（或直通形）、L 形和 U 形。直线形模式是物品一端进，另一端出。这种布置最简单，搬运也最简单。

在物流场站布置中，L 形和 U 形比直线形多见，通常是因为受外界搬运设施以及搬运方法、面积利用、运转管理费用等因素的影响。实际上，大多数布置都是采用上述三种物流模式的组合形式。如环形物流模式和曲折形物流模式（或称蛇形）实际上就是上述三种物流模式的变换。

3. 装卸搬运分析对装卸物布置的要求

装卸搬运分析对装卸物布置的要求基本有四点：

- 每项移动的起点和终点（提取和放下的地点）具体位置在哪里。
- 哪些路线及路线上有哪些装卸物的装卸搬运方法是在规划之前已经确定了的，或大体上做出了规定。
- 装卸物运进运出和穿过的每个作业区所涉及的建筑物特点是什么样的（包括地面负荷、房屋高度、柱子间距、屋架支承强度、室内还是室外、有无采暖、有无灰尘等）。
- 装卸物运进运出的每个作业区内进行什么工作，作业区内部已有的（或大体规划的）安排或大概是什么样的布置。

当进行某个区域的搬运分析时，应该先取得或先准备好这个区域的布置草图、蓝图或规划图；如果是分析一个厂区内若干建筑物之间的搬运活动，那就应该取得厂区布置图。总之，当最后确定装卸方法时，选择的方案必须是建立在装卸物装卸搬运作业与具体布置相结合的基础之上的。

8.2.3 移动

在分析各项移动时，需要掌握以下资料。

1. 装卸物

装卸物的物理特征及其他特征，以及装卸物的分类。

2. 路线

用标注起点和终点的方法来表明每条路线。起点和终点是用符号、字母或数码来标注的，也就是用一种"符号语言"，简单明了地描述每条路线。最终给出能确切表明每条路线起止点的布置图。

（1）距离。每条路线的长度就是从起点到终点的距离，常用单位是米、千米。距离往往是指两点间的直线距离，垂直距离（如楼层之间）可换算成当量距离。属于哪种距离应在文件上注明。

（2）路线的具体情况。

- 直接程度和直线程度：水平、倾斜、垂直、直线、曲线、曲折。
- 拥挤程度：有无临时的或长期的阻碍、良好的铺砌路面、需要维修的路面、泥泞道路。
- 气候与环境：室内、室外、冷库、空调区、清洁卫生区、洁净房间、易爆区。
- 起止点的工作情况和组织情况：取货和卸货地点的数量和分布、起点和终点的具体布置、起点和终点的组织管理情况等。

当然，路线和设备、设施的布置有密切的关系，不同的布置形式，其物料搬运的路线是不同的，路线的决定要充分考虑布置的情况。

3. 装卸活动

（1）物流量。物流量是指单位时间内在一条空间路线上移动的物料数量，一般用每小时多少吨或每天多少吨来表示。如果只用重量来表示，还不能真正说明它的可运性，而且无法与重量相同但质地密实的物品相比较。这类问题应采用"马格数"的概念来计量。

"马格"计量法是先按照物品的外形尺寸定出一个基本值，然后根据其他影响因素的修正值再对基本值进行增减，这样得出的最后值就是马格数。这个值的大小就是表示物料可运性的一个量度。这样，不同类型物品的可运性就能进行比较了。

（2）物流条件：

- 数量条件：每次装卸搬运的件数、批量大小、搬运的频繁性，每个时期的数量以及这些情况的规律性。
- 管理条件：控制各项装卸搬运活动的规章制度，以及它们的稳定性；
- 时间条件：对搬运快慢或缓急程度的要求，是否稳定并有规律。

4. 分析各项移动的方法

（1）流程分析法。这类方法每一次只观察一类装卸物，并跟随它沿整个装卸过程收集资料，必要时，要跟随从原料库到成品库的全过程，编制流程图表。

（2）起止点分析法。这种方法有两种不同做法：一是通过观察每次移动的起止点收集资料，每次分析一条路线；二是对一个区域进行观察，收集运进运出这个区域的一切物料的有关资料，编制物料进出表。

在编制搬运路线表时，应每一条路线编一张表，每个区域也应编一张物料进出表。一般情况下，在产品或物料品种很少，或是单一品种时，采用编制流程图表的方法；如果产品或物料品种繁多，采用编制物料进出表的方法。

8.2.4 图表化

图表化是数据处理的一种方法，它把对各项移动的分析结果和区域布置两部分综合起来，用一些规定的特殊符号制成图表，就能清楚地表示出所需要设计搬运系统的情况。一张清晰的图表比各种各样的文字说明更容易表示清楚。

1. 物流图表化的几种方法

（1）物流流程简图。物流流程简图只能了解物料运动的过程和次序。因为它没有联系到布置，所以不能表达每个工作区域的正确位置，没有标明距离，因此，不能作为选择搬运方法的依据，只能在分析和解释中作为一种中间步骤。

（2）在布置图上绘制的物流图。这是物流系统中常用的图表。因为它是根据平面布置的实际情况给出的，图上标出了每条线路的距离、物流量和流向，可以用来作为选择搬运方法的依据。

（3）坐标指示图。它是距离与物流量的指示图，是表示物料移动的又一种图表化方法。这种方法是把移动的距离和物流量用点标明在图表上。

2. 物流图的表示方法

物流图是用一种形象的方法来表示是什么物料、运往何处、数量多少等，可用一系列的符号来表示。

8.2.5 初步方案设计与比较

在对物料进行了分类,对布置方案中的各项装卸搬运活动进行了分析和图表化,并对物流系统中所用的各种装卸搬运方法有所了解后,就可以初步确定具体的装卸搬运方法和规则了。

方案制定包括确定装卸搬运的路线系统、确定装卸搬运设备和确定运输单元。这三者的结合即可形成一项物料搬运方案。

1. 搬运方案初步设计的步骤

收集原始数据,其中包括物料的类型、物流量、物流路线和距离、设备设施的布置、机械设备的选用、时间要求、环境条件等。

根据原始数据,设计出几个搬运方案。

根据各种可能性,对几个初步方案进行改进和调整,进行各项需求的计算,并进行评价。

确定比较满意的某一方案,作为搬运系统设计的总体方案。

2. 方案的比较

方案的比较包括两个方面:一个方面为成本费用或财务比较,它包括投资费用和经营费用;另一个方面为无形因素比较,它包括优缺点比较和因素加权分析。

8.2.6 详细方案的设计

方案初步设计阶段确定了装卸搬运路线系统、搬运设备、运输单元和总体方案。装卸搬运方案详细设计就是在这个基础上,制定从工作地到工作地,或从具体的取货点到具体的卸货点之间的搬运方法。详细方案必须与总体方案协调一致。实际上,方案初步设计阶段和方案详细设计阶段用的是同样的模式,只是在实际运用中,两个阶段的设计区域范围不同、详细程度不同而已。详细设计阶段需要大量的资料、更具体的指标和更多的实际条件。

8.3 装卸机械

8.3.1 主要装卸机械

装卸搬运机械是指工厂内、仓库、货物中转中心、配送中心等物流现场用来从事货物装卸搬运用的各种机械设备的总称。

伴随着技术的进步和机械工业的发展,在物流领域,机械装卸搬运逐渐取代人背肩扛的原始作业方式,现代装卸搬运机械的使用得到普及。装卸机械化成为实现装卸合理化、效率化和省力化的重要手段。

从技术的角度看,装卸机械化带来的益处是:
- 依靠人力所难以完成的重量物体的移动和处理变得简单易行。
- 依靠人工作业非常困难的散装货物、危险品货物等的处理变得容易、安全。
- 实现比人工作业更大范围的作业。
- 比人工作业速度快、效率高。
- 使装卸作业的自动化、省力化成为可能。

同时也应该考虑到机械使用的经济性问题。发达国家物流领域机械化程度高的重要原因是劳动力的费用高昂以及存在劳动力不足的问题，与其使用人工作业不如在作业机械上增加投资，通过机械的使用节约劳动力费用。因此，许多完全可以依靠人工或简单机械来完成的装卸作业，改由机械或自动化机械去完成。因此，不能盲目地同发达国家攀比，要充分考虑到物流费用承受力。

在采用机械化作业和选用装卸机械时，要与作业环境、作业量及其时间分布、货物特性以及使用机械的经济性等因素结合起来考虑，以便使机械发挥最大的效益。装卸搬运作业中使用的主要机械种类见表 8-2。

表 8-2 主要装卸搬运机械的种类

机械类型	设备名称	工作特征
装卸搬运车辆	1. 叉车 2. 人力搬运车 （1）台车 （2）手推车 （3）手动液压托盘搬运车 （4）升降式搬运车 3. 动力搬运车 （1）轨道无人搬运车 （2）牵引车、挂车、底盘车	底盘上装有起重、输送、牵引、承载装置，可以在设施内移动作业
连续输送机械	1. 带式输送机 2. 辊子输送机 3. 悬挂输送机 4. 斗式提升机 5. 振动输送机	连续动作、循环运动、持续负载、线路一定
散装作业法用机械	1. 斗式类型装载机 2. 斗轮类型装载机 3. 抓斗类型装载机 4. 倾翻类型卸车机 5. 连续输送机	用来装载搬运散装货物
起重机械	1. 轻小起重设备 （1）葫芦 （2）绞车 2. 升降机 （1）电梯 （2）升降机 3. 起重机 （1）桥式类型起重机 （2）门式类型起重机 （3）臂式类型起重机 （4）梁式类型起重机	间歇动作、重复循环、升降运动、使货物在一定范围内上下、左右、前后移动

续表

机械类型	设备名称	工作特征
自动分拣机械	1. 押出式 2. 浮出式 3. 斜行式 4. 倾斜落下式	在计算机的控制下连续动作，将不同的货物搬运到各自被指定的位置

8.3.2 装卸机械的选择

装卸机械的选择，影响因素很多，概括起来包括技术和经济两个方面。具体而言，装卸机械选择要在考虑物品特性、作业特性、机械特性、作业环境以及经济性等方面的因素的基础上，作出综合判断，以便使机械发挥出最大的效益。

1. 物品特性

物品的特性是指货物的种类，如散货、包装货物等，要在考虑货物特性的基础上选择最适宜的装卸机械。

2. 作业特性

作业特性是指作业的性质，如作业量、季节变动、流动性、理货的种类、搬运距离和范围、运输手段的种类、批量的大小、输配送的特性等。装卸搬运机械的选择应该与上述作业特性相适应。

3. 作业环境特性

作业环境特性是指设施属于专用还是公用，本企业设施还是借用设施，货物的流程、设施的配置、建筑物的构造、站台的高低、地面的承重等各种因素。

4. 装卸机械特性

装卸机械特性是指装卸机械的安全性、信赖性、性能、弹性、机动性、耗能、噪音、公害等因素。

5. 经济性

在对以上因素进行分析后，最终还要从经济性的角度加以分析，在多个适用方案中选择出最优方案。

8.4 装卸的合理化

实现物流装卸的合理化，需从以下几个方面入手。

8.4.1 防止无效装卸

无效装卸是消耗于有用货物必要装卸劳动之外的多余装卸劳动。具体反映在以下几个方面。

1. 过多的装卸次数

物流过程中，货损发生的主要环节是装卸环节，而在整个物流过程中，装卸作业又是反复进行的，从发生的频率来讲，超过任何其他活动，所以，过多的装卸次数必然导致损失的增加。从发生的费用来看，一次装卸的费用相当于几十千米的运输费用，因此，每增加一次装卸，费用就会有较大比例的增加。此外，装卸又会大大减缓整个物流的速度，是降低物流速度的重要因素。

在物流过程中，如果对每一件货物都进行单件处理，也是形成多次反复装卸搬运的主要原因。采用集装方式，进行多式联运，能够有效地避免对于单件货物的反复装卸搬运处理，是防止无效装卸的有效方法。

2. 过大的包装装卸

包装过大过重，在装卸过程中反复消耗较大的劳动，这一消耗有时不是必需的，因而形成无效劳动。

3. 无效装卸

进入物流过程的货物，有时混杂着没有使用价值或对用户来讲不对路的各种掺杂物，如煤炭中的矸石、矿石中的水分、石灰中的未烧熟石灰及过烧石灰等。在反复装卸时，这些无效物质也反复消耗劳动，因而形成无效装卸。

由此可见，装卸搬运如能防止上述无效装卸，则可大大节约装卸劳动，使装卸合理化。

8.4.2 充分利用重力或消除重力影响，进行少消耗的装卸

在装卸时考虑重力因素，可以利用货物本身的重量，进行有一定落差的装卸，以减少或根本不消耗装卸的动力，这是合理化装卸的重要方式。例如，从卡车、铁路货车卸物时，利用卡车与地面或小搬运车之间的高度差，使用溜槽、溜板之类的简单工具，可以依靠货物本身重量，从高处自动滑到低处，这就无须消耗动力。

在装卸时尽量消除或消弱重力的影响，以求得减轻体力劳动及其他劳动消耗的合理性。使货物平移，从甲工具转移到乙工具上，这就能有效消除重力影响，实现合理化。

在人力装卸时，负重行走，要持续抵抗重力的影响，同时还要行进，因而体力消耗很大，是出现疲劳的环节。所以，人力装卸时如果能配合简单机具，做到"持物不步行"，则可以大大减轻劳动强度，做到合理装卸。

8.4.3 充分利用机械，实现"规模装卸"

装卸存在着规模效益问题，为了更多地降低单位装卸工作量的成本，装卸机械的能力达到一定规模，才会有最优效果。追求规模效益的方法，主要是通过各种集装实现间断装卸时一次操作的最合理装卸量，从而使单位装卸成本降低，并通过散装实现连续装卸的规模效益。

在利用机械实现"规模装卸"时，既要注重规模，又要表现出一定的灵活性，处理这一关系重要的一点是遵循机械化原则。所谓机械化原则是指在装卸搬运作业中用机械作业替代人工作业的原则。实现作业的机械化是实现省力化和效率化的重要途径，通过机械化改善物流作业环境，将人从繁重的体力劳动中解放出来。当然，机械化的程度除了技术因素外，还与物流费用的承担能力等经济因素有关。机械化的原则同时也包含了将人与机械合理的组合到一起，发挥各自的长处。在许多场合，简单机械的配合同样可以达到省力化和提高效率的目的。片面强调全自动化会造成物流费用的膨胀，在经济上难以承受。

8.4.4 提高物的装卸活性

装卸活性的含义是，从物的静止状态转变为装卸搬运运动状态的难易程度。如果很容易

转变为下一步的装卸而不需做过多装卸搬运前的准备工作，则活性就高；如果难于转变为下一步的装卸搬运，则活性低。

物所处的状态会直接影响到装卸和搬运的效率，在整个物流过程中物品要经过多次装卸和搬运，前道的卸货作业与后道的装载或搬运作业关系密切。如果卸下来的物品零散地码放在地上，在搬运时就要一个一个搬运或重新码放在托盘上，因此增加了装卸次数，降低了搬运效率。如果卸货时直接将物品堆码在托盘上，或者运输过程中就是以托盘为一个包装单位，那么，就可以直接利用叉车进行装卸或搬运作业，实现装卸搬运作业的省力化和效率化。同样，在进出库作业中，利用传送带和货物装载机装卸货物可以达到省力化和效率化的目的。因此，在组织装卸搬运作业时，应该灵活运用各种装卸工具和设备，前道作业要为后道作业着想，从物流起点包装开始，应以装卸搬运的活性指数最大化为目标。

为了能有计划地提出活性要求，使每一步装卸搬运都能按一定活性要求进行操作，对于不同放置状态的货物做了不同的活性规定，"活性指数"就是标定活性的一种方法。

由于装卸是在物流过程中反复进行的活动，因而其速度可能决定整个物流速度，每次装卸的时间缩短，多次装卸的累计效果则十分可观。因此，提高装卸活性对装卸搬运合理化来说是很重要的因素。

8.4.5 制度建设

装卸合理化，除了上述四个方面的内容，还涉及一个根本的问题——制度。装卸活动必须纳入制度规范的范畴，实际工作中，制度规范往往体现在各种规程中，比如，有防止"野蛮装卸"以减少装卸物损失的工作规程；也有保护装卸设备和人员安全的工作规程。

各种规程的设立和实施，确保了装卸工作管理的程序化和规范化，使得整个装卸流程得以顺利进行。

小 结

装卸搬运，本书中简称装卸，有其自身的特征，表现为：装卸是一种附属性、衍生性的活动；是一种支持性、保障性的活动；是一种衔接性的活动；是一种经济性的活动。装卸多种多样，为研究方便，可以按照装卸作业的方式、被装卸物的运动方式、装卸作业的特点、作业对象等标志对装卸进行分类。装卸机械的选择直接关系到装卸活动的效率，也直接影响到装卸的合理化，装卸设备的选择必须兼顾装卸物的特性、环境的特性、装卸作业的特性、装卸机械的特性以及经济性等方面的因素，综合考虑，合理选择。实现装卸的合理化，还应采取以下措施：防止无效装卸；减少装卸消耗；充分利用机械，实现"规模装卸"；提高物的装卸活性；加强制度建设。

阅 读 资 料

集装箱的规格划分

集装箱是一种能反复使用的便于快速装卸的标准化货柜。

有 20 尺、40 尺、45 尺、50 尺、另有高柜、重柜之分，还有液体柜等。外尺寸为 $20 \times 8 \times 8$

英尺 6 英寸，简称 20 尺货柜；40×8×8 英尺 6 英寸，简称 40 尺货柜；及近年较多使用的 40×8×9 英尺 6 英寸，简称 40 尺高柜。

20 尺柜：内容积为 5.69×2.13×2.18 米，配货毛重一般为 17.5 吨，体积为 24~26 立方米。
40 尺柜：内容积为 11.8×2.13×2.18 米，配货毛重一般为 22 吨，体积为 54 立方米。
40 尺高柜：内容积为 11.8×2.13×2.72 米，配货毛重一般为 22 吨，体积为 68 立方米。
45 尺高柜：内容积为 13.58×2.34×2.71 米，配货毛重一般为 29 吨，体积为 86 立方米。
20 尺开顶柜：内容积为 5.89×2.32×2.31 米，配货毛重为 20 吨，体积为 31.5 立方米。
40 尺开顶柜：内容积为 12.01×2.33×2.15 米，配货毛重为 30.4 吨，体积为 65 立方米。
20 尺平底货柜：内容积为 5.85×2.23×2.15 米，配货毛重为 23 吨，体积为 28 立方米。
40 尺平底货柜：内容积为 12.05×2.12×1.96 米，配货毛重为 36 吨，体积为 50 立方米。

资料来源：中国物流与采购网：http://www.chinawuliu.com.cn/xsyj/201210/30/190338.shtml。

练 习 题

一、单选题

1. 在同一地域范围内（如车站范围、工厂范围、仓库内部等）改变"物"的存放、支承状态的活动称为（　　）。
   A）搬运　　　　B）装卸　　　　C）装卸搬运　　　　D）装载

2. 按照被装物的主要运动方式，装卸可分为（　　）。
   A）垂直装卸、水平装卸　　　　B）连续装卸、间歇装卸
   C）吊上吊下方式、叉上叉下方式　　　　D）滚上滚下方式、移上移下方式

3. （　　）是采用各种起重机械从货物上部起吊，依靠起吊装置的垂直移动实现装卸，并在吊车运行的范围内或回转的范围内实现搬运或依靠搬运车辆实现小搬运。
   A）滚上滚下方式　　　　B）移上移下方式
   C）吊上吊下方式　　　　D）叉上叉下方式

4. （　　）有较强的机动性，装卸地点可在较大范围内变动，主要适用于物流不固定的各种货物，尤其适于包装货物、大件货物。
   A）连续装卸　　　B）间歇装卸　　　C）垂直装卸　　　D）水平装卸

5. 产品（或物料）比较多样化，数量中等或少量，工艺过程占主导地位或费用昂贵的，可按（　　）布置。
   A）固定位置　　　B）工艺过程　　　C）产品　　　D）对象原则

6. 在物流场站布置中，（　　）比直线形多见，通常是因为受外界搬运设施以及搬运方法、面积利用、运转管理费用等因素的影响。
   A）L 形和 O 形　　　　B）O 形和 U 形
   C）L 形和 U 形　　　　D）L 形和 O 形

7. 物流过程中，货损发生的主要环节是（　　）环节。
   A）包装　　　B）仓储　　　C）运输　　　D）装卸

二、填空题

1. 在同一地域范围内（如车站范围、工厂范围、仓库内部等）改变"物"的存放、支承状态的活动称为_____，改变"物"的空间位置的活动称为_____，两者全称_____。
2. 按照被装物的主要运动方式，装卸可分为_____和_____。
3. 按照装卸对象，装卸可分为_____、_____和_____。
4. _____采取提升和降落的方式进行装卸，这种装卸需要消耗较大的能量。
5. 装卸的基本内容有三项，即物、_____和_____。
6. 设施布置有三种传统类型：按固定位置布置、_____和_____。
7. 在物流场站布置中常遇到的基本物流模式有三种：直线形（或直通形）、_____和_____。
8. _____是消耗于有用货物必要装卸劳动之外的多余装卸劳动。

三、问答题

1. 什么是装卸？它有哪些特点？
2. 简述装卸物分类的程序。
3. 装卸搬运分析对物料布置的要求基本有哪些？
4. 如何分析各项移动？
5. 如何实现物流装卸的合理化？
6. 无效装卸具体反映在哪几个方面？
7. 选择装卸机械时要考虑哪些方面的因素？

第 9 章　运输

- 运输的分类
- 运输的作用
- 运输的影响因素
- 不合理运输的表现形式
- 运输合理化的有效措施

- 运输的影响因素
- 运输合理化的有效措施

熟练掌握以下内容：
- 运输的分类
- 运输的影响因素
- 不合理运输的表现形式
- 运输合理化的有效措施

了解以下内容：
- 运输的作用

物流运输担负着连接供应商和用户的重要职能，特别是在对于空间距离较大的供应商和用户之间这种作用越发明显。运输发展的滞后，往往形成"瓶颈"，制约着物流整体发展水平，甚至影响到经济发展。因此必须充分了解和认识物流运输的重要作用，分析影响物流运输的因素，采取有效措施，实现物流运输的合理化。

9.1　运输概述

运输是指使用运输工具和设备，实现货物空间场所的有目的的位移。在现代社会，随着人类生产活动和生活活动的发展，运输活动已从内部运输脱离出来而形成了交通运输，而且交通运输是独立的物质生产部门。

9.1.1 货物的分类

经由运输部门运输的物资、商品等统称为货物。

运输部门运输的货物,按运输条件可分为普通货物(指按一般条件运输的货物)和特种货物(指按特殊条件运输的货物)两大类。

在运输、保管、装卸等工作中不必采取特殊措施的货物即为普通货物。

特种货物是指由于货物本身的重量、体积、性质、形状等方面的原因,在运输、保管、装卸等工作中必须采取特殊措施才能保证其安全运输的货物。特种货物一般包括危险货物、鲜活货物(分易腐货物和活动物两大类)、长大笨重货物等。

9.1.2 运输的地位

无论生产企业采购生产所需要的原材料、设备等的物流以及产品销售的物流,还是物流企业从生产企业采购产品进行仓储或是将仓储的物资转移到消费者手中,都离不开运输。运输在物流工作中具有重要的地位。

1. 运输配送是物流网络的构成基础

物流系统是一个网络结构系统,由物流据点(物流中心、配送中心或车站、码头)与运输配送线路构成。物品位置在空间发生的位移,称线路活动;其他物流活动是在据点上进行的,称为节点活动。无论直供物流网络还是中转物流网络,如果没有线路活动,网络结点将成为孤立的点,网络也就不存在,零售店或用户需要的物品也就无法得到。由此可见,运输配送在物流网络的构成中是一个重要的基础条件。

2. 运输配送是物流系统功能的核心

物流系统具有创造物品的空间效用、时间效用、形质效用三大效用(或称三大功能)。时间效用主要由仓储活动来实现,形质效用由流通加工业务来实现,空间效用是通过运输配送来实现。运输配送是物流系统不可缺少的功能。物流系统的三大功能是主体功能,其他功能(装卸、搬运和信息处理)是从属功能。而主体功能中的运输配送功能的主导地位更加凸现出来,成为所有功能的核心。

3. 运输配送合理化是物流系统合理化的关键

物流合理化是指在各物流子系统合理化基础上形成的最优物流系统总体功能,即系统以尽可能低的成本创造更多的空间效用、时间效用、形质效用。或者从物流承担的主体来说,以最低的成本为用户提供更多优质的物流服务。运输配送是各功能的基础与核心,直接影响着物流子系统,只有运输配送合理化,才能使物流结构更加合理,总体功能更优。因此,运输配送合理化是物流系统合理化的关键。

9.2 运输方式的类型

9.2.1 按照运输设备及运输工具分类

按照运输设备及运输工具可将运输方式分为公路运输、铁路运输、水运、航空运输和管道运输。

1. 公路运输

公路运输是最普及的一种运输方式。其最大优点是空间和时间方面具有充分的自由性，不受路线和停车站的约束，只要没有特别的障碍（如壕沟、过窄的通道等），汽车都可以到达。因此，可以实行从发货人到受货人之间门对门直达输送。由于减少了转运环节，货物包装可以简化，货物损伤、丢失和误送的可能性很小。

购置汽车费用有限，一般企业都可以实现。自行运输和委托运输可以同时进行，由于自备车有充分的机动性，使用非常方便。

公路运输的运输单位小，运输量和汽车台数与操作人员数成正比，产生不了大批量输送的效果。动力费和劳务费较高，特别是长距离输送中缺点较为显著。此外，由于在运行中司机自由意志起主要作用，容易发生交通事故，对人身、货物、汽车本身造成损失。由于汽车数量的增多，产生交通阻塞，使汽车运行困难，同时产生的废气、噪音也造成了环境污染。

高速公路和封闭式公路的建设为公路的长途运输创造了有利条件。运货汽车种类很多，有卡车、厢式货车、拖车、冷藏车等专用货车，虽然大型化是发展趋势，但是小型货车的适用范围很广，今后仍然会保持大型货车和小型货车相结合的汽车运输体系。

2. 铁路运输

铁路运输是陆地长距离运输的主要方式。由于其货车在固定轨道线路上行驶，可以自成系统，不受其他运输条件的影响，按时刻表运行。还具有轨道行驶阻力小、不需频繁地启动制动、可重载高速运行及运输单位大等优点，从而使运费和劳务费降低。但由于在专用线路上行驶，而且车站之间距离比较远，缺乏机动性，此外，运输的起点和终点常常需要汽车进行转运，增加了搬运次数。

铁路及其附属设施的建设需要国家投资。除了少数大型工厂和矿山有自己的支线外，一般企业只能利用公有铁路。

铁道运输车辆主要有机车和货车车厢两种。以煤炭为动力的蒸汽机车已属淘汰产品，目前正由内燃机车向电汽机车发展。货车车箱随用途而异，也有不同种类，如油罐车、集装箱车等。

3. 水运

水运是使用船舶运送客货的一种运输方式。

水运主要承担大数量、长距离的运输，是在干线运输中起主力作用的运输方式。在内河及沿海，水运也常作为小型运输方式使用，担任补充及衔接大批量干线运输的任务。水运的主要优点是成本低，能进行低成本、大批量、远距离的运输。但是水运也有显而易见的缺点，主要是运输速度慢，受港口、水位、季节、气候影响较大，因而一年中中断运输的时间较长。

水运有以下四种形式：

（1）沿海运输。沿海运输是使用船舶通过大陆附近沿海航道运送客货的一种方式，一般使用中、小型船舶。

（2）近海运输。近海运输是使用船舶通过大陆邻近国家海上航道运送客货的一种运输形式，视航程可使用中型船舶，也可使用小型船舶。

（3）远洋运输。远洋运输是使用船舶跨大洋的长途运输形式，主要依靠运量大的大型船舶。

（4）内河运输。内河运输是使用船舶在陆地内的江、河、湖、川等水道进行运输的一种方式，要使用中、小型船舶。

4. 航空运输

航空运输是使用飞机或其他航空器进行运输的一种形式。航空运输的单位成本很高，因此，主要适合运载两类货物：一类是价值高、运费承担能力很强的货物，如贵重设备的零部件、高档产品等；另一类是紧急需要的物资，如救灾抢险物资等。

航空运输的主要优点是速度快，不受地形的限制。在火车、汽车都达不到的地区也可依靠航空运输，因而有其重要意义。

5. 管道运输

管道运输是利用管道输送气体、液体和粉状固体的一种运输方式。其运输形式是靠物体在管道内顺着压力方向循序移动实现的，和其他运输方式的重要区别在于，管道设备是静止不动的。管道运输的主要优点是，由于采用密封设备，在运输过程中可避免散失、丢失等损失，也不存在其他运输设备本身在运输过程中消耗动力所形成的无效运输问题。适合于运输量大、定点、单向的流体运输。

管道运输的缺点是在输送地点和输送对象方面具有局限性。一般适用于气体、液体，如天然气、石油等。但是也发展到粉粒体的近距离输送，如粮食、矿粉等，并且还研究了将轻便物体放在特定的密封容器内，在管道内利用空气压力进行输送，如书籍文件、实验样品的输送。随着技术的进步，输送对象的范围在不断扩大。

管道的铺设有地面、地下和架空安装等方式。必要时中途要采用保温、加热、加压的措施，以保证管道的畅通。

9.2.2 按照运输线路分类

按照运输线路可将运输方式分为干线运输、支线运输、城市内运输和厂内运输。

1. 干线运输

干线运输是利用铁路、公路的干线，大型船舶的固定航线进行的长距离、大数量的运输，是进行远距离空间位置转移的重要运输形式。干线运输一般速度较同种工具的其他运输要快，成本也较低。干线运输是运输的主体。

2. 支线运输

支线运输是与干线相接的分支线路上的运输。支线运输是干线运输与收、发货地点之间的补充性运输形式，路程较短，运输量相对较小。支线的建设水平往往低于干线，运输工具水平也往往低于干线，因而速度较慢。

3. 城市内运输

城市内运输是一种补充性的运输形式，路程较短。主要是干线、支线运输到站后，站与用户仓库或指定接货地点之间的运输，由于是单个单位的需要，所以运量也较小。

4. 厂内运输

厂内运输是指在工业企业范围内，直接为生产过程服务的运输。一般在车间与车间之间、车间与仓库之间进行。小企业中的这种运输以及大企业车间内部、仓库内部则不称"运输"而称"搬运"。

9.2.3 按照运输的作用分类

按照运输的作用可将运输方式分为集货运输和配送运输。

1. 集货运输

集货运输是将分散的货物汇集集中的运输形式,一般是短距离、小批量的运输,货物集中后才能利用干线运输形式进行远距离及大批量的运输,因此,集货运输是干线运输的一种补充形式。

2. 配送运输

配送运输将据点中已按用户要求配好的货分送给各个用户的运输。一般是短距离、小批量的运输,从运输的角度讲是对干线运输的一种补充和完善。

9.2.4 按照运输的协作程度分类

按运输的协作程度可将运输方式分为一般运输、联合运输及多式联运三类。

1. 一般运输

孤立地采用不同运输工具或同类运输工具而没有形成有机协作关系的为一般运输,如汽车运输、火车运输等。

2. 联合运输

联合运输简称联运,是使用同一运送凭证,由不同运输方式或不同运输企业进行有机衔接以接运货物,利用每种运输手段的优势且充分发挥不同运输工具效率的一种运输形式。

采用联合运输,对用户来讲,可以简化托运手续,方便用户。同时可以加快运输速度,也有利于节省运费。经常采用的联合运输形式有:铁海联运、公铁联运、公海联运等。

3. 多式联运

多式联运是联合运输的一种现代形式。一般的联合运输,规模较小,在国内大范围物流和国际物流领域,往往需要反复地使用多种运输手段进行运输。在这种情况下,进行复杂的运输方式衔接,并且具有联合运输形式的称作多式联运。

9.3 运输合理化

9.3.1 影响合理运输的主要因素

影响物流合理运输的因素很多,起决定作用的有以下五个因素。

1. 运输距离

运输费用、运输时间等都与运距有关系,运距长短是衡量货物运输是否合理的最基本的要素。

2. 运输方式

各种运输方式都有各自的优势,合理地选择运输方式,最大限度地发挥各种运输方式各自的优势,是组织合理运输的重要一环。

3. 运输环节

每增加一个运输环节,势必会增加运输的附属作业(如装卸、保管等),物流企业的运费用、运输时间等必然也会随之增加，也会增加运输部门的工作量。因此，减少运输环节对合理运输有一定的促进作用。

4．运输费用

运输费用在全部物流费用中占有很大的比重，是物流企业衡量运输是否合理的一个重要标志。同时也决定着物流企业间和各运输方式间的竞争能力。

5．运输时间

运输时间在全部物流时间中占有绝大部分，尤其是远程运输。因此，缩短运输时间对货物的流通时间的减少具有重要作用，同时也可加速运输工具的周转。

9.3.2 不合理运输的表现形式

与合理运输相反则为不合理运输，其表现形式大致可以分为三大类。

1．与运输方向有关的不合理运输

（1）对流运输。对流运输是指同一品种、同一规格或可以相互代替的物资，在同一线路或不同运输方式的平行线路上的相向运输。

（2）交叉运输。凡同种物资有两对以上供销关系，在路网密集地区运送而又产生多余走行公里时，称为交叉运输。

（3）未充分利用空载方向的运输。凡是可以利用运载工具回空运输的物资而仍然在重载方向运输时，亦属于不合理运输。这种不合理运输常在砖、瓦、石料等地区内矿建材料的运输中出现。

2．与运输距离有关的不合理运输

（1）过远运输。过远运输是指就地就近可以供应的物资而舍近求远的运输。

（2）迂回运输。迂回运输是指物资不走最短径路的绕道运输。

（3）铁路短途运输和水运过近运输。铁路短途运输是指可以由其他运输方式运输的物资且又不足铁路的经济运行里程而用铁路进行的运输。水运过近运输是指可以由其他运输工具运输的物资且又不足船舶的经济运行里程而用水运进行的运输。

3．与运量有关的不合理运输

（1）重复运输。重复运输是指物资由起运地运到目的地，未经任何加工或必要的作业的再次运输。重复运输是物资流通过程中不必要的中转，不仅浪费了运力，而且还会增加物流等企业的运输费用。

（2）无效运输。无效运输是指凡装运的物资中无使用价值的杂质（如煤炭中的矸石、原油中的水分、矿石中的泥土与砂石）含量过多或含量超过规定标准的运输。

（3）违反水陆分工、弃水走陆的运输。凡是在发到点之间有陆运和水运多种运输方式，把适合水路或水陆联运的物资使用铁路或公路的运输，即属于违反水陆分工、弃水走陆的运输。

9.3.3 运输合理化的有效措施

1．运输管理工作应遵循的原则

随着物流需求的高度化，多品种、小批量物流成为现代物流的重要特征，因此对货物运输的质量要求也越来越高，这对运输管理提出了更高的要求，做好运输管理工作是保证高质量物流服务的重要环节。因此，明确运输管理工作的原则，提高运输管理工作的效率，是实现运输合理化的前提条件。就物流而言，组织运输工作应该贯彻"及时、准确、经济、安全"的基本原则。

（1）及时。按照产、供、销的实际需要，及时把货物送达到指定的地点，尽量缩短物资在途时间。

（2）准确。在货物运输过程中防止各种差错的发生，准确无误地将物资送达到收货人手中。

（3）经济。通过合理的运输手段和运输线路以及配货方案，提高运输效率，降低运输成本。

（4）安全。在货物运输前做好运输包装工作，保证在货物运输过程中不发生霉烂、碰撞、挤压、残损以及丢失现象。对于危险品要防止燃烧、爆炸。

2. 运输合理化的有效措施

采取有效的措施，力求货物的运量、运距、流向和中转环节合理，以最少的费用支出、最快速度，均衡、及时、质量良好地进行货物运输，这将给物流需求企业在人力、物力、财力诸方面带来极大的利益。运输合理化涉及方方面面的内容，与之相应的合理化措施多种多样。归纳起来，运输合理化的措施包括以下几方面的内容：

（1）提高运输工具实载率。提高实载率，能够充分利用运输工具的额定能力，减少车船空驶和不满载行驶的时间，减少浪费，从而求得运输的合理化。根据测定，汽车运输的实载率每下降1%，百吨货物千米的油耗约上升1%~2%。

当前，国内外开展的"配送"形式，优势之一就是将多家需要的货物或者一家需要的多种货物实行配装，以达到容积和载重的充分合理运用，比起以往自家提货或一家送货车辆大部分空驶的状况，是运输合理化的一个进展。在铁路运输中，整车运输、合装整车、整车分卸及整车零卸等，都是提高实载率的有效措施。

（2）采取减少动力投入、增加运输能力的有效措施。这种合理化的要点是：少投入、多产出，走高效益之路。运输的投入主要是能耗和基础设施的建设，在设施建设已定型和完成的情况下，尽量减少能源投入，是少投入的核心。做到了这一点就能大大节约运费，降低单位货物的运输成本，达到合理化的目的。

在此方面可以广泛地借鉴国内外的经验，从中获得启示。国内外在这方面的有效措施有：

- 在机车能力允许情况下，加挂车皮。
- 水运拖排和拖带法。竹、木等物资的运输，利用竹、木本身浮力，不用运输工具载运，采取拖带法运输，可省去运输工具本身的动力消耗从而求得合理化；将无动力驳船编成一定队形，一般是"纵列"，用拖轮拖带行驶，可以有比船舶载乘运输运量大的优点，从而求得合理化。
- 顶推法。是我国内河货运采取的一种有效方法。将内河驳船编成一定队形，由机动船顶推前进的航行方法。其优点是航行阻力小、顶推量大、速度较快、运输成本很低。
- 汽车列车。汽车列车的原理和船舶拖带、火车加挂基本相同，都是在充分利用动力能力的基础上，增加运输能力。汽车列车和单车相比，可以用甩挂的办法，以提高效率、降低油耗。根据测定，在汽车列车中，半挂汽车列车又比全挂汽车列车更为优越。
- 选择大吨位汽车。在运量比较大的路线上，采用大吨位汽车进行运输，比小吨位汽车进行运输能够有相当大的节约。例如美国货运汽车平均吨位为12.5吨，每百吨千米油耗为 3.01 升；我国平均载重吨位为 4.6 吨，每百吨千米油耗为 8 升。

（3）尽量发展直达运输。直达运输是追求运输合理化的重要形式，其对合理化的追求要点是通过减少中转过程换载，从而提高运输速度，省去装卸费用，降低中转货损。直达的优势，尤其是在一次运输批量和用户一次需求量达到了一整车时表现最为突出。

（4）配载运输。这是充分利用运输工具载重量和容积，合理安放装载的货物及载运方法以求得合理化的一种运输方式。配载运输也是提高运输工具实载率的一种有效形式。

配载运输往往是轻重商品的混合配载，在以重质货物运输为主的情况下，同时搭载一些轻泡货物。如海运矿石、黄沙等重质货物，同时捎运木材、毛竹等；铁路运矿石、钢材等重物上面搭运轻泡农、副产品等。在基本不增加运力投入和基本不减少重质货物运输情况下，解决了轻泡货的搭运，因而效果显著。

（5）发展特殊运输技术和运输工具。依靠科技进步是运输合理化的重要途径。例如专用散装及罐车，解决了粉状、液状物运输损耗大，安全性差等问题；袋鼠式车皮、大型半挂车解决了大型设备整体运输问题；"滚装船"解决了车载货的运输问题；集装箱船比普通船舶能容纳更多的箱体；集装箱高速直达车船加快了运输速度等，都是通过采用先进的科学技术实现合理化。

（6）发展流通加工，使运输合理化。有不少产品，由于产品本身形态及特性问题，很难实现运输的合理化，如果进行适当加工，就能够有效解决合理运输问题。例如将造纸材在产地预先加工成干纸浆，然后压缩体积运输，就能解决造纸材运输不满载的问题；轻泡产品预先捆紧包装成规定尺寸，装车就容易提高装载量；水产品及肉类预先冷冻，就可提高车辆装载率并降低运输损耗。

小　　结

运输是物流网络的构成基础，是物流系统功能的核心，也是物流合理化的关键所在。研究物流活动中的运输的目的，是要实现运输的合理化。要达到这一目的，首先要对各种各样的运输实施分类，可以按照运输的设备、工具，运输线路，运输的作用，运输的协作程度对运输进行分类。实现运输的合理化，必须分析影响运输的因素，这些因素包括：运输距离、运输方式、运输环节、运输费用和运输时间；分析与运输方向、运输距离和运量有关的不合理运输，进而采取有效措施，实现运输的合理化。这些措施包括：明确物流运输的及时、准确、经济、安全的原则；提高运输工具的实载率；增强运输能力的有效性；尽量发展直达运输；发展配载运输；发展特殊的运输工具和运输技术等。

阅 读 资 料

运输承运人的分类

虽然 20 世纪 70 年代后期经济法规不断减少，但承运人的法定分类仍不断被提及。更特别的是，运输承运人被分类为出租承运人或自有车辆承运人。出租承运人又可进一步细分为公共承运人、契约承运人、豁免承运人。承运人的法定分类之所以重要是因为不同的承运人所受经济规制的程度是不一样的（例如，公共承运人比契约承运人有更广泛的经济法规限制）。但是，不管经济规制的程度如何，所有的承运人必须遵守相关的环境和安全法规。

把公共承运人（Common Carrier）与其他运输形式区别开来的关键因素是公共承运人统一服务一般大众。为了保证充分服务一般大众，公共承运人承担着四个特殊的义务：服务、递送、收取合理的运费、避免价格和服务歧视。公共承运人的服务义务是指公共承运人应该服务于所有需要服务的顾客，只要货物及货物始发和目的地在承运人的服务范围之内。

递送的责任要求承运人提供及时的货物收集和递送服务，同时保证交付的货物与接收时的货物状态完全一致（例如，避免缺失或货物的损坏）。要求支付合理运价的责任一直被认为是同时为承运人和用户提供保护，合理运价思想可以防止运价过低以至于承运人不能或不愿运输货物；同时它也可以防止运价过高以至于用户不愿或不能提交货物给承运人。避免价格和服务歧视的义务要求处理相同处境的顾客（例如运送相同货物的顾客，运输的始发地和目的地相同的顾客）应当受到相同的对待。

契约承运人（Contract Carrier）基于合同向顾客提供特殊的服务。合同对获取的报酬、提供的服务、使用设备的类型等都作了详细说明。与公众承运人不同，合同承运人没有义务为一般公众提供服务，而仅仅服务于与其签订了合同的顾客。而且，契约承运人没有必要对所有顾客一视同仁，因为每一个合同都是按照各个顾客的要求特别制定的，契约承运人可被看作既具备了自有车辆承运人的很多优势（例如服务控制），同时又避免了自有车辆承运人的许多缺点（例如驾驶员的雇佣、拥有设备）。

豁免承运人（Exempt Carrier）是一种不受经济法规约束的出租承运人。合理的运价和服务必须是承运人和用户直接协商决定的。

自有车辆承运人（Private Carrier）不受经济法规的约束，它们的主要业务并不是运输，但它们利用卡车、铁路车辆、驳船、班轮或飞机为自己提供运输服务。

能够对运输操作进行控制是自有车辆承运人的主要优势。例如，企业可以在自己最适合的时间进行装运，而不是在承运人方便的时间进行。自有车辆运输可能也是一种成本有效的运输形式，尤其当企业可以找到回程货运的时候，这时由回程货运获取的收入可以用于补偿去程和回程的成本。

虽然自有车辆承运人可能是一种成本有效的运输形式，但拥有或租用相关运输设备需要资本支出，因为它也有可能是相当昂贵的运输形式。

资料来源：[美]小保罗.R.墨菲，唐纳德.F.伍德. 当代物流学. 陈荣秋，等译. 北京：中国人民大学出版社，2009：131—132.

练 习 题

一、单选题

1. （   ）是物流系统功能的核心。
   A）装卸　　　　　B）信息处理　　　C）运输配送　　　D）搬运
2. 物品位置在空间发生的位移，称为（   ）。
   A）线路活动　　　B）节点活动　　　C）位移　　　　　D）物流活动
3. （   ）是物流网络的构成基础。

   A）装卸   B）信息处理   C）运输配送   D）搬运
4．（ ）是最普及的一种运输方式。
   A）公路运输 B）铁路运输   C）水运   D）管道运输
5．（ ）是陆地长距离运输的主要方式。
   A）公路运输 B）铁路运输   C）航空运输 D）管道运输
6．按照运输的作用可将运输方式分为（ ）和配送运输。
   A）散货运输 B）集货运输   C）厂内运输   D）联合运输

二、填空题

1．物流系统具有创造物品的空间效用、_____和_____三大效用（或称三大功能）。
2．物流系统是一个网络结构系统，由物流据点（物流中心、配送中心或车站、码头）与_____构成。
3．_____合理化是物流系统合理化的关键。
4．按照运输设备及运输工具可将运输方式分为公路运输、铁路运输、水运、_____和_____。
5．_____是利用管道输送气体、液体和粉状固体的一种运输方式。
6．按照运输线路可将运输方式分为干线运输、支线运输、_____和_____。
7．按运输的协作程度可将运输方式分为一般运输、_____和_____。

三、问答题

1．影响合理运输的主要因素有哪些？
2．如何理解运输在物流工作中具有的重要地位？
3．水运有哪些形式？
4．不合理运输的表现形式有哪些？
5．运输合理化的有效措施有哪些？

第 10 章　配送

- 物流配送的含义、特征
- 物流配送的要素
- 物流配送的作用
- 物流配送的分类
- 不合理配送的表现形式
- 配送合理化的判断标志
- 配送合理化的措施
- 配送中心的功能
- 配送中心的类型

- 物流配送的含义
- 配送合理化的措施

熟练掌握以下内容:
- 物流配送的含义
- 物流配送的特征
- 物流配送的要素
- 物流配送的分类
- 配送合理化的措施
- 配送中心的功能
- 配送中心的类型

了解以下内容:
- 物流配送的作用
- 不合理配送的表现形式
- 合理配送的标志

物流配送是满足消费者日益多样化、个性化需求，降低物流成本，改善物流服务质量的关键环节。实现物流配送的合理化，除了物流企业在物流管理过程中发展合理的配送，采取有效措施，还要树立起新的观念，借助外力，推进物流中心的建立。

10.1　配送概述

10.1.1　配送的含义及特征

1. 配送的含义

对于配送含义的理解，无论是理论工作者，还是实际工作者，尚存在着很大的差别。即便是在物流比较发达的日本，对于配送概念也没有形成一致的看法。例如，在日本文部省审定的教材中，配送被定义为"最终将物品按指定的日期安全准确交货的输送活动"。而日本日通研究所编写的《物流手册》则把配送称为"面向城市和区域范围内，对需要者进行的运输"。又如，1985 年日本发布的工业标准（被人称为权威性的解释）将配送定义为"把货物从物流结点交到收货人处"的交货行为。而日本物流协会和能率协会出版的《物流战略和革新事例——面向 21 世纪战略物流的挑战》一书则把配送解释为"从中央仓库或小型供货点送货到顾客处"的发送货物活动。

在我国，不同的时期，不同的人，对于配送的理解也不一致。

在研究流通现代化和体制改革问题时，我国学者和实业界人士直接使用了日本的"配送"词语，但又对配送概念作出了新的解释。其中，不少人提出，配送是物流运动中"配"（配货）与"送"（输送）两项活动的有机结合，配送包含着"配"与"送"两种活动。并指出，其中的"配"包括货物的分拣和配货等活动；"送"则泛指各种送货方式和送货行为。

在研究物流问题和表述配送概念时，我国又曾经有学者提出过两种定义：第一，从资源配置的角度出发，认为"配送是以现代送货形式实现资源配置的经济活动"；第二，从实物运动形态的角度出发，认为配送是"按用户定货要求，在配送中心或物流结点进行货物配备，并以最合理的方式送交用户的经济活动"。

国家质量技术监督局发布的中华人民共和国国家标准《物流术语》（GB/T 18354－2006）中，对于配送的解释是：在经济合理区域范围内，根据用户的要求，对物品进行拣选、加工、包装、分割、组配等作业，并按时送达指定地点的物流活动。

从上述分析中可以看出，尽管对配送含义理解上存在差异，但这些表述中也有许多共同点，这些共同点形成了配送的特征。

2. 配送的特征

（1）配送的本质是送货。配送的本质是送货，但配送又不仅仅是送货，即不能将配送等同于一般性的运送（或输送）活动。一般性的送货只是作为一种营销手段（或称售后服务）而展开的。从内容上看，一般性的送货只是简单地将货主的货物送达收货人处，并不附带其他操作，因而是一种简单的经济活动。此外，一般性的送货又是一种偶然性的活动，实践中很少全面考虑需求者（客户）的要求，常常是有什么货送什么货，何时有货何时送货，送货只是售货活动的简单延伸。配送概念中的送货是一种完善化的、高级的输送活动。所谓的"完善化的和高级的送货"，一方面是指在向客户送货的过程中，客观上有确定的组织和比较明确的供货渠道，有相关的制度进行约束；另一方面是指，送货是一种建立在备货和配货基础之上的经济活动,并且又是按照用户的要求组织和安排的一种经济活动。按客户提出的要求(包括货物的品种、质量、规格、数量、送达时间等要求)进行备货、送货乃是配送的基本特点。不难看出,完善的送货不仅仅是一种强化服务的手段,更重要的,它是一种先进的物流方式和物流体制。

(2)配送是一种小范围的综合性物流。配送是建立在备货和配货基础上的送货活动。从物流功能或物流要素的角度出发来考察配送,配送是多项目、多环节物流活动的有机结合,是综合性的、一体化的物流活动。从环节上看,既包含着货物运输,同时也融合着集货、存储、分货、拣选、配装等活动。

(3)配送的全过程有现代化技术和装备的保证。由于现代化技术和装备的采用,使配送在规模、水平、效率、速度、质量等方面远远超过以往的送货形式。在活动中,由于大量采用各种传输设备及识码、拣选等机电装备,使得整个配送作业像工业生产中广泛应用的流水线一样,实现了流通工作的自动化。因此,可以说,配送也是科学技术进步的一个产物。

(4)配送是一种专业化的分工方式。以往的送货形式只是作为推销的一种手段,目的仅仅在于多销售一些商品,而配送则是一种专业化的分工方式,是大生产、专业化分工在流通领域的体现。因此,如果说一般的送货是一种服务方式的话,配送则可以说是一种体制形式。

10.1.2 配送的要素

集货、分拣、配货、配装、配送运输、送达服务以及配送加工等是配送最基本的构成单元。

1. 集货

集货是将各个用户所需要的各种物品,按需要的品种、规格、数量,从仓库的各个货位拣选集中起来,以便进行装车配送的作业。

2. 分拣

分拣是将集货形成的集中物品按运输车辆(每辆车都代表一定的运输路线,装载这条路线上各个用户所需要的各种物品)分开来,分别堆放到指定的装卸点的作业。

3. 配货

配货是将各个配送车辆所要配送的各个客户所需要的各种货品,按用户需要的品种规格、按车辆的装载容量组配起来以便装载和配送运输。集货、分拣过程实际上包含了配货活动。

4. 配装

将所配送的客户所需的各种货品,按其配送车辆的装载容量进行装载组配。当单个客户配送数量不能达到车辆的有效运载负荷时,就要将附近不同客户所需的货物进行搭配装载,以充分利用运能、运力。

5. 配送运输

配送运输是较短距离、局部区域内多客户、多品种的联合送货运输形式,一般使用汽车做运输工具。配送运输的路线是要进行特别计划组织的。

6. 送达服务

送达服务包括将货物送到客户手中,正式移交,以及信息咨询等方面的服务活动。

7. 配送加工

配送加工是按照配送客户的品种要求所进行的流通加工活动。它可以扩大配送品种的实用度,提高客户的满意程度,提高服务水平,提高配送的吸引力。

10.1.3 配送的作用

配送是现代物流发展的产物也是市场竞争的产物。企业受利润、市场份额的驱动想方设法提高送货的服务水平，降低送货的成本，扩大自己的市场，因而急需寻找一种方法。随着物流学的诞生，配送这个新事物一出现就立刻引起企业的关注。于是，便出现了合理的货物配备、合理的车辆调配、合理的路线规划、合理的配装及送达这些新的内涵。这些新内涵的进一步延伸就形成了现代社会的配送。

配送业务与运输、仓储、装卸搬运、流通加工、包装和物流信息融为一体，构成了物流系统的功能体系，其作用可从以下几个方面认识和理解。

1. 有利于物流运动实现合理化

配送是一种社会性的经济运动。从形态上看，则是以集中的、完善的送货取代分散性、单一性的取货。在资源配置方面，配送则表现为以专业组织的库存（集中库存）代替社会上的零散库存。很明显，采用这种方式衔接产需关系，客观上可以打破流通分割和封锁的格局，改变家家户户设仓库及流通分散的落后状态，进而能够很好地满足社会化大生产的发展需要。从理论上说，以集中社会劳动的方式来调整库存结构，改变分散和分割的流通格局，在此基础上形成规模经济运动，实际上就是促使流通领域中的小生产方式向社会化大生产方式转化。从这个意义上说，配送是实现流通社会化、现代化的重要手段。推行配送制可以形成高效率和高效益，从而形成合理化的流通格局。

2. 推行配送制有利于合理配置资源

合理配置资源包含着这样几层意思：资源（包括物资、资金、技术等）在各地区、各部门、各产业之间的分配符合生产力合理布局和产业协调发展的要求；资源在某个行业、某个部门的分配和再分配能够充分发挥行业或部门的优势；资源经分配以后能够最大限度地发挥其作用。由于实施配送可以做到以配送企业的库存取代社会上千家万户的零散库存，或者说，可以使库存相对集中，因此，有条件也有可能按照统一计划合理分配和使用资源，做到物尽其用。

在库存分散的状态下，经常会出现物资超储积压和设备闲置现象，由此，一方面要占用大量资金，影响资金周转；另一方面又不能充分实现物资的价值。而将分散的库存和库存物资集中配送企业以后，由于后者的服务对象是社会上的众多客户，因而很容易使超储物资派上用场，实现其价值和使用价值。由此不难看出，仅就集中库存、统筹规划库存和统一利用库存物资这几项功能而论，推行配送制也能够使资源配置趋于合理化。

3. 利于开发和应用新技术

配送是一种综合性的、小范围内的物流运动，要想顺利开展配送活动，就必须相应地配备各种物流设施和设备。在现代社会，随着生产规模的不断扩大和市场容量的不断增加，配送的规模也在相应扩大。在这样的形势之下，用于配送的各种设备和设施，不但数量会越来越多，而且其技术含量、技术水平也在不断提高。如今，为了适应服务范围不断扩大及操作频率明显加快的需要，不少发达国家的配送组织已相继淘汰了老式设备和部分通用设备，相应建立起了自动化的立体仓库，安装了自动分拣设备和配备了自动传送装置等。与此同时，许多专用工具和专用设备也陆续研制了出来，并先后被用于配送的有关环节上。这样做的结果，一方面大大提高了配送的作业效率；另一方面，客观上也促进了技术进步。因为在生产及流通实践中，设备的更新和先进技术的应用常常是同步运动的。在配送业务不断拓展的过程中，正是随着各种专用设备的广泛使用和各种自动化装置、自动化设施的相继建立，许多生产技术和现代化物流技术才陆续被开发出来，并且得到了广泛应用。

配送的施行既贯穿着技术（包括管理技术）的更新和设施、设备的改造过程，从而必须依靠科学技术的进步来支撑；同时，配送的完善和不断发展又为高新技术的开发与应用提供了良机。从这个意义上说，配送在一定程度上可以起到促进科技进步的作用。

4. 推行配送可以降低物流成本

降低物流成本有两重含义：其一，减少单项物流（如仓储、运输等单项活动）的投入，使之物耗降低、费用减少；其二，减少物流整体运动的劳动消耗和费用支出。由于配送是以专业化的形态进行运动的，并且是一种库存、运力、资源等生产要素相对集中的综合性的经济运动，因此，上面讲到的两种效益都能够很好地发挥出来。就前者而论，在物资流通运动中施行配送，实际上就是要集中社会库存和集中分散的运力，换言之，就是要以配送企业的库存取代分散于各家各户的库存，就是要由配送组织统一安排运输活动，实现"运输专营"。从供求关系上看，就是要以社会供应系统取代企业内部供应系统。这样做的结果，不仅可以优化库存结构和运输结构，从而可以提高设备、设施的利用率，而且能够大大降低物流成本和生产成本。

配送的优势不仅表现在供应方面，同时也表现在库存结构的改变方面。而改变库存结构，使之趋于科学合理，则意味着以总量较低的"集中库存"（专业配送组织的库存）取代总量（总和）较高的"分散库存"（指分散于各个用户的库存总和），显然，发生这种变化，不但降低了物流总成本（表现为减少了资金占用、降低了物耗），而且优化了生产领域的资金结构，减少了企业储备资金的占用量，进而可以起到降低生产成本、促进生产快速发展的作用。

5. 有利于有效地解决交通问题

推行配送制，客观上能够使社会上某些分散的经营活动协调运作，也正因为配送有调整运输结构和集中运力的功能，因此，推行配送制又有助于解决交通问题。具体说就是，通过施行配送，可以减少社会范围内的迂回运输、交叉运输、重复运输等现象，由此，有助于缓解城市道路交通矛盾，解决交通拥挤问题，还能减少运输费用。

6. 有利于环境保护

配送对于整个社会和生态环境来说，也起着重要的作用。它可以节省运输车辆，缓解交通紧张状况，减少噪声、尾气排放等运输污染，为保护生态平衡、创造美好家园做出贡献。

10.2 配送的类型

10.2.1 按照配送组织者分类

按照配送组织者的不同，可以把配送分为以下几种形式。

1. 配送中心配送

配送的组织者是专职配送中心，规模比较大。其中有的配送中心由于需要储存各种商品，储存量也比较大；也有的配送中心专职组织配送，因此储存量较小，主要靠附近的仓库来补充货源。

由于配送中心专业性比较强，且与用户之间存在固定的配送关系，一般的情况下都实行计划配送。尽管需要配送的商品有一定的库存量，但是一般情况很少超越自己的经营范围。

配送中心中的设施及工艺流程一般是根据配送的需要而专门设计的,所以配送能力强,配送距离较远,配送的品种多,配送的数量大,可以承担工业生产用主要物资的配送以及向配送商店实行补充性配送等。

从实施配送较为普遍的国家来看,作为配送主体形式的配送中心配送不但在数量上占主要部分,而且也作为某些小配送单位的总据点,因而发展较快。尽管配送中心配送是配送的重要形式,但这种配送形式有一定局限性。作为大规模配送形式的配送中心配送,其覆盖面较宽。因此,必须有一套配套的大规模实施配送的设施,比如配送中心建筑、车辆、路线、其他配送活动中需要的设备等,因此,其一旦建成便很难改变,灵活机动性较差,投资较高,这就导致了在实施配送初期很难大量建立配送中心。

2. 商店配送

配送的组织者是商业或物资的门市网点,这些网点主要承担商品的零售,一般来讲规模不大,但经营品种却比较齐全。除日常经营的零售业务外,这种配送还可根据用户的要求,将商店经营的品种配齐,或代用户外订外购一部分本商店平时不经营的商品,与商店经营的品种一起配齐运送给用户。

这种配送组织者实力有限,往往只是零星商品的小量配送,所配送的商品种类繁多,但是用户需求量不大,甚至于有些商品只是偶尔需要,很难与大配送中心建立计划配送关系,所以常常利用小零售网点从事此项工作。

由于商业及物资零售网点数量较多,配送半径较小,所以比较灵活机动,可承担生产企业非主要生产物资的配送以及对消费者个人的配送。可以说,这种配送是配送中心配送的辅助及补充形式。商店配送有两种具体形式。第一,兼营配送。进行一般销售的同时,商店也兼行配送的职能。商店的备货可用于日常销售及配送,因此,有较强的机动性,可以使日常销售与配送相结合,作为互相补充的方式。这种配送形式,在铺面条件一定的情况下,往往可以取得更多的销售额。第二,专营配送。商店不进行零售销售,而是专门进行配送。一般情况下,如果商店位置条件不好,不适于门市销售,而又具有某些方面的经营优势以及渠道优势,可采取这种方式。

3. 仓库配送

以一般仓库为据点来进行配送。它可以是把仓库完全改造成配送中心,也可以是在保持仓库原功能前提下,以仓库原功能为主,再增加一部分配送职能。由于其并不是按配送中心要求专门设计和建立的,所以,一般来讲,仓库配送的规模较小,配送的专业化比较差。但是由于可以利用原仓库的储存设施及能力、收发货场地、交通运输线路等,所以既是开展中等规模的配送可以选择的形式,同时也是较为容易利用现有条件而不需大量投资、上马较快的形式。

4. 生产企业配送

这种配送形式的组织者是生产企业,尤其是进行多品种生产的生产企业。这些企业可以直接从本企业开始进行配送,而不需要再将产品发运到配送中心进行中心配送。

由于避免了一次物流的中转,所以生产企业配送具有一定优势。但是由于生产企业,尤其是现代生产企业,往往实行大批量低成本生产,品种较为单一,因此无法像配送中心那样依靠产品凑整运输取得优势。实际上,生产企业配送不是配送的主体,它只是在地方性较强的产品生产企业中应用较多,比如就地生产、就地消费的食品、饮料、百货等。此外,在生产资料方面,某些不适于中转的化工产品及地方建材也常常采取这种方式。

10.2.2 按照配送对象的种类和数量分类

按照配送对象品种和数量的多少,配送分为以下三种类型。

1. 单品种、大批量配送

生产企业所需要的物资种类繁多,在向这类用户供货时,就发送量而言,有些物资,单独一个品种或几个品种即可凑成一个装卸单元,达到批量标准,这种物资不需要再与其他产品混装同载,而是由专业性很强的配送组织进行大批量配送。这样的配送活动即为单品种、大批量配送。我国开展的"工业配煤"活动实际上就属于这种类型的配送。

单品种、大批量配送,因其配送的物资品种少而数量多,故操作时便于合理安排运输工具,也易于进行计划管理。由于单品种、大批量配送的物流成本比较低,因此,可以获得较高的经济效益。

2. 多品种、少批量配送

在现代社会,生产消费和市场需求纷繁复杂。不同的消费者(包括生产消费者)其需求情况差别很大。有些生产企业,其产品生产所消耗的物资品种很多,但单位时间内每种物资的需要量又都不是很大,呈现出多品种、少批量、多次数消费的状态。为了满足这种生产需要和类似这种需求的市场消费,在物流实践中实施了多品种、少批量、多批次的配送。

多品种、少批量式的配送是按照用户的要求,将所需要的各种物资选好、配齐,少量而多次地运抵客户指定的地点。由于这种配送作业难度较大,技术要求高,使用的设备复杂,因而操作时要求有严格的管理制度和周密的计划进行协调。基于此,可以说,多品种、少批量配送是一种高水平、高标准的配送活动。

3. 配套型配送

这是按照生产企业或建设单位的要求,将其所需要的多种物资(配套产品)配备齐全后直接运送到生产厂或建设工地的一种配送形式。通常,生产零配件的企业向总装厂供应协作件时多采用这种形式配送物资。我国的物资企业在推行"承包配套供应"制度时也曾经采用过这种配送形式。配套型配送有利于生产企业专心致力于生产,有利于建设单位加快施工进度。

10.2.3 按照时间和数量差别分类

按照时间和数量差别,可以将配送分为以下几种类型。

1. 定时配送

定时配送是配送企业(配送中心)根据与用户签订的协议,按照商定的时间准时配送货物的一种运动形式。在物流实践中定时配送的时间间隔长短不等,短的仅几个小时,长的可达几天。

实行定时配送时,每次配送的货物品种和数量,有时在协议中商定、按计划执行,有时在配送之前用户用商定的联络方式通知配送企业。

由于定时配送的时间固定,因此易于安排工作计划和运输工具。对于用户来说,则便于安排接收货物的人员和设备。由于实行定时配送时,允许用户临时调整货物的品种、数量,因此,在数量变化较大的情况下,也会给配送作业带来困难。

在一些国家,定时配送有两种表现形态。第一,日配形式。日配是定时配送中广泛施行的一种形式。"日配"的时间要求,是在接到用户的定单之后,24小时之内将其所需要的货物运送到指定的接货点（仓库或生产线）。在一般情况下，上午接单下午运抵，下午接单次日上午送到。第二，看板供货形式。定时配送中的"看板供货"是更为精细、准确、水平更高的配送形式，是物资供应与产品生产同步运转的一种表现。看板供货要求配送企业根据生产节奏和生产程序准时将货物运送到生产场所。特点为：配送的货物无须入库；配送作业需要有较高水平的物流系统和各种先进的物流设备来支撑；配送的服务对象（用户）不太广泛，常常是"一对一"地进行配送。

2. 定量配送

定量配送即在一定的时间范围内，按照规定的批量配送货物的一种行为方式。定量配送的最大的特点是：配送的货物数量是固定的，实践中可根据托盘、集装箱的载货量进行测算和定量。由于这种配送方式能够充分利用托盘、集装箱及车辆的装载能力，因此，可以大大提高配送的作业效率。又由于这种配送方式不严格限定时间，因此便于配送企业合理调度车辆，充分利用运输工具。对于用户来说，因每次接收的货物的品种、数量固定，客观上便于合理安排人力和仓位。然而，配送时间不严格限定，有时也会加大用户的库存。

3. 定时、定量配送

即按照商定的时间和规定的数量配送货物的运动形式。这种配送活动是上述两种活动的综合，它兼有定时、定量配送两种方式的优点。

4. 即时配送

即根据用户提出的时间要求和供货数量、品种要求及时地进行配送的形式。即时配送可以满足用户（特别是生产企业）的急需，是一种灵活的配送活动。对于配送企业来说，实施即时配送必须有较强的组织能力和应变能力，必须熟悉服务对象的情况。由于即时配送完全是按照用户的要求运行的，客观上能促使需求者压缩自己的库存，使其货物的"经常储备"趋近于零。

5. 定时、定路线配送

这种配送类似于公交车辆运行。从形态上看，按照运行时刻表，沿着规定的运行路线进行配送即属于定时、定路线配送。实施此种配送，用户须提前提出供货的数量和品种，并且须按规定的时间和在确定的站上接收货物。在用户较多而且比较集中的地区，采用这种形式的配送，可同时为许多用户提供服务（供应物资）。据此，可以做到充分利用运输工具有计划地安排运送及接货工作。因为定时、定路线配送只适用于消费者集中的地区，并且配送的品种、数量不能太多，所以，它又有一定的局限性。

10.2.4 按照加工程度分类

按照加工程度，可将配送分为以下几种类型。

1. 加工配送

加工配送是指与流通加工相结合的配送。在配送据点中设置流通加工环节，或是流通加工中心与配送中心建立在一起。如果社会上现成的产品不能满足用户需要，或者是用户根据本身的工艺要求，需要使用经过某种初加工的产品时，可以在经过加工后进行分拣、配货再送货到户。

流通加工与配送的结合，使得流通加工更有针对性，减少了盲目性。对于配送企业来说，不但可以依靠送货服务、销售经营取得收益，还可通过加工增值取得收益。

2. 集疏配送

集疏配送是指只改变产品数量组成形态而不改变产品本身的物理、化学形态的，与干线运输相配合的一种配送方式。比如大批量进货后小批量、多批次发货，零星集货后以一定批量送货等。

10.2.5 按照配送企业的业务关系分类

按照配送企业的业务关系，可将配送分为以下几种类型。

1. 专业性独立配送

根据产品的性质将其分类，由各专业经销组织分别、独立地进行配送，这种形式的配送属于专业、独立配送。专业性独立配送的优点是：可以充分发挥各专业组织（企业）的优势，便于用户根据自身利益选择配送企业，从而有利于形成竞争机制。

实践中的专业性独立配送主要包括下述几种产品的配送活动：第一，小杂货配送，其产品包括小机电产品、轴承、工具、标准件、各种小百货等；第二，生产资料配送，其中包括金属材料配送、燃料配送、水泥配送、木材配送、化工产品配送等；第三，食品配送，配送的对象包括保质期较短的生鲜食品和保质期较长的干鲜果品；第四，服装配送，配送对象是各种成衣。

2. 综合配送

将若干种相关的产品汇集在一处，由某一个专业组织进行配送即属于综合配送。综合配送是对用户提供比较全面的服务的一种配送形式，可以使用户很快备齐所需要的各种物资，从而能减少用户的进货负担。但综合配送又有一定的局限性。性状差别很大、关联不密切的产品不宜综合，难以开展综合配送。

3. 共同配送

对某一地区的用户进行配送不是由一个企业独自完成的，而是由若干个配送企业联合在一起共同完成的，这种配送即属于共同配送。

共同配送是在核心组织（配送中心）的统一计划、统一调度下展开的，故协调指挥机构必须有较强的组织能力才能推行这种配送形式。

由于共同配送是一种协作性的配送活动，因而，实践中可以充分发挥配送企业的整体优势，可以合理调配、调度运输工具和综合利用物流设施。对于参与协作的配送企业来说，可以借此扩大销售渠道和开展联合经营。对于用户（生产建设单位）来说，可以保证重点建设项目需要。

10.3 配送合理化

10.3.1 不合理配送的表现形式

不合理配送主要包括：

- 资源筹措不合理，如不是多客户多品种联合送货、资源过多过少等。
- 库存决策不合理，如库存量没有控制、库存结构和库存量不合理等。
- 价格不合理，如配送价格过高或过低。

- 配送与直送决策不合理，如大批量用户不直送、小批量用户不配送等。
- 送货中不合理运输，如不联合送货、不科学计划配送路线等。

10.3.2 配送合理化的判断标志

对于配送合理化的判断，目前国内外尚无统一的技术经济指标体系和判断方法，一般而言，应考虑以下标志。

1. 库存标志

库存标志的具体指标包括以下两方面：

（1）库存总量。在一个配送系统中，库存总量从分散的各个用户手中转移给配送中心，配送中心库存数量加上各用户在实行配送后库存量之和应低于实行配送前各用户库存量之和，即库存总量应有所降低。

（2）库存周转。由于配送企业的调剂作用，以低库存保持高的供应能力，库存周转一般总是快于原来各企业库存周转。

为取得共同比较基准，以上库存标志，都以库存储备资金计算，而不以实际物资数量计算。

2. 资金标志

（1）资金总量。用于资源筹措所占用流动资金总量，随储备总量的下降及供应方式的改变必然有一个较大的降低。

（2）资金周转。从资金运用来讲，由于整个节奏加快，资金充分发挥作用，同样数量资金，过去需要较长时期才能满足一定供应要求，配送之后，在较短时期内就能达此目的。所以资金周转是否加快，是衡量配送合理与否的标志。

（3）资金投向的改变。资金分散投入还是集中投入，是资金调控能力的重要反映。实行配送后，资金必然应当从分散投入改为集中投入，以增加调控作用。

3. 成本和效益标志

由于总效益及宏观效益难以计量，在实际判断时，常以是否按国家政策进行经营、是否完成国家税收及配送企业和用户的微观效益来判断。

具体而言，对于配送企业（投入确定的情况下），企业利润反映配送合理化程度；对于用户企业而言，在保证供应水平或提高供应水平（产出一定）的前提下，供应成本的降低，反映了配送的合理化程度。

成本及效益对合理化的衡量，还可以具体到储存、运输等具体配送环节，使判断更为精细。

4. 供应保证标志

从用户的角度看，其最大的担心是害怕供应保证程度降低，进而增加风险承担的程度。提高对用户的供应保证能力是配送的重点工作之一。只有提高对用户的供应保证能力，配送才算做到了合理。供应保证能力可以从以下几个方面判断：

（1）缺货次数。实行配送后，对各用户来讲，该到货而未到货以致影响用户生产及经营的次数，必须下降才算合理。

（2）配送企业集中库存量。对每一个用户来讲，其数量所形成的保证供应能力高于配送前单个企业保证程度，从供应保证来看才算合理。

（3）即时配送的能力及速度。这是在用户出现特殊情况下的特殊供应保障方式，这一能力必须高于未实行配送前用户紧急进货能力及速度才算合理。

5. 社会运力节约标志

运力使用的合理化是依靠送货运力的规划和整个配送系统的合理流程及与社会运输系统合理衔接实现的。送货运力的规划是任何配送中心都需要花力气解决的问题，而其他问题有赖于配送及物流系统的合理化，判断起来比较复杂。可以简化判断如下：

- 社会车辆总数减少，而承运量增加为合理。
- 社会车辆空驶减少为合理。
- 一家一户自提自运减少，社会化运输增加为合理。

6. 物流合理化标志

- 物流费用降低。
- 物流损失减少。
- 物流速度加快。
- 物流方式有效。
- 有效衔接了干线运输和末端运输。
- 物流中转次数减少。
- 采用了先进的技术手段等。

10.3.3 配送合理化的措施

配送合理化的措施主要包括下述几点。

1. 推行一定综合程度的专业化配送

通过采用专业设备、设施及操作程序，取得较好的配送效果并降低配送过分综合化的复杂程度及难度，从而追求配送合理化。

2. 加工配送

通过流通加工和配送的有机结合，实现配送增值。同时，加工借助于配送，加工目的更明确，与客户联系更紧密，避免了盲目性。

3. 共同配送

通过联合多个企业共同配送，可以充分利用运输工具容量，提高运输效率，以最近的路程、最低的配送成本完成配送，从而追求合理化。

4. 实行双向配送

配送企业与用户建立稳定、密切的协作关系。配送企业不仅成了用户的供应代理人，而且成为用户储存据点，甚至成为产品代销人，在配送时，将用户所需的物资送到，再将该用户生产的产品用同一车运回，这种产品也成了配送中心的配送产品之一，或者作为代存代储，免去了生产企业库存包袱。这种送取结合，使运力充分利用，也使配送企业功能有更大的发挥，从而追求合理化。

5. 推行准时配送

准时配送是配送合理化的重要内容。配送做到了准时，用户才有资源把握，可以放心地实施低库存或零库存，可以有效地安排接货的人力、物力，以追求最高效率的工作。另外，保证供应能力，也取决于准时供应。从国外的经验看，准时供应配送系统是现在许多配送企业追求配送合理化的重要手段。

6. 推行即时配送

即时配送是配送企业快速反应能力的具体化,是配送企业能力的体现。即时配送成本较高,但它是整个配送合理化的重要保证手段。此外,用户实行零库存,即时配送也是重要保证手段。

10.4 配送中心

10.4.1 配送中心的含义与功能

1. 配送中心的含义

配送中心是接受生产厂家等供货商多品种、大量的货物,然后按照多家需求者的订货要求,迅速、准确、低成本、高效率地将商品配送到需求场所的物流节点设施。

作为从事配送业务的物流场所或组织,应符合下列要求:
- 为特定的用户服务。
- 配送功能健全。
- 完善的信息网络。
- 多品种、小批量。
- 以配送为主,储存为辅。

一般来说,为了提高物流服务水平,降低物流成本,从工厂等供货场所到配送中心之间实施低成本、高效率的大批量运输,在配送中心分拣后,向区域内的需求者进行配送。在配送过程中,根据需要还可以在接近用户的地方设置末端集配点,从这里向小需求量用户配送商品。

配送中心的选址极其重要,配送中心位置的恰当与否,关系到配送效率、物流成本以及顾客服务水平,对企业的销售战略会产生重要影响。

配送中心的选址首先要能够保证在一定的物流服务水平下满足顾客的订货要求,必须在充分考虑配送距离、配送时间和配送成本的基础上,确定配送圈,或者说配送中心服务区域,根据经销范围,设置合理数量的配送中心。一般地说,配送圈大的话,配送中心的配置数量就会少,距离客户的距离长,配送成本相对高,反之,配送中心的数量增加,与顾客距离缩短,配送成本越低,而运输成本要相对提高。

从物流成本的角度看,配送圈的大小,配送中心数量的增减会直接影响到运输费、入出库费、保管费和配送费等物流总成本的变化,这些费用彼此之间存在着效益背反关系。因此,需要在充分考虑各种因素对物流总成本影响的基础上,确定一个合理的配送圈和配送中心的最佳数量。

物流涉及两个"中心",配送中心与物流中心,两者既有区别又有联系。配送中心与物流中心的关系,一般认为物流中心包括配送中心,配送中心属于物流中心,配送中心也是一种物流中心。物流中心和配送中心都是物流作业集中的场所,但是,不能够说配送中心包括物流中心。物流中心与配送中心的区别主要是范围不同、规模不同、功能也有所不同。物流中心主要处理大范围、长距离、大批量的物流输送问题,配送中心则主要处理局部范围、短距离、小批量的物流配送问题。

2. 配送中心的功能

(1) 采购功能。配送中心必须首先采购所要供应配送的商品，才能及时准确无误地为其用户即生产企业或商业企业供应物资。配送中心应根据市场的供求变化情况，制订并及时调整统一的、周全的采购计划，并由专门的人员与部门组织实施。

(2) 存储与集散功能。配送中心的服务对象是为数众多的生产企业和商业网点（比如连锁店和超级市场），配送中心需要按照用户的要求及时将各种配装好的货物送交到用户手中，满足生产和消费需要。为了顺利有序地完成向用户配送商品的任务，而且为了能够更好地发挥保障生产和消费需要的作用，一般情况下，配送中心通常要兴建现代化的仓库并配备一定数量的仓储设备，存储一定数量的商品。

此外，配送中心凭借其特殊的地位以及拥有的各种先进的设施和设备，能够将分散在各个生产企业的产品集中到一起，然后经过分拣、配装向多家用户发运。

(3) 配组功能。由于每个用户企业对商品的品种、规格、型号、数量、质量、送达时间和地点等的要求不同，配送中心就必须按用户的要求对商品进行分拣和配组。配送中心的这一功能是其与传统仓储企业的明显区别之一，这也是配送中心的最重要的特征之一。没有配组功能，就无所谓配送中心。

(4) 分拣功能。配送中心为之服务的众多客户，彼此差别很大。不仅各自的性质不同，而且经营规模也大相径庭。因此，在订货或进货时，不同的用户对于货物的种类、规格、数量会提出不同的要求。为了同时向不同的用户配送多种货物，配送中心必须采取适当的方式对组织进来的货物进行拣选，并且在此基础上，按照配送计划分装和配装货物。

(5) 分装功能。从配送中心的角度来看，它往往希望采用大批量的进货来降低进货价格和进货费用。但是用户企业为了降低库存、加快资金周转、减少资金占用，则往往要采用小批量进货的方法。为了满足用户的要求，即用户的小批量、多批次进货，配送中心就必须进行分装。

(6) 加工功能。配送中心能够按照用户提出的要求和根据合理配送商品的原则，将组织进来的货物加工成一定的规格、尺寸和形状。这些加工功能是现代配送中心服务职能的具体体现。加工货物是一些配送中心的重要活动。配送中心具备加工功能，积极开展加工业务，既方便了用户，省却了其繁琐劳动，又有利于提高物质资源的利用率和配送效率。此外，对于配送活动本身来说，客观上则起着强化其整体功能的作用。

10.4.2 配送中心的类型

1. 按照经营主体划分

按照经营主体的不同，可将配送中心划分为以下类型：

(1) 厂商主导型配送中心。实力雄厚的特大型生产企业，通过配送中心的设立，形成具有特色的产供销一体化的经营体制，以此来增强市场竞争能力，保持市场占有率。建立以配送中心为核心的物流系统，有利于缩短物流距离，减少中间环节，将产品在最短的时间内以较低的物流成本推向市场，在维持产品的低价格水平的基础上，获得较高的收益。通常，家用电器、汽车、化妆品、食品等厂家多采取这种形式。

(2) 批发商主导型配送中心。批发商主导型配送中心是指以批发企业为主体建立的配送中心。配送中心作为批发商从厂家购进商品，向零售企业，如连锁零售企业的配送中心或店铺直接配送商品的物流基地。为满足零售商日益高度化的需求，批发商必须在订货周期、送货时间等方面不断加以改进，提高服务水平。为了强化批发为零售服务的职能，有的批发企业成立了自由连锁集团。在了解零售店铺经营需求的基础上，采取多种措施支持零售店铺的运营。

（3）零售商主导型配送中心。零售商主导型配送中心是指零售企业（包括不同业态的连锁企业和大型零售业）。为了减少流通环节，降低物流成本，把来自不同进货者的货物在配送中心集中分拣、加工等，然后按其所属的店铺进行计划配送。

（4）物流企业主导型配送中心。物流企业主导型配送中心是指由物流企业建设的面向货主企业提供配送服务的配送中心。其服务对象一般比较固定，物流企业在与货主企业签订长期物流服务合同的基础上，代理企业开展配送业务，属于第三方服务形态。物流企业提供的不仅是设施和保管、配送等作业服务，而且为货主企业提供物流信息系统和配送管理系统，并对配送系统的运营负责。还有一种情况是配送中心的硬件设施属于货主企业或物流设施提供商的，但配送中心的运营由物流企业负责，信息系统等软件设施也由物流企业提供。

（5）共同型配送中心。共同配送是为了实现物流活动的效率化，由两个或两个以上的企业相互协作共同开展配送活动的一种形式。共同型配送中心一般是由规模比较小的批发企业或专业物流企业共同设立的。通过共同开展配送活动，可以解决诸如车辆装载效率低下、资金短缺无法建设配送中心以及配送中心设施利用率低等问题。为多个连锁店提供配送服务的配送中心也可以看作是共同型配送中心。共同型配送中心不仅负责共同配送，还包括共同理货、共同开展流通加工等活动。

2. 按照服务对象划分

按照服务对象的不同，可将配送中心划分为以下类型：

（1）面向最终消费者的配送中心。在商物分离的交易模式下，消费者在店铺看样品挑选购买后，商品由配送中心直接送达到消费者手中。一般来说，家具、大型电器等商品适用于这种配送方式。

（2）面向制造企业的配送中心。面向制造企业的配送中心是根据制造企业的生产需要，将生产所需的原材料或零部件，按照生产计划调度的安排，送达到企业的仓库或直接送到生产现场。这种类型的配送中心承担了生产企业大部分原材料或零部件的供应工作，减少了企业物流作业活动，也为企业实现零库存经营提供了物流条件。

（3）面向零售商的配送中心。面向零售商的配送中心是指配送中心按照零售店铺的订货要求，将各种商品备齐后送达到零售店铺。包括为连锁店服务的配送中心和为百货店服务的配送中心等。

3. 按照配送货物的性质分类

按照配送货物的性质不同，可将配送中心划分为以下类型：

（1）商业货物配送中心。商业货物是指与商流活动直接联系的，伴随着商流活动发生的货物。商业货物配送中心以商业货物为对象，与商流活动直接发生关系，大多数配送中心处理的货物都属于商业货物。

（2）非商业货物配送中心。非商业货物主要指以非商业货物为内容物品，也包含一些小批量的商业货物。非商业货物配送中心以非商业货物为对象，如快件运输的货物处理中心等。

4. 按照社会化程度分类

按照社会化程度，可将配送中心划分为以下类型：

（1）个别企业的配送中心。企业为满足自身经营的需要建设的配送中心，如大型零售企业的配送中心。

（2）公共配送中心。公共配送中心是指为货主企业或物流企业从事商品配送业务提供物流设施及有关服务的配送中心。使用者通过租赁的方式取得配送中心的使用权，并享受配送中心方面提供的公共服务。

5. 按配送中心的功能划分

按配送中心的功能不同，可将配送中心划分为以下类型：

（1）通过型（分拣型）配送中心。通过型配送中心的特点是商品在这里停留的时间非常短，一般只有几个小时或半天，商品途经配送中心的目的是将大批量的商品分解为小批量的商品，将不同种类的商品组合在一起，满足店铺多品种、小批量订货的要求；通过集中与分散的结合，减少运输次数，提高运输效率以及理货作业效率等。通过型配送中心具备高效率的商品检验、拣选以及订单处理等理货和信息处理能力，作业的自动化程度比较高，信息系统也比较发达。

（2）集中库存型配送中心（商品中心）。集中库存型配送中心具有商品储存功能，大量采购的商品储存在这里，各个工厂或店铺不再保有库存，根据生产和销售需要由配送中心及时组织配送。这种将分散库存变为集中库存的做法，有利于降低库存水平，提高库存周转率。

（3）流通加工型配送中心。流通加工型配送中心除了开展配送服务外，还根据用户的需要在配送前对商品进行流通加工。例如，面向连锁超市配送商品的配送中心从事诸如分装、贴标签、食品清洗、服装整烫等流通加工作业，之后再配送到各个店铺。这样，可以减轻店铺作业的压力，集中加工也有助于开展机械化作业，提高流通加工效率。还有一种情况是出于提高运输保管效率的考虑，在运输保管过程中保持散件状态，向用户配送前进行组装加工。

小　　结

物流配送具有实现物流活动合理化、实现资源的有效配置、开发应用新技术、降低物流成本和有效解决交通问题等方面的作用。配送的本质是送货，是一种小范围的综合物流，是一种专业化的分工形式，需要现代技术和设备的保证。集货、分拣、配货、配装、配送运输、送达服务以及配送加工等是配送最基本的构成单元。配送可以按照配送的组织者，配送对象的种类、数量，配送的时间和数量差别，加工程度，配送企业的业务关系等标志，将配送划分为不同的类型。实现物流配送的合理化，应大力推行专业化配送、加工配送、共同配送、双向配送、准时配送和即时配送。配送中心是接受生产厂家等供货商多品种、大批量的货物，然后按照多家需求者的订货要求，迅速、准确、低成本、高效率地将商品配送到需求场所的物流节点设施。具有采购、存储、集散、配组、分拣、分装、加工等功能。通常按照经营主体、服务对象、货物的性质、社会化程度和功能，将配送中心分为不同的类型。

阅 读 资 料

延 迟 策 略

基于时间竞争的核心在于企业是否具有将客户化定制和物流供应的准时性尽可能向后延

迟的能力。然而使用延迟策略往往取决于企业是否具有先进的信息技术。延迟策略的主要目的是降低供应链运作的潜在风险。使用延迟策略能将产品最终的生产和装配环节尽可能向后延迟，直到接到顾客订单再进行生产和配送，这样一来就可以大大避免错误生产以及不准确的信息安排。供应链运作中常见的延迟模式有两种：生产延迟，或叫作组装延迟；地域延迟，或叫作物流延迟。

1. 生产延迟

所谓生产延迟或组装延迟指的是，企业实行一次一单的生产活动，在客户下达确切的订单之前不提前做任何的准备工作，在完全获得详细的采购信息之前也不进行任何物料采购。设想完全根据客户订单进行制造的观点并不新鲜。所不同的是，这种柔性制造方式能够在不以牺牲效率为代价的前提下，实现客户的快速响应。借助于科技的力量，这种以市场需求为基础的柔性制造策略可以使企业完全摆脱预测商业模式的束缚。

生产延迟的目的是在市场需求不确定或者未得到客户需求的情况下，尽可能长时间地使产品处于中性或无承诺状态。应用生产延迟最理想的方式是，为了实现规模经济而生产出大量的标准件或基本件，在收到客户的订单前不对产品进行任何处理，接到订单后再根据产品最终的不同特性完成相应的加工，比如涂上不同的颜色或者安装不同的配件等。企业首先生产大批量的标准件或者基本件，然后经过延迟运作满足不同客户的需要，这样，企业便能通过延迟策略的运作模式将规模经济成功地引入到物流中。最初使用生产延迟的成功案例是根据客户提出的不同要求，在零售店中对油漆的颜色进行混合。这种在店内调和油漆颜色的方法大大降低了油漆零售店的库存数量。实施生产延迟后，零售店不再需要储存大量不同颜色的油漆，只用储存一些基础颜色油漆，然后根据客户的具体要求进行调制即可。

在有些行业中，企业通过先进行大批量生产，然后将产品储存起来，最后按照客户订单的要求对产品进行包装和配置。有些企业先把加工后的产品包装在罐子里，在获得客户明确的订单信息之后，才进行包装处理，贴上标志。还有一些关于生产延迟的例子，比如在汽车、家电以及摩托车等行业中，当顾客购买产品的时候，根据顾客的要求安装配件，完成客户化服务。

这些生产延迟的例子有一个共同之处，它们既满足了市场需求，维持了规模经济大生产带来的效应，同时又降低了物流中的库存数量。生产延迟意味着在满足客户的特定需求之前，产品能满足大量客户的一般需求。生产延迟的影响表现为两个方面。首先，它摆脱了依靠销售预测进行生产，减少了不同产品的种类，从而降低了物流出现错误导致的风险。其次，同时也是更为重要的一点，它促使越来越多的企业应用物流设施以及分销网络来进行生产延迟和最后的装配。假如生产过程中不存在规模经济的影响，同时也不需要高技能的工人从事生产，那么客户化生产最好能安排在尽可能接近客户市场的地方。与此同时，在有些行业中，物流仓库的功能已经从传统的产品储存开始向满足生产延迟的需求进行转化。

2. 地域延迟

从很多方面讲，地域延迟或物流延迟与生产延迟是两个截然不同的概念。地域延迟指的是在一个或者几个具有战略意义的地点，建立仓库，储存全部产品。只有收到客户订单后，才对库存产品进行分拨配送。只要物流活动一开始，企业就必须全力以赴，用经济有效的方法尽可能快速地使产品运抵客户手中。地域延迟策略在保留了规模生产带来的收益的同时，完全摆脱了有预测型商业模式导致的库存风险。

使用地域延迟时通常会涉及部件的供应服务。企业将关键部件和高成本部件存放在中心仓库，确保所有客户都能及时获取所需部件。在获得客户需求后，中央服务中心接收到用电子方式传输的订单信息，进行相应处理，然后使用高速、可靠的运输，将产品直接送到客户手中。这种方式既能够减少整体库存投入，同时又可以提供高质量的客户服务。

物流系统加工能力的提高、运输方式的多样化、高速准确地将产品配送到客户端的先进运作模式，都极大地促进了地域延迟技术的发展。地域延迟技术代替了预测型商业模式对市场进行的库存调度，能够更加快速准确地满足客户需求。与延迟生产不同的是，使用地域延迟后，供应链既能获得生产的规模效益，同时也能够加快直接运输的速度，满足客户对服务水平的要求。

总之，生产延迟和地域延迟两种运作模式给企业提供了多种选择，避免客户未明确下达订单前进行不恰当的市场分销。企业确定具体选择哪一种延迟方式则取决于多种不同因素的影响，如总数量、价值、竞争策略、规模经济以及快速可靠的交货等。在供应链运作的重要性日益增加的今天，企业可以将两种延迟方式结合起来，灵活地选择合适的战略。

资料来源：[美]唐纳德 J.鲍尔索克斯，戴维 J.克劳斯，M.比克斯比·库珀. 供应链物流管理. 马士华，黄爽，赵婷婷，译. 北京：机械工业出版社，2007：11—13.

练 习 题

一、单选题

1. 在经济合理区域范围内，根据用户的要求，对物品进行拣选、加工、包装、分割、组配等作业，并按时送达指定地点的物流活动。这是（　　）对于配送的解释。
   A）日本日通研究所
   B）日本物流协会
   C）日本能率协会
   D）中华人民共和国国家标准

2. （　　）是将各个用户所需要的各种物品，按需要的品种、规格、数量，从仓库的各个货位拣选集中起来，以便进行装车配送的作业。
   A）集货　　　　B）分拣　　　　C）配货　　　　D）配装

3. （　　）是按照配送客户的品种要求所进行的流通加工活动。
   A）集货　　　　B）分拣　　　　C）配货　　　　D）配送加工

4. （　　）的组织者是商业或物资的门市网点，这些网点主要承担商品的零售，一般来讲规模不大，但经营品种却比较齐全。
   A）配送中心配送　　　　　　　B）商店配送
   C）仓库配送　　　　　　　　　D）生产企业配送

5. （　　）是按照生产企业或建设单位的要求，将其所需要的多种物资（配套产品）配备齐全后直接运送到生产厂或建设工地的一种配送形式。
   A）单品种、大批量配送　　　　B）多品种、少批量配送
   C）配套型配送　　　　　　　　D）配送中心配送

6. （　　）是根据用户提出的时间要求和供货数量、品种要求及时地进行配送的形式。

A）定时配送 B）定量配送
C）定时、定量配送 D）即时配送

7．将若干种相关的产品汇集在一处，由某一个专业组织进行配送即属于（　　）。
A）专业性独立配送 B）混流运输
C）综合配送 D）共同配送

8．（　　）的特点是商品在这里停留的时间非常短，一般只有几个小时或半天，商品途经配送中心的目的是将大批量的商品分解为小批量的商品，将不同种类的商品组合在一起，满足店铺多品种、小批量订货的要求。
A）通过型（分拣型）配送中心 B）集中库存型配送中心（商品中心）
C）流通加工型配送中心 D）公共配送中心

二、填空题

1．集货、_____、配货、_____、配送运输、_____和_____等是配送最基本的构成单元。

2．从实施配送较为普遍的国家来看，作为配送主体形式的_____不但在数量上占主要部分，而且也作为某些小配送单位的总据点，因而发展较快。

3．_____配送形式的组织者是生产企业，尤其是进行多品种生产的生产企业。

4．按照配送对象品种数量的多少，配送分为单品种大批量配送、_____和_____。

5．按照加工程度，可将配送分为_____和_____。

6．对某一地区的用户进行配送不是由一个企业独自完成的，而是由若干个配送企业联合在一起共同完成的，这种配送即属于_____。

7．_____是接受生产厂家等供货商多品种、大批量的货物，然后按照多家需求者的订货要求，迅速、准确、低成本、高效率地将商品配送到需求场所的物流节点设施。

8．按照经营主体的不同，可将配送中心划分为厂商主导型配送中心、批发商主导型配送中心、零售商主导型配送中心、_____和_____。

三、问答题

1．简述配送的特征。
2．配送的作用有哪些？
3．按照配送组织者的不同，可以把配送分为哪几种形式？
4．按照时间和数量差别，可以将配送分为哪几种形式？
5．不合理配送的表现形式有哪些？
6．配送合理化的措施有哪些？
7．配送合理化的判断标志有哪些？
8．简述配送中心的功能。

第 11 章 物流信息

- 物流信息的构成、功能、特征
- 物流信息技术
- 物流信息系统的功能
- 物流信息系统的开发

- 物流信息技术
- 物流信息系统的开发

熟练掌握以下内容：
- 物流信息的构成、功能、特征
- 物流信息技术
- 物流信息系统的功能

了解以下内容：
- 物流信息系统的开发

物流信息是连接运输、存储、装卸、包装各环节的纽带，是物流活动顺畅进行的保障，是物流活动取得高效益的前提，是企业管理和经营决策的依据。充分掌握物流信息，能使企业减少浪费、节约费用、降低成本、提高服务质量，确保企业在激烈的市场竞争中立于不败之地。本章主要介绍物流信息、物流信息技术以及物流信息系统的开发等内容。

11.1 物流信息概述

11.1.1 物流信息的构成及功能

1. 物流信息的构成

物流信息是指与物流活动相关的信息，是反映物流各种活动内容的知识、资料、图像、数据、文件的总称。

物流信息由以下两个部分构成：

（1）物流系统内信息。物流系统内信息是指伴随物流活动而发生的信息，包括物品的流转信息、物流作业层信息、物流控制层信息和物流管理层信息。

（2）物流系统外信息。物流系统外信息是指在物流活动以外发生，但提供给物流活动使用的信息，包括供货人信息、顾客信息、订货合同信息、交通运输信息、市场信息、政策信息、还有来自企业内的生产、财务部门与物流有关的信息。

2. 物流信息的功能

物流信息的功能，表现在两个方面：对物流活动具有支持保证的功能；连接整合整个供应链和使整个供应链活动效率化的功能。

11.1.2 物流信息的特征

1. 信息量大

物流信息随着物流活动以及商品交易活动的展开而大量发生。多品种、少批量生产和多频度、小数量配送使库存、运输等物流活动的信息大量增加。零售商广泛应用销售时点信息系统读取销售时点的商品品种、价格、数量等即时销售信息，并对这些销售信息加工整理，通过电子数据交换向相关企业传送。同时为了使库存补充作业合理化，许多企业采用电子自动订货系统。随着企业间合作倾向的增强和信息技术的发展，物流信息的信息量在今后将会越来越大。

2. 速度快

速度快有三层含义。其一，物流信息的更新速度快。多品种少批量生产、多频度小数量配送、利用销售时点信息系统的即时销售使得各种作业活动频繁发生，从而要求物流信息不断更新，而且更新的速度越来越快。其二，物流传输速度快。以多媒体电子计算机为代表的现代技术，对社会进步和经济发展的各个方面产生了巨大的影响，表现在对物流信息管理的影响上，就是极大地提高了物流信息的传输速度，促进了物流信息管理效率的提高。其三，物流信息的价值衰减速度快。物流信息的动态性强，信息的价值衰减速度快，决定了对物流信息管理的时效性要求的提高。

3. 多样化

多样化是指物流信息的来源（或渠道）的多样性。物流信息不仅包括企业内部的物流信息（如生产信息、库存信息等），而且包括企业间的物流信息和与物流活动有关的基础设施的信息。企业竞争优势的获得需要供应链各参与企业之间相互协调合作，协调合作的手段之一是信息即时交换和共享传送，实现信息共享。另外，物流活动往往利用道路、港湾、机场等基础设施。因此，为了高效率地完成物流活动，必须掌握与基础设施有关的信息，如在国际物流过程中必须掌握报关所需信息、港湾作业信息等。

11.2 物流信息技术

物流信息技术包括的内容比较广泛，这里介绍条形码技术、电子数据交换技术、电子自动订货系统、销售时点信息系统。

11.2.1 条形码技术

条形码技术（Barcode）在流通和物流活动中被广泛应用，是为了能迅速、准确地识别商品，自动读取有关商品的信息。

条形码是用一组数字来表示商品的信息。按使用方式分为直接印刷在商品包装上的条形码和印刷在商品标签上的条形码。按使用目的分为商品条形码和物流条形码。

商品条形码是以直接向消费者销售的商品为对象，以单个商品为单位使用的条形码。它由13位数字组成，最前面的两个数字表示国家或地区的代码，中国的代码是69，接着的5个数字表示生产厂家的代码，其后的5个数字表示商品品种的代码，最后的1个数字用来防止机器发生误读错误。例如，商品条形码6902952880041中，69代表中国，02952代表贵州茅台酒厂，88004代表53%（V/V）、106PROOF、500ml的白酒。物流条形码是物流过程中的以商品为对象、以集合包装商品为单位使用的条形码。标准物流条形码由14位数字组成，除了第1位数字之外其余13位数字代表的意思与商品条形码相同。物流条形码第1位数字表示物流识别代码，在物流识别代码中，1代表集合包装容器装6瓶酒，2表装24瓶酒，物流条形码26902952880041代表该包装容器装有中国贵州茅台酒厂的白酒24瓶。商品条形码和物流条形码的区别见表11-1。

表 11-1　商品条形码与物流条形码的比较

项目	应用对象	数字构成	包装形状	应用领域
商品条形码	向消费者销售的商品	13位数字	单个商品包装	POS系统、补充订货管理
物流条形码	物流过程中的商品	14位数字（标准物流条形码）	集合包装（如纸箱、集装箱等）	出入库管理、运输保管分拣管理

条形码是有关生产厂家、批发商、零售商、运输业者等经济主体进行订货和接受订货、销售、运输、保管、出入库检验等活动的信息源。由于在活动发生时点能即时自动读取信息，因此便于及时捕捉到消费者的需要，提高商品销售效果，也有利于促进物流系统提高效率。另外，条形码与其他辨识商品的方法如光学文字识别（Optical Character Recognition，OCR）、光学记号读取（Optical Mark Reader，OMR）比较，具有印刷成本低和读取精度高的优点。

11.2.2 电子数据交换技术

1. 电子数据交换技术的含义

电子数据交换技术（Electronic Data Interchange，EDI）是指不同的企业之间，为了提高经营活动的效率，在标准化的基础上通过计算机联网进行数据传输和交换的方法。EDI的目的是通过建立企业间的数据交换网来实现票据处理、数据加工等事务作业的自动化、省力化、及时化和正确化，同时通过有关销售信息和库存信息的共享来实现经营活动的效率化。需要指出的是，企业在应用EDI时，不仅应关注在供应链参与各方之间传送信息的及时性和有效性，更重要的是关注如何利用这些信息来实现企业各自的经营目标和实现整个供应链活动的效率化。EDI的主要功能表现在电子数据传输和交换、传输数据的存证、文书数据标准格式的转换、安全保密、提供信息查询、提供技术咨询服务、提供信息增值服务等。

2. 电子数据交换系统的要素

构成 EDI 系统的三个要素是 EDI 软硬件、通信网络以及数据标准。一个部门或企业若要实现 EDI，首先必须有一套计算机数据处理系统；其次，为使本企业内部数据比较容易地转换为 EDI 标准格式，必须采用 EDI 标准；另外，通信环境的优劣也是关系到 EDI 成败的重要因素之一。

3. 物流 EDI 技术

物流 EDI 是指货主、承运业主以及其他相关的单位之间，通过 EDI 系统进行物流数据交换，并以此为基础实施物流作业活动的方法。物流 EDI 的参与单位有货主（如生产厂家、贸易商、批发商、零售商等）、承运业主（如独立的物流承运企业等）、实际运送货物的交通运输企业（铁路、水运、航空、公路运输企业等）、协助单位（政府有关部门、金融企业等）和其他的物流相关单位（如仓库业者、专业报关业者等）。物流 EDI 的框架结构如图 11-1 所示。

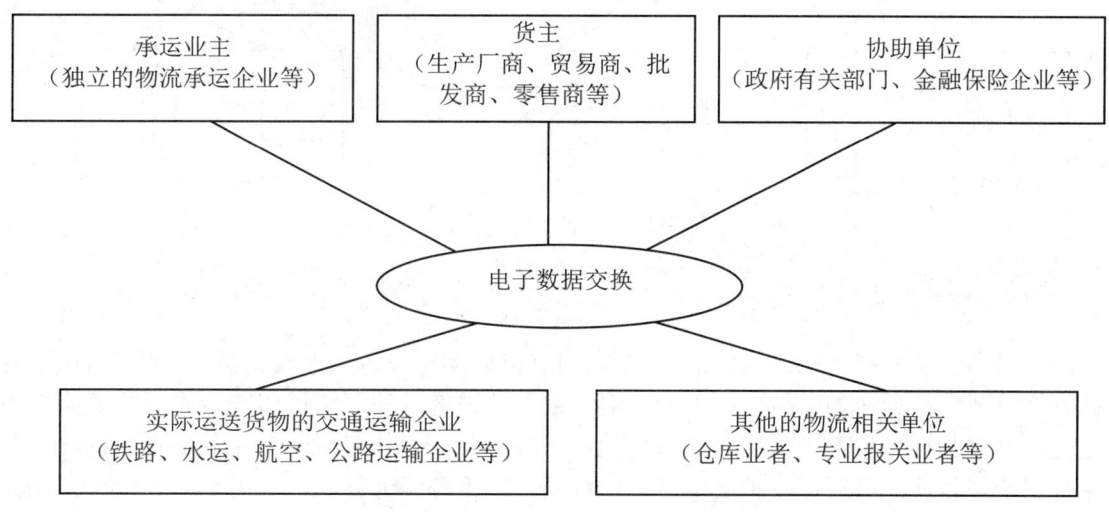

图 11-1　物流电子数据交换

11.2.3　电子自动订货系统

1. 电子自动订货系统的含义

电子自动订货系统（Electric Ordering System，EOS）是指企业间利用通信网络（VAN 或互联网）和终端设备以在线联结（On-line）方式进行订货作业和订货信息交换的系统。EOS 按应用范围可分为企业内的 EOS（如连锁店经营中各个连锁分店与总部之间建立的 EOS 系统）、零售商与批发商之间的 EOS 系统以及零售商、批发商和生产商之间的 EOS 系统。如图 11-2 所示。

2. 电子自动订货系统的基本作用

EOS 系统能及时准确地交换订货信息，在企业物流管理中的作用如下：

- 对于传统的订货方式，如上门订货、邮寄订货、电话订货、传真订货等，EOS 系统可以缩短从接到订单到发出订货的时间，缩短订货商品的交货期，减少商品订单的出错率，节省人工费。

- 有利于减少企业的库存水平,提高企业的库存管理效率,同时也能防止商品特别是畅销商品缺货现象的出现。
- 对于生产厂家和批发商来说,通过分析零售商的商品订货信息,能准确判断畅销商品和滞销商品,有利于企业调整商品生产和销售计划。
- 有利于提高企业物流信息系统的效率,使各个业务信息子系统之间的数据交换更加便利和迅速,丰富企业的经营信息。

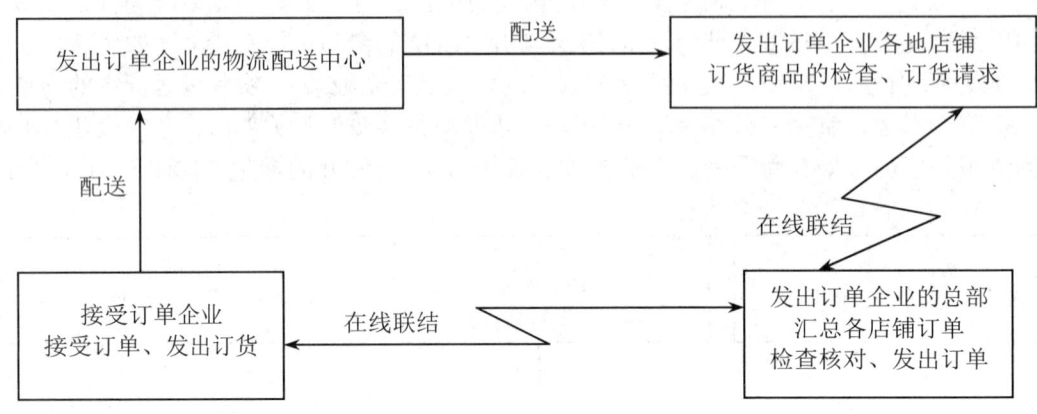

图 11-2　ESO 系统框架

11.2.4　销售时点信息系统

销售时点信息系统(Point of Sale)是指通过自动读取设备(如收银机)在销售商品时直接读取商品销售信息(如商品名、单价、销售数量、销售时间、销售店铺、购买顾客等),并通过通信网络和计算机系统传送至有关部门进行分析加工以提高经营效率的系统。POS 系统最早应用于零售业,以后逐渐扩展至其他如金融、旅馆等服务行业,利用 POS 系统的范围也从企业内部扩展到整个供应链。

11.3　物流信息系统的管理

11.3.1　物流信息系统的定义及其功能

物流信息系统是一个以人为主导、以提高物流企业效益和效率为目的,充分、合理地利用计算机软硬件、网络通信设备以及其他办公设备,进行物流信息的收集、传输、加工、储存、更新和维护,支持物流企业高层决策、中层控制、基层运作的集成化的人机系统。

物流信息系统的基本功能可以归纳为以下几个方面。

1. 数据的收集和录入

物流信息系统首先要做的是用某种方式记录下物流系统内外的有关数据,集中起来并转化为物流信息系统能够接收的形式并输入到系统中。

2. 信息的存储

数据进入系统之后,经过整理和加工,成为支持物流系统运行的物流信息,这些信息需要暂时存储或永久保存，以供使用。

3. 信息的传播

物流信息来自物流系统内外有关单元，又为不同的物流职能所用，因而克服空间障碍的信息传输是物流信息系统的基本功能之一。

4. 信息的处理

物流信息系统的最基本目标，就是将输入数据加工处理成物流信息。信息处理可以是简单的查询、排序，也可以是复杂的模型求解和预测。信息处理能力的强弱是衡量物流信息系统能力的一个重要方面。

5. 信息的输出

物流信息系统的目的是为各级物流人员提供信息。为了便于人们理解，系统输出的形式应力求易读易懂、直观醒目，这是评价物流信息系统的主要标准之一。

从发展的角度看，物流信息系统应向信息采集的在线化、信息存储的大型化、信息传输的网络化、信息处理的智能化以及信息输出的图形化方向发展。

11.3.2 物流信息系统的开发过程

如前所述，建立物流信息系统，不是单项数据处理的简单组合，必须要有系统规划。因为它涉及传统管理思想的转变、管理基础工作的整顿提高，以及现代化物流管理方法的应用等许多方面，是一项范围广、协调性强，人机紧密结合的系统工程。

物流信息系统的管理，实质上是物流信息系统的开发问题。

一般而言，物流信息系统的开发过程包括以下几个阶段。

1. 物流信息系统规划

物流信息系统规划是系统开发最重要的阶段，一旦有了好的系统规划，就可以按照数据处理系统的分析和设计持续进行工作，直到系统的实现。物流信息系统的总体规划基本上包括四个步骤：

（1）定义管理目标。确立各级管理的统一目标，局部目标要服从总体目标。

（2）定义管理功能。确定管理过程中的主要活动和决策。

（3）定义数据分类。在定义管理功能的基础上，把数据按支持一个或多个管理功能分类。

（4）定义信息结构。确定信息系统各个部分及其相互数据之间的关系，导出各个独立性较强的模块，确定模块实现的优先关系，即划分子系统。

2. 系统分析

主要对现行系统和管理方法以及信息流程等有关情况进行现场调查；绘制有关的调研图表；提出系统分析报告，以明确信息系统设计的目标以及达到此目标的可能性。

3. 系统设计

系统设计是根据系统分析的结果，在已经获准的系统分析报告的基础上进行新系统设计。

系统设计的指导思想是结构化的设计思想，就是用一组标准的准则和图表工具，确定系统有哪些模块用什么方式联系在一起，从而构成最优的系统结构。在这个基础上再进行各种输入、输出、处理和数据存储等的详细设计。

（1）总体设计。又称概要设计，是根据系统分析报告确定的系统目标、功能和逻辑模型，为系统设计一个基本结构，从总体上解决如何在计算机系统上实现新系统的问题。

（2）详细设计。是在系统总体设计的基础上对系统的各个组成部分进行详细的、具体的物理设计，使系统总体设计阶段设计的蓝图逐步具体化，以便付诸实施。

4. 系统实施

将系统的各个功能模块进行单独调试和联合调试，对其进行修改和完善，最后得到符合要求的物流信息系统软件。

5. 系统维护与评价

在信息系统试运行一段时间以后，根据现场要求与变化，对系统作一些必要的修改，进一步完善系统，最后和用户一起对系统的功能、效益作出评价。

小 结

物流信息是物流决策的基础和前提。物流信息是指与物流活动相关的信息，是反映物流各种活动内容的知识、资料、图像、数据、文件的总称。物流信息具有信息量大、速度快、多样化等特征。为了充分发挥物流信息对物流活动支持保证功能，对连接整合整个供应链和使整个供应链活动效率化的功能，在从事物流信息管理的过程中，一方面要不断采用新的物流信息技术，如条形码技术、电子数据交换技术、电子自动订货系统、销售时点信息系统；另一方面要注重物流信息系统的开发，充分发挥其对物流信息的收集、存储、传播、处理和输出功能。

阅 读 资 料

信 息 共 享

1. 为什么应该共享信息

供应链管理中的信息角色是取代库存，降低企业的成本。

信息取代时间，帮助企业能够更加快速地响应顾客需求。

简单地说，共享信息帮助企业降低成本，提升顾客服务水平，降低提前期，提升利润，提高质量水平并增强创新。

2. 应该共享什么信息

（1）销售信息和销售预测。

（2）库存水平。通过降低所需安全库存的数量，提供库存水平的可视化能降低供应链中的库存水平。

（3）订单的追踪状况。

（4）绩效指标。这些信息能够帮助提升 SC 团队中每个员工的操作水平，或指出需要被转移给其他组员的任务或流程。

（5）产能和能力信息。

3. 什么时候共享信息

大多数企业在一个产品生命周期的中期，同他们的供应商和顾客共享大量信息，……但是，信息共享对应产品生命周期的开始和结尾也有着很重要的影响意义。在设计和介绍阶段，更多的合作和信息共享可能会改变一个企业的决策，关于应该生产多少新产品，怎样生产或怎样定价的决策。在产品生命周期的成熟期晚期，更好的沟通可以帮助企业避免积压大量过期的，最后只能打折销售的产品。在产品生命周期的退出市场阶段，更好的信息共享能帮助管理者更好地解决反向物流和回收问题。

4. 谁应该共享信息

从"蝴蝶结"方式到菱形方式（Sam Wslton 提出）。

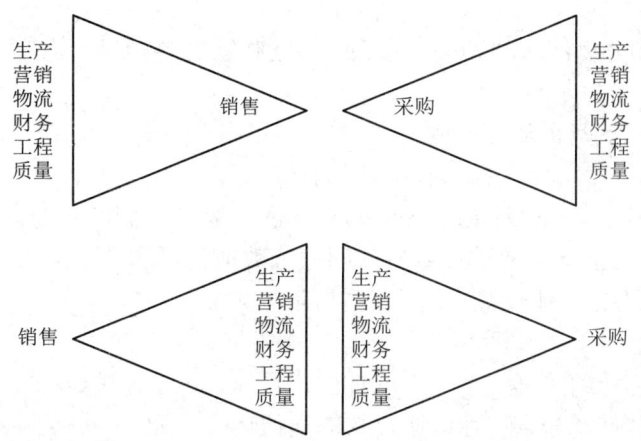

资料来源：[美]斯坦利 E.福西特，莉萨 M.埃尔拉姆，杰弗里 A.奥格登. 供应链管理：从理论到实践. 蔡临宁，邵立夫，译. 北京：清华大学出版社，2009: 304—305.

练 习 题

一、单选题

1. 条形码是用一组（   ）来表示商品的信息。
   A）数字 B）字符
   C）数字或字符 D）数字和字符
2. （   ）是电子自动订货系统的缩写。
   A）EDI B）EOS C）OCR D）POS
3. （   ）是指通过自动读取设备（如收银机）在销售商品时直接读取商品销售信息（如商品名、单价、销售数量、销售时间、销售店铺、购买顾客等），并通过通信网络和计算机系统传送至有关部门进行分析加工以提高经营效率的系统。
   A）条形码技术 B）电子数据交换技术
   C）电子自动订货系统 D）销售时点信息系统
4. 物流信息系统首先要做的是（   ）。
   A）数据的收集和录入 B）信息的存储
   C）信息的传播 D）信息的处理
5. （   ）是系统开发最重要的阶段。
   A）物流信息系统规划 B）系统分析
   C）系统设计 D）系统实施

6．物流信息系统的最基本目标，就是实现（　　）。
　　A）数据的收集和录入　　　　B）信息的存储
　　C）信息的传播　　　　　　　D）信息的处理

二、填空题

1．_____是指与物流活动相关的信息，是反映物流各种活动内容的知识、资料、图像、数据、文件的总称。

2．物流信息由以下两个部分构成：_____和_____。

3．条形码由_____位数字组成，中国的代码是_____。

4．_____（Electronic Data Interchange，EDI）是指不同的企业之间，为了提高经营活动的效率，在标准化的基础上通过计算机联网进行数据传输和交换的方法。

5．物流信息系统的总体规划基本上包括四个步骤：_____、_____、_____和_____。

6．物流 EDI 的参与单位有_____（如生产厂家、贸易商、批发商、零售商等）、_____（如独立的物流承运企业等）、实际运送货物的交通运输企业（铁路企业、水运企业、航空企业、公路运输企业等）、协助单位（政府有关部门、金融企业等）和其他的物流相关单位（如仓库业者、专业报关业者等）。

三、问答题

1．简述物流信息的功能。
2．物流信息的特征有哪些？
3．构成电子数据交换系统的要素有哪些？
4．电子自动订货系统的基本作用是什么？
5．物流管理信息系统的定义及其功能是什么？
6．物流信息系统的开发过程包括哪些阶段？

第三篇　战略与组织

在本篇中将着重介绍物流战略管理、物流组织和物流基础管理工作。内容安排的逻辑顺序：环境的变化，要求企业充分考虑自身的实际选择适宜的经营战略；战略的确立要求企业设计和调整组织结构，以组织运行的高效率确保战略目标的实现；组织的运行效率取决于物流企业的基础管理工作的整体状态，而基础管理工作的状况又决定于能否在新的环境条件下正确认识基础管理工作，并借助现代科技不断改进和加强物流企业的基础管理工作。本篇内容的安排是想明示一个基本的观点：物流的重点在于物的流动；物流管理的重点在于管理。

第 12 章　物流战略管理

- 物流环境的变化及对物流管理的影响
- 物流战略管理的过程、内容与层次
- 物流企业的类型和经营战略的类型

- 物流战略管理的过程
- 物流环境变化对物流管理的影响

熟练掌握以下内容：
- 物流环境的变化
- 物流环境变化对物流管理的影响
- 物流战略管理的过程

了解以下内容：
- 物流战略的内容和层次

物流环境变化的复杂性和快速性，对物流管理提出了更高的要求，物流管理不能将过多的注意力集中在具体管理工作上，必须从总体上进行运作，因此物流战略管理的作用显现得越来越重要。物流战略的制定与选择，必须分析环境的变化，同时还需要考虑到物流企业的实际情况。

12.1　物流环境变化及对物流管理的影响

12.1.1　物流环境变化

从一般意义上讲，企业所面临的外部环境分为宏观环境和微观环境两大类，其构成要素既包括了政治、法律、经济、社会、文化、自然和技术，也包括竞争者、供应商、顾客和替代品等因素。这些因素的不同组合，以不同的方式从不同的角度影响着企业的管理活动。

从物流企业的角度看，这些环境的变化可归纳为以下几个方面。

1. 市场状态的变化

二战以后，随着战争的结束，各个国家纷纷把注意力转移到经济发展上来，短短 20 年的时间，日本由战败国跻身于世界经济强国之列，创造了世界经济发展的奇迹；德国的崛起、美国经济的发展和经济实力的不断壮大、科学技术的发展及应用、制度的变迁，使得人类社会进入了一个新的发展阶段。所有这些又集中反映在市场供需关系的变化上，它导致了市场的两种显著的变化：其一是市场状态的变化，即由卖方市场向买方市场的转变；其二是消费者行为的变化。进入 21 世纪，人们对生活的追求从原来的温饱型、数量型转向小康型，重视生活的质量的趋势日益显著，伴随着这种生活意识的变化，在经济社会向国际化、信息化以及人口结构向高龄化急剧转变的基础上，出现了消费者价值的多元化以及生活类型的多样化的趋向，消费开始向个性化和多样化方向发展，表现在消费行为上，人们在重视商品质量和体现自己生活方式的基础上，购买具有差别化的商品。这种消费行为上的变化对企业的生产和经营产生了深远的影响。

2. 生产、经营方式的变化

卖方市场状态下，生产厂商是市场的主导，即生产决定消费，生产厂商追求企业利润的最大化，生产方式上的表现就是大批量生产，当厂家研制、开发出新产品以后，通过各种各样的媒体，特别是电视广告等促销手段的运用和商业推广，就能唤起全国规模的需求，这种营销的背后隐含的是消费者具有"与他人一致"的消费意识。与这种消费者统一的消费行为相对应，零售业以百货业和综合超市为中心，通过大量购进、大量陈列价廉的商品来推动销售额的增长。

买方市场状态下，消费者是市场的主导，即消费引导市场。随着消费个性化、多样化的发展，消费的趋同性减少，流行商品的生命周期也会越来越短。在这种状况下，厂家要准确预测特定商品的流行程度十分困难。此外，基本生活品在全社会普及之后，商品在质量上的稍微改进或价格的稍微降低都不能大量激发消费者的购买欲望，因而能开发出具有爆发性需求规模的新产品也会越来越困难。

从生产的角度看，很多厂商都在积极开展多品牌战略，即将原来的产品加以改良，附加各种机能，形成产品间微妙的差异，积极开展多品种生产战略。多品牌战略的实施意味着企业的经营从原来厂商生产主导的消费唤起战略转向消费主导的商品生产战略。这种战略转换也改变了原来从事专职大量输送、储存的物流管理活动，也就要求物流既讲求效率，又能促进生产、销售战略的灵活调整和转换。

从零售的角度看，对应于消费个性化、多样化发展，零售业中以家居用品为中心、进货品种广泛的零售店、购物中心等业态的销售额急剧扩大。另外，由于生活类型的多样性带来了诸如活动时间中通宵营业的 24 小时店（便民店）或以利用汽车购物为前提的郊外仓储式商店等新型业态也相继诞生，并实现了快速成长，这些都改变了原来的流通格局，同时也推动了物流服务的差异化和系统化管理的发展。

3. 管理方式的改变

市场状态由卖方市场向买方市场的转变，要求生产方式由少品种、大批量生产向多品种小批量方式转变，同时也要求零售方式的多样化，所有这些都要求管理方式作出调整，必须从原来的"粗放式"向"精细化"管理转变。具体表现为诸如以不断消除浪费，进行永无止境的改进为出发点的 JIT（Just-in-Time）生产方式，以及以不断改进为指导思想、以消除对资源的浪费为目标的精细生产 LP（Lean Production）的不断推广和应用。

从生产的角度来看，越来越多的企业引入虚拟经营的思想，一方面是与其他企业甚至是竞争对手开展广泛的合作；另一方面则是实施更加"深入"的专业化，集中精力做自己最擅长的事情，使得生产过程中的专业化程度进一步提高。

从流通的角度看，零售业中与消费个性化、多样化以及厂商多品种生产相对应，无论在既存的零售业态百货店和超市中，还是新型的 24 小时店等新业态中经营的商品品种数越来越多。但是，与此同时，由于政策、环境、房地产价格等原因、店铺的规模和仓库规模不可能无限扩大，特别是在大都市中，人口密度大、地价高昂、消费更新快、环境法规严格等，更加限制了仓储点和仓储空间的扩大，在这种情况下，只有提高店内管理效率，通过加快商品周转来抵消仓储空间不足等问题。如今，在国际上，大型零售业的经营方针均已从原来通过新店开设寻求外延型发展，转向充实内部管理和投资，积极探索内涵型发展。除此之外另一个推动无在库经营的原因是，由于消费行为的多样化、个性化发展，生产企业商品多品种、少数量生产，实际需求的预测十分困难，在这种状况下，库存越大，零售企业承担的风险也越大，因此，为了降低风险，零售企业必须尽可能地压缩库存，实现实时销售。

以上实践的发展，都从不同的侧面反映出开发高附加价值、高服务水平的物流战略和物流设施是企业在激烈的市场环境中求生存和发展的唯一途径，因此，物流高度化发展的动向及特征应该得到物流企业的充分重视和研究。当然还应当指出的是，在物流服务高度化发展的过程中，物流服务的价格在进一步下降，特别是随着 20 世纪 90 年代全球范围内泡沫经济的崩溃和 20 世纪 90 年代末亚洲金融危机的爆发，企业对降低物流成本的要求越加强烈，所以，企业在制定经营战略时，必须兼顾高服务水准与低成本化。

4. 信息技术的保证

围绕市场状态的变化，不断地调整生产方式与管理方式，其根本的目的还在于以尽可能低的成本、最快的速度为顾客提供高品质的产品或服务。能够使这些经营思想或理念成为现实的是信息技术提供的保证。

无论是多品种小批量，还是无库存管理，能够使它们成为现实，首先是因为 20 世纪 80 年代后期展开的信息技术的革新，具体反映在销售时点信息管理系统（Point of Sales，POS）和电子补充发货系统（Electronic Ordering System，EOS）的导入。POS 系统是指在商品销售时，通过光学式自动读取（Optical Character Reader，OCR）方式的现金出纳机读取每个商品的条形码，进而利用计算机对商品品种、价格、数量等销售信息进行处理、加工的系统。EOS 系统是指在店铺输入订货数据，然后利用通信网络，向卖方、企业总部或配送中心的计算机传送的系统。

POS 和 EOS 系统自开发以后，在商业领域迅速得到了推广和普及，并大大改变了流通绩效，推动物流管理的现代化。从直接带来的利益看，POS 系统的导入提高了现金授受作业的速度和正确性，节省了人力成本，实现了流通效率化。与此同时，在软件利益方面，通过对所蓄积的电子信息进行加工、分析，可以作为经营战略决策的依据和信息来源。具体表现为，可以据此及早把握"畅销品""滞销品"的状况，提高商品周转率，并且还可以调整商品陈列和空间设置，构筑充满魅力的商场。此外，将这种信息与顾客信息相连接，可以推动开发符合顾客需求的新产品，进一步与 EOS 系统连接，可以在补充订货自动化的过程中，防止次品，削弱在库水准等。

12.1.2 物流环境变化对物流管理的影响

物流环境的变化给物流管理带来深刻的影响。概括地讲，环境的变化要求物流管理不能仅仅局限于具体的事物性的管理工作，应从战略的角度实施对物流的管理，也可以说，环境的变化越发凸显物流战略管理的重要性。现代物流战略管理之所以重要，其原因如下所述。

1. 物流需求的高度化发展

经济的发展，使得企业乃至这个社会对于物流的需求越来越大。在整个经营环境的变化之中最为重要的因素是货主物流需求不断向高度化方向发展。这表现为追求在必要的时间配送必要量、必要商品的多频度少量运输或 Just-in-time 运输这种高水准的物流服务，将逐渐普及并成为物流经营的一种标准。相反，原来那种大量生产、大量销售体制下产生的大量输送将会越来越少，进而对物流企业原有的利益格局产生冲击，也就是说，大量运输所产生的利益在物流企业的财务中，比例会越来越少，而原来依靠大量运输来支撑收益的企业在经营中变得越来越不稳定，所以，积极制定、推广高服务水平的物流战略是企业物流发展的必然趋势。

2. 物流企业竞争加剧

经营环境中的需求方面的因素是对战略形成重要影响的一个，另外一个对物流战略发挥重大影响的因素就是物流的供给方面，这主要表现在从事物流经营的企业之间竞争日益激化。

（1）国内企业之间的竞争。国内物流企业之间的竞争，一方面参与竞争的企业越来越多。目前的现状是，原来那种完全商物分离的做法逐渐被摒弃，取而代之厂商、零售商、批发商不同阶段，以及同一阶段不同类型的企业都在积极开拓物流业务，建立自身独特的物流系统，从而使物流竞争的范围越来越广。另一方面，随着物流技术与手段的发展，物流竞争的程度也越来越深。这种竞争程度上的变化既反映在物流服务的多样化，即外延上，又反映在物流服务的高技术、高效率，即内涵型发展。所有这些都使物流竞争比任何时期都要激烈，更需要在战略上来指导物流活动。

（2）经济全球化的影响。随着经济的全球化，物流服务业越来越无国界限制，特别是 WTO 所推进的服务贸易自由化，更使物流市场竞争具有国际化的特性，这无疑给本来就具竞争性的物流经营带来更深刻的影响，使竞争范围更加宽广。例如，随着改革开放的不断深入，航空货运市场如今竞争日趋激烈，从 1998 年下半年开始来自欧洲、美洲和亚洲等地的航空公司都在国内空运市场投入了更大的运力。日本货运航空公司、韩国航空公司已于 1998 年进入上海，美国联邦快递公司也进入了上海市场。1999 年以来，又有汉莎货运航空公司、卢森堡货运航空公司进入我国市场，法国航空业增加了到我国的货运运力。这都表明物流服务的竞争已是一种国际间企业的竞争，所以，没有统一、合理的经营战略将无法在国际竞争中取胜。

3. 经济的可持续发展

随着多频度、小单位配送以及企业物流的广泛展开，如何有效地协调物流效率与经济可持续发展的关系，也是促使物流企业强化战略研究的重要因素。物流功能的广范围、纵深化发展，以及物流需求的高度化延伸，带来的一个直接效应是物流量的急剧膨胀，但是，物流量的巨大化往往会阻碍物流效率提高，这主要是因为它对社会和周围环境可能会产生两方面的负面影响。具体地说，巨大的物流量在没有有效管理和组织的情况下，极易推动运输、配送车辆以及次数增加，而车辆、运行次数上升带来的结果，首先是城市堵车、交通阻滞现象日趋严重，特别是在大都市、中心城市，原来交通状况就比较严重，如果再不断增加路面负荷，更容易产生效率低下以及各种社会问题。任何城市都具有空间的有限性和效率性。城市地理学与城市经济学的研究证明，城市本身在一定的技术条件下有其理想规模，再大就会产生规模不经济，而分配给交通运输系统使用的土地，包括道路和站场也有一定比例，一般在总土地面积的15%～25%较为合理，对一个发展中城市而言，交通运输用地偏低会造成道路网不足。从社会发展的角度看，进一步扩大路网固然重要，但最有效地利用路面则是交通运输体系发展战略最为主要的原则。所以，在战略上合理安排、管理物流不仅关系到企业自身物流效率的高低，也关系到整个社会可持续发展的问题。有关研究表明，造成城市运输体系效率低下的原因可以归结为九个方面，即迅速增长的交通量、缺乏维护良好的运输设施、居住空间结构与运输系统不匹配造成低效率、运输技术的不适当混合与错用、无效的交通管理与执法、公共交通服务不足、城市平民阶层特有的交通问题、高事故率、薄弱的人才培训系统等，上述几个方面的要素中有很多也与物流管理有着一定关联。运量增大对社会产生的另一个负面影响是环境破坏问题，即对社会产生了负的外部效应，特别是物流产业中货车运输已成为大气污染、噪音、震动等现象的元凶之一。所以说，经济的可持续性发展也要求物流企业制定合理的经营战略。

12.2 物流战略

12.2.1 物流战略管理的过程

一个规范性的、全面的战略管理过程可大体分解为四个阶段，它们分别是确立战略指导思想阶段、战略分析阶段、战略评价及选择阶段、战略实施及控制阶段。

1. 确立战略指导思想

确立明确的战略指导思想，是确保物流战略管理有效性的关键。物流战略指导思想包括两方面的含义：其一，树立"商业生态系统"的思想，跳出单纯的"生物进化"思想的束缚，强调物流企业与环境之间，甚至是与竞争对手之间的相互依存与合作；其二，树立"大后勤"思想，强化服务意识，把物流企业看作是顾客的后勤系统，为顾客提供符合要求的、高质量的服务。

2. 战略分析

这是指对企业的战略环境进行分析、评价，并预测这些环境未来发展的趋势，以及这些趋势可能对企业造成的影响及影响方向。一般说来，战略分析包括企业外部环境分析和企业内部环境或条件分析两部分。企业外部环境一般包括下列因素或力量：政府－法律因素、经济因素、技术因素、社会因素以及企业所处行业中的竞争状况。企业外部环境分析的目的是适时地寻找和发现有利于企业发展的机会，以及对企业来说所存在的威胁，做到"知彼"，以便在制定和选择战略时能够利用外部条件所提供的机会而避开对企业有威胁的因素。

企业的内部环境是企业本身所具备的条件，也就是企业所具备的素质，它包括生产营活动的各个方面，如生产、技术、市场营销、财务、研究与开发、员工情况、管理能力等。企业内部条件分析的目的是发现企业所具备的优势或弱点，以便在制定和实施战略时能扬长避短、发挥优势，有效地利用企业自身的各种资源。

3. 战略评价及选择

战略评价及选择过程实质上就是战略决策过程，即对战略进行探索、制定以及选择。

企业可能会制定出达成战略目标的多种战略方案，这就需要对每种方案进行鉴别和评价，以选择出适合企业自身的适宜方案。目前已有多种战略评价方法或战略管理工具，如波士顿咨询集团的市场增长率－相对市场占有率矩阵法、行业寿命周期法等。

对于物流企业来说，其战略选择应当解决以下两个基本的战略问题：一是企业的经营范围或战略经营领域，即规定企业从事生产经营活动的行业，明确企业的性质或类型，确定企业以什么样的产品或服务来满足哪一类顾客的需求；二是企业在某一特定经营领域的竞争优势，即要确定企业提供的产品或服务，要在什么基础上取得超过竞争对手的优势。

4. 战略实施及控制

物流企业的战略方案确定后，必须通过具体化的实际行动，才能实现战略及战略目标。一般来说可在三个方面来推进一个战略的实施：其一是依据客户服务的全局性战略，制定包括渠道设计和网络分析在内的结构性战略，直至分解成包括物料管理、运输和仓库管理等的功能性战略；其二是对企业的组织机构进行构建，以使构造出的机构能够适应所采取的战略，为战略实施提供一个有利的环境；其三是要使管理者的素质及能力与所执行的战略相匹配，即挑选合适的企业高层管理者来贯彻既定的战略方案。

在战略的具体化和实施过程中，为了使实施中的战略达到预期目的，实现既定的战略目标，必须对战略的实施进行控制。这就是说将经过信息反馈回来的实际成效与预定的战略目标进行比较，如二者有显著的偏差，就应当采取有效的措施进行纠正。当由于原来分析不周、判断有误，或是环境发生了预想不到的变化而引起偏差时，甚至可能会重新审视环境，制定新的战略方案，进行新一轮的战略管理过程。

12.2.2 物流战略的内容

1. 物流系统的宗旨

物流系统的宗旨是指物流在社会经济发展中所承担的责任或主要目的。物流系统的战略目标是由物流系统宗旨引导，表现为物流系统目的并可在一定时期内实现的量化成果或期望值。

2. 物流系统的战略目标

物流系统的战略目标对物流战略基本要素的设计与选择有重要的指导作用，是物流战略规划中的各种专项策略制定的基本依据。在物流战略管理过程中，企业制定的物流系统战略目标主要包括：服务水平目标、物流费用目标、社会责任目标和经济效益目标等内容。其战略目标应体现纲领性、多元性、指导性、激励性、阶段性等基本特点。

3. 物流战略要素

物流战略系统基本方面的设计与选择，重点内容是要将传统概念上的两点（城市、货运站、运输枢纽等）之间的货物位移与两端点上的延伸服务（如订货、取货、分拣、包装、仓储、装卸、配送、咨询及信息服务等）紧密结合为一体，使货物（物品）从最初供应者到最终客户间各个物流环节成为完整的供应链物流管理。

在此基本思想指导下，物流战略要素主要包括物流战略导向、物流战略优势、物流战略类型和物流战略态势等。

4. 物流战略优势

物流战略优势是指物流系统能够在战略上形成的有利形势和地位。构成物流系统战略优势的主要方面有：产业优势、资源优势、地理优势、技术优势、组织优势和管理优势。企业研究物流战略优势，关键是要在物流系统成功的关键因素上形成差异优势或相对优势，这是取得物流战略优势经济的有效方式，当然也要注意发掘潜在优势，关注未来优势的建立。

5. 物流战略创新

物流战略形成的关键就是要突出创新在战略设计中的地位和作用。物流战略创新指的是战略实施主体以质量优于现有状态的新行为作用于物流过程，以期收到预定目标效益的创造性活动，主要包括物流服务创新、物流市场创新、物流技术创新、物流组织创新和物流管理创新等内容。其中物流技术创新是最核心的内容，它是以从创造性的构思出发到市场成功实现为基本特征的层次性经济活动的全过程，包括了新构思的产生与形成、研究与开发、应用与扩散三个紧密联系的基本环节，企业在进行物流战略设计中必须予以特别重视。

12.2.3 物流战略的层次

一般地讲，物流管理战略分为四个层次，包括全局性战略、结构性战略、功能性战略和基础性战略。

1. 全局性战略

物流管理的最终目标是满足用户需求，因此客户服务应该成为全局性的战略目标。通过良好的用户服务，不仅可以提高企业的信誉，增加企业对客户的亲和力并留住客户，而且可以通过客户服务获得第一手市场信息和用户需求信息，为企业的进一步发展打下基础。要实现用户服务的战略目标，必须建立用户服务的评价指标体系，通过实施用户满意工程，全面提升用户服务水平。

2. 结构性战略

结构性战略包括渠道设计和网络分析两个方面。渠道设计包括重构物流系统、优化物流渠道等，通过优化渠道，提高物流系统的敏捷性和适应性，使供应链获得最低的物流成本。网络分析为物流系统的优化设计提供了参考依据，主要包括库存状况分析、用户服务调查、运输方式和交货状况的分析、物流信息与信息系统的状况、合作伙伴业绩的评估和考核等，其目的在于改进库存管理、提高服务水平、增强信息交流与传递效率。

3. 功能性战略

功能性战略包括物料管理、仓库管理和运输管理三个方面，主要内容有运输工具的使用与调度、采购与供应的方法与策略、库存控制以及仓库作业管理。其目的是实现物流过程的适时、适量、适地的高效运作。

4. 基础性战略

这里主要是为保证物流系统的正常运行提供基础性保障。其内容包括组织系统管理、信息系统管理、政策与策略管理、基础设施管理。

12.3 物流企业及经营战略的类型

物流企业要面向市场，根据市场需求的变化制定、调整经营战略。要了解战略的类型，就必须先研究物流企业的类型，因为企业处于不同的类型或不同的发展阶段，其面临的环境会有显著的不同，企业会针对环境的变化并结合自身的条件，选择不同的战略。

12.3.1 物流企业的类型

物流企业的类型是多种多样的，如果从物流企业要尽可能地服务市场、服务顾客的角度出发，我们选用企业物流服务的范围大小和物流机能的整合程度这两个标准，确定物流企业的类型。

物流服务的范围主要是指业务服务区域的广度、运送方式的多样性、保管和流通加工等附加服务的广度；物流机能的整合性是指企业自身所拥有的提供物流服务所必要的物流功能的多少，必要的物流功能是指导包括基本的运输功能在内的经营管理、集配、流通加工、信息、企划战术等功能。不同类型的企业在市场竞争中采取的经营策略有很大区别。按照上述两个标准，可以将物流企业分成四种类型（图 12-1）。

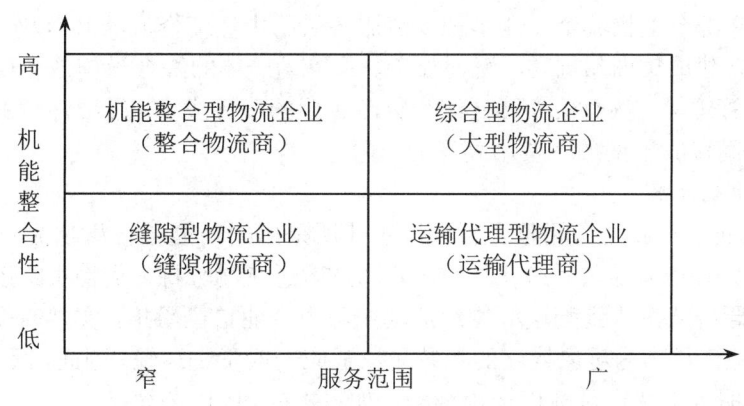

图 12-1　物流企业的四种类型

1. 综合型物流企业

这种类型企业的机能整合程度高，物流服务范围广，综合服务能力强，属于物流业界的先驱。这种企业的业务范围往往是全国或世界规模，因此也被称为超大型物流业者，能应对货主企业的全球化经营，从事国际物流，所以，服务能力备受注目。

2. 功能整合型物流企业

这种类型企业的机能整合度高，物流服务狭窄，属于专业领域服务能力强的企业。其特征是通过系统化提高机能的整合度来充分发挥竞争优势。它能给专业性较强的经济领域提供全面的系统化物流服务，选择目标市场，实行专业化经营策略。由于这类企业高水准、综合的物流服务机能，因此，在特定市场，其他企业难以与之竞争。

3. 运输代理型物流企业

这种类型的企业机能整合度较低，物流服务范围广，是能够为供需双方提供服务的企业。它在货主和承运人之间起桥梁作用，满足客户的需要，充分发挥多种运输方式的优势，有"物流伙伴"之称。虽然代理运输企业利用各处运输机构提供广泛输送服务，但实际上企业并不拥有运送手段，因此，它是一种特定经营管理型的物流企业。这种类型的物流企业由于不用在输送手段上进行投资，实行个性化的服务策略，因而能够灵活应对市场环境的变化。然而，在输送机能管理不充分的情况下，往往缺乏物流服务的信赖性，存在一定的风险。

4. 缝隙型物流企业

这种类型的企业机能整合度低，物流服务范围窄。它通常以局部市场为对象，在特定市场从事特定机能的物流活动。采取拾遗补缺的细分市场策略，提供差别化、低成本物流服务。如搬家公司，送鲜花、礼品的公司等。

12.3.2 物流企业经营战略的类型

与综合型物流企业、功能整合型物流企业、运输代理型物流企业、缝隙型物流企业相对应，物流企业经营战略分为以下类型。

1. 综合化物流战略

综合化物流战略一般为综合型物流企业所采用，也称先驱型企业战略。综合型物流企业的优点是能实现一站式托运。随着货主企业活动的不断扩大，发货、入货范围逐渐延伸到全国或海外市场，如果综合型物流企业能实现物流服务供给中经营资源的共有化，就能达到效益的乘数效应。例如，建成集商品周转、流通加工、保管为一体的综合设施或实现运输、保管等物流功能的单一化管理等，从而极大降低综合物流企业的服务成本。需要注意的是，企业组织的巨大化也会存在间接成本增加、费用高昂的风险。

2. 系统化物流战略

系统化物流战略一般为功能整合型物流企业所采用。功能整合型物流企业经营战略的特点是以对象货物为核心，导入系统化的物流，通过改进货物分拣、货物跟踪系统提供高效、迅速的运输服务。同时从集货到配送等物流活动全部由企业自己承担，实现高度的功能整合。但是，由于这种以特订货物为对象构建的系统无法适应一般货物运输，因此，服务范围受到限制。其经营战略主要服务于特定目标市场顾客群，如日本的NYK公司。

从经营战略上来看，对于市场需求的变化采取特定市场集中型的战略十分有效，正因为如此，在机能结合型物流企业中，进一步限定对象顾客层的企业为数不少，即通过再细分市场，突出物流服务的特色来追求企业的效益。与进一步细分市场的策略相反，还有一部分企业采取从集中市场的战略转向多角化战略，其目的是分散对特定市场依存的风险，在特定市场成熟以后寻求新的市场。从目前实际发展的情况来看，大多数开展多角化战略的企业，都是用经营资源开展关联事业的多角化。

无论是细分化的战略还是多角化的战略，对于功能整合型物流企业来说，机能的内涵和服务质量是这类企业共同的基础和核心，机能的不断弱化和陈旧化将直接动摇企业在特定市场的地位。所以，不断提高机能的结合度，发展机能的深度和广度是企业发展的根本策略。

3. 柔软性物流战略

柔软性物流战略一般为运输代理型物流企业所采用。运输代理型物流企业以综合运用铁路、航空、船舶等各种运输手段，开展货物混载代理业务。代理型企业的最大优点是企业经营具有柔软性，物流企业可以根据货主企业的需求结构提供最合适的物流服务。从发达国家看，利用外部的物流公司从事物流活动的情况逐渐增加，在欧洲出现了用契约形式明确货主物流效率的目标，进而全面承担货主物流的第三方物流企业。第三方物流企业中既有拥有货车、仓库等资产的企业，也有自己不拥有任何物流设施采取租赁经营的企业，两种类型的企业物流服务范围都很广，前者逐渐向功能整合型企业发展，而后者成为纯粹的货主物流代理企业。作为运输代理型物流企业，其经营战略主要是向无资产的第三方物流企业发展，由于企业实质上并不拥有整合的物流功能,因而可以灵活、柔软、彻底地实现物流效率。但是也正因为无资产而可能产生物流服务不稳定的情况,企业应建立并加强有效的运输功能管理体系,这其中最核心的是信息系统的完善以及树立良好、柔软的企业间的关系。

4. 差别化、低成本的物流战略

差别化、低成本的物流战略一般为缝隙型物流企业所采用。在经营资源数量和质量方面都受限制的中小企业,必须发挥在特定功能或特定服务方面的优势,在战略上实现物流服务的差别化和低成本化。

在从事单一物流服务的情况下,实现服务的差别化比较困难,例如运输服务,只要在货车、车库等设施达到一定水准的条件下,任何企业都能够参与,因此,这种无差别的物流服务企业只有不断地降低物流费用,实现低价格竞争,才能够生存、发展。通常的措施除了加强企业的内部管理外,还可以根据运输周期或货物特性实行弹性化价格政策,例如,对繁忙、高峰期以外的货物运输或可以用机械装卸的货物运输实行运费折扣或优惠运输等。

尽管缝隙型企业较难达到差别化,但是也存在通过集中于对特定顾客层提供附加服务,进而成功实现差别化的事例。目前这方面比较突出的物流服务主要有搬家综合公司、代收商品服务、仓储租赁服务以及摩托车急送服务等形式。例如,搬家综合服务除了从事专业化的搬家物流服务外,还替顾客从事清扫、整理、杀虫、垃圾处理等业务;在代收商品服务中,物流业者通过代行繁杂的代收商品、检验商品等业务,然后用货车进行配送,增加物流服务的附加价值;仓储租赁服务是目前兴起的新兴物流形式,它通过出租仓储、安全保管顾客存放的任何货物(大宗商品、书籍、字画、金钱等高价商品或贵重物)来突出物流服务的差别化。近年来,在我国大都市出现的小型保管柜租赁业务就是这种物流服务的具体表现之一。

小　　结

市场状态的变化,带来生产、经营方式的改变,而这又进一步影响到管理方式的变化。物流环境的变化导致物流需求的高度发展,也使得物流企业之间的竞争加剧。所有的这些变化,要求物流企业必须从总体上把握,注重战略管理。理解战略管理的过程、战略管理的内容和层次。

阅 读 资 料

有关战略的简要历史

战略问题大体上是围绕着肯尼思·R.安德鲁在其经典著作《公司战略的概念》(Richard D Irwin,1971年)中首次构想的体系形成的,安德鲁定义的公司战略就是把公司能做到什么(组织管理方面的优势与劣势)与能做什么(环境机遇与受到的威胁)画上等号。

尽管安德鲁构想的这一体系的强大作用从一开始就被认识到了,但如何系统地评价等式两边,却不能让经理们深刻了解。在这一问题上的首次重要突破是迈克尔·E.波特撰写的《竞争战略:分析行业与对手的技巧》(自由出版社,1980年)。波特的研究成果建立在工业组织经济的结构—经营—业绩模式之上。该模式的本质是一个行业的结构决定该行业内部的竞争状况,并为公司的经营活动设定了背景,即其战略。最重要的是,结构力量(波特称其为五力体系）决定该行业的平均利润率，并对各公司战略的利润率产生相应的重大影响。这种分析使选择"正确的行业"以及其中最具吸引力的竞争定位成了众人瞩目的中心。该模式并未忽略各公司的特点，其强调的重点显然是行业层次的现象。

核心竞争力与根据实力展开竞争的概念出笼后，情况又来了个180°的大转弯，注意力从公司外部转向了内部。这些观点同时强调根植于一家机构的所有专业知识和共同经验，以及管理层对其运筹帷幄的能力这两者的重要性。这种观点假定竞争优势的根源在公司内部，公司现有资源制约了对新战略的采纳。依此观点，外部环境不会受到多少关注，而我们从行业与竞争分析中所了解的一切似乎都被忘光了。

基于资源看待公司的新观点有助于为这两种看似不相关的方式搭起桥梁，并使安德鲁体系的许诺成为现实。与基于公司实力的方法相同，基于资源的观点以竞争环境为背景指出公司特定资源与竞争力的重要性。基于资源的观点与行业分析有一个重要的共同特点：它同样依靠经济方面的推理。它将实力与资源视为公司竞争力的核心并取决于三种基本市场力量的相互作用：需求（公司是否能满足客户的需求，是否具有竞争优势）、稀有（能否轻易被模仿或替代，是否持久）以及专用性（谁掌握利润）。

资料来源：戴维·J.科利斯. 公司战略（《哈佛商业评论》精粹译丛）. 北京新华信商业风险管理有限责任公司，译. 北京：中国人民大学出版社，2001.4：58－60.

练 习 题

一、单选题

1. （　　）是确保物流战略管理有效性的关键。
   A）确立明确的战略指导思想　　　B）战略分析
   C）战略评价及选择　　　　　　　D）战略实施及控制
2. 战略评价及选择过程实质上就是（　　）过程，即对战略进行探索、制定以及选择。
   A）战略实施　　B）战略定位　　C）战略决策　　D）战略调整
3. 物流系统的（　　）是指物流在社会经济发展中所承担的责任或主要目的。
   A）宗旨　　　　B）战略目标　　C）战略要素　　D）战略计划
4. 物流系统的（　　）包括物料管理、仓库管理和运输管理三个方面，主要内容有运输工具的使用与调度、采购与供应的方法与策略、库存控制以及仓库作业管理。
   A）全局性战略　　　　　　　　　B）结构性战略
   C）功能性战略　　　　　　　　　D）基础性战略
5. （　　）的机能整合度高，物流服务狭窄，属于专业领域服务能力强的企业。
   A）综合型物流企业　　　　　　　B）功能整合型物流企业
   C）运输代理型物流企业　　　　　D）缝隙型物流企业
6. 综合化物流战略一般为（　　）所采用，也称先驱型企业战略。
   A）综合型物流企业　　　　　　　B）功能整合型物流企业
   C）运输代理型物流企业　　　　　D）缝隙型物流企业
7. （　　）一般为运输代理型物流企业所采用。

A）综合化物流战略　　　　　　B）系统化物流战略
C）柔软性物流战略　　　　　　D）差别化、低成本的物流战略

二、填空题

1．从一般意义上讲，企业所面临的外部环境包括_____和微观环境两大类，其构成要素既包括了政治、法律、经济、社会、文化、自然和技术，也包括竞争者、供应商、顾客和替代品等因素。

2．一个规范性的、全面的战略管理过程可大体分解为四个阶段，它们分别是确立战略指导思想、_____、_____和_____。

3．一般说来，战略分析包括企业外部环境分析和_____分析两部分。

4．物流战略要素主要包括物流战略导向、物流战略优势、_____和_____。

5．物流系统_____对物流战略基本要素的设计与选择有重要的指导作用，是物流战略规划中的各种专项策略制定的基本依据。

6．一般地讲，物流管理战略分为四个层次，包括全局性战略、_____、_____和_____。

三、问答题

1．从物流企业的角度看，环境的变化主要包括哪些方面？
2．为什么说现代物流战略管理十分重要？
3．如何推进物流企业战略方案的实施？
4．简述物流战略的内容。
5．用企业物流服务的范围大小和物流机能的整合程度这两个标准衡量，物流企业的类型有哪些？

第 13 章 物流组织

- 物流组织的发展
- 物流组织的影响因素
- 物流组织的原则
- 物流组织的类型

- 物流组织的原则
- 物流组织的影响因素

熟练掌握以下内容:
- 物流组织的影响因素
- 物流组织的原则
- 物流组织的类型

了解以下内容:
- 物流组织的发展

组织发展必须服从组织战略。纵观物流组织的发展,经历了萌芽期、形成期和发展期三个阶段。物流组织结构的设计,必须充分分析影响组织设计的因素,遵循组织设计的工作原则,依据物流组织从依附型结构向独立型结构的发展历程,选择和调整适宜的组织形式。

13.1 物流组织概述

组织是一个比较宽泛的概念,涉及的内容众多。本书中的组织特指物流企业的组织结构的运行,它包括组织结构设计与调整。

13.1.1 物流组织的发展

伴随着社会的进步,企业的组织结构一直在不断地发展。美国学者纪·班佛尼斯特在其著作《合成 21 世纪》中对组织的发展进行了描述,他认为,组织的发展大体经历了四个阶段。

第一阶段：20世纪初流行科学化的管理，人们把组织想象成一个功能正常的机器，时间及动作研究主导着科学化的管理，仔细地研究执行任务的最佳方式以实现有效的运作，这种研究在于寻求减少弹性疲乏以及增加生产力，人们仔细地设计组织的机器以便达成明确的目标。

第二阶段：到了20世纪20年代末期、30年代初期，我们开始注意到设计良好的组织机器是由人所组成的，而人不单受经济动机的激励，我们发现到组织的非正式倾向，这是非正式团体以及人际关系为重的时期。

第三阶段：在20世纪50年代以及60年代，转向外在的世界，开始注意到组织运作所处的环境，开始理解不同的管理架构，如何更适合不同的技术和不同的外在情况。在环境多变且难以预测的情况下，常规无效，而判断自由的架构就占有更重要的地位。

第四阶段：在20世纪70年代、80年代以及90年代，任务的复杂性以及相互关联开始成为人们专注的重心，人们渐渐地觉察到成功通常受制于许多组织的联结工作，组织间的协调容许复杂的问题把不同的资源汇整起来。到了20世纪80年代末期以及90年代，其重心则摆在网络的含义及其结果上。

纵观物流组织的发展，可以看到，物流组织经历了由小到大、由简到繁、由机械到有机的发展进程。具体而言，其发展经历了如下几个阶段。

1. 萌芽期

此阶段大约出现在20世纪70年代初期，物流的重要性为人们所认识，企业中的各种类型的物流活动受到越来越多的关注。起初的组织结构还很不完善，企业主要是通过对一些功能性活动（如运输、搬运、仓储等）进行小范围的分组和集合来实施管理。例如在生产运作部门，与实物供应相关的采购与仓储活动被组合起来，形成了物资供应部门这样的下属机构。在物流组织中，通过工作协调等一些非正式的手段来平衡各部门的各项活动间的利益关系。虽然有结构的调整，也只是局限于生产、财务和营销三大部门体系内部，并未对传统的组织结构作出根本性的改变。后来，在物流管理的组织形式上出现了新的变化，企业常常设立一名高层管理人员从事相关物流活动的管理。但是，他往往不是同时兼顾实物供应和销售实物分拨两个方面，而是专注于其中一个方面的物流活动组织。另外，在该管理人员之下，一般不配备强有力的职能部门，主要是通过给他赋予很高的管理职位来协调各部门的活动。

2. 形成期

此阶段大约从20世纪80年代后期开始，也有人将其称为物流活动全面一体化阶段，它包括了采购的实物供应和销售的实物分拨。越来越普遍的做法是趋向于实现产销物一体化，并建立起协调各项物流活动的、有一定职权范围的组织机构。这一时期适时管理、快速反应、资源共享成为主要的管理理念。产销物一体化发展的理念表现出不断被强化，逐渐被接受和应用的趋势。

3. 发展期

此阶段开始于20世纪90年代，就其实质而言，这个阶段是供应链管理思想主导的时期。随着供应链管理思想的发展和应用，人们对物流的理解已经从仅仅局限于实物供应或实物分拨，发展到把物流看成是包括发生在原材料采购、生产过程以及到达最终用户手中整个过程中的所有活动。产销物一体化发展的理念越来越成为企业物流管理过程中的核心思想。企业采购、实物供应、生产制造、销售实物分拨过程中的所有活动被纳入一体化物流组织管理的范畴当中。此后，进一步发展成对整个供应链渠道中的各独立法律实体之间的物流活动进行管理。

13.1.2 物流组织的影响因素

无论设计得多么完美的组织,经过一段时间后都必须进行变革,这样才能更好地适应组织内外条件变化的要求。诱发组织变革的需要并决定组织变革目标方向和内容的主要因素有如下方面。

1. 环境

环境是影响企业组织结构设计与调整的重要力量。任何企业都存在于一定的环境中,当今的企业普遍面临全球化的竞争和由所有竞争者推动的日益加速的产品创新,以及顾客对产品质量和交货期的越来越高的要求等。所有这些交织在一起构成了一种复杂多变的环境,这种环境的变化必然会对企业内部的结构形式产生一定程度的影响。这种影响集中表现在为了快速反应市场,提高企业的适应性,组织结构正逐渐由注重稳定,以高度复杂性、高度正规化和高度集权化为特征的机械式组织,朝着弹性化或有机化的方向改组其组织结构,以使它们变得更加精干、快速、灵活和富有创新性。

2. 战略

企业的组织结构必须服从企业战略的需要。适应战略要求的组织结构,为战略的实施,从而为企业目标的实现,提供了必要的前提。

企业战略可以在两个层次上影响组织结构:一是不同的战略要求开展不同的业务和管理部门的设计;二是战略重点的改变会引起组织业务活动重心的转移和核心职能的改变,从而使各部门、各职务在组织中的相对位置发生变化,相应地就要求对各管理职务以及部门之间的关系作出调整,甚至改变组织成员的工作方式和方法。

3. 技术

物流企业的活动需要利用一定的技术和反映一定技术水平的特殊手段来进行。技术及技术设备的水平,不仅影响组织活动的效果和效率,而且会对组织的职务设置与部门划分、部门间的关系,以及组织结构的形式和总体特征等产生相当程度的影响。

技术进步对物流企业组织结构的影响可从三个方面来理解:一是推动组织结构向扁平化发展,信息技术带给企业信息沟通的效率的提高,使得组织结构可以实现较少的管理层次和较宽的管理幅度;二是以多媒体电子计算机和喷气式飞机为标志的现代技术,相对缩短了企业活动的时空距离,极大地扩大了物流活动的范围,使得全球物流成为一种趋势,与之相应的全球性的组织结构应运而生;三是新技术不断应用于物流企业,使得原来只能顺序进行的工作可以并行甚至交叉进行,网络化组织结构逐渐形成和不断发展,这也使得物流企业的适应能力增强,对外界的反应速度加快,进而提高了组织结构的柔性化和运作效率。

4. 企业规模和成长阶段

规模是影响组织结构的一个不容忽视的因素。适用于仅在某个区域市场上生产产品和销售产品的企业组织结构形态不可能也适用于在国际经济舞台上从事经营活动的巨型跨国公司。

组织的规模往往与组织的发展阶段相联系。伴随着组织的发展,组织活动的内容会日趋复杂,人数会逐渐增多,活动的规模会越来越大,组织的结构也需随之经常调整。

企业在不同成长阶段要求不同的组织模式与之相适应。例如,企业在成长的早期,组织结构常常是简单、灵活而集权的,靠的是领导人或合伙人的领导魅力。随着员工的增多和组织规模的扩大,企业必须由创业初期的松散结构转变为正规、集权的,其通常的表现形态就是职能型结构。而当企业的经营进入多元产品和跨地区市场后，分权的事业部结构可能更为适宜。企业进一步发展而进入集约经营阶段后，不同领导之间的交流与合作以及资源共享，能力整合、创新力激发问题日益突出，这样，以强化协作为主旨的各种创新型组织形态便应运而生。总之，组织在不同成长阶段所适合采取的组织模式是各不一样的。管理者如果不能在企业步入新的发展阶段之际及时地、有针对性地调整其组织设计，那就容易引发组织发展的危机。

13.1.3 物流组织管理的原则

1. 市场导向原则

如前所述，物流企业的核心战略是物流服务。这是由物流企业的地位和作用决定的，但物流企业提供什么样的服务，如何提供等诸如此类的问题是不容回避的，且必须按照顾客的要求，而不是自己的意愿去履行。因此，物流企业必须依据市场需求的变化，以满足顾客需要为中心，设计和调整组织结构，以便有效地实现其经营的目标。物流企业实现以市场（客户）为中心后，可以提高客户的忠诚度和保有率，可以缩短销售周期、降低销售成本、增加收入、扩展市场，从而全面提升企业的赢利能力和竞争力。目前流行的客户关系管理（CRM）以及呼叫中心技术（Call Center）都是实现客户中心化的有效方案。

2. 适应性原则

市场导向原则要求物流企业必须密切关注市场的动态，但仅仅停留在"关注"还远远不够，企业还必须要对变化的市场作出快速的反应，设计合理的组织结构，采用适当的技术手段，提供及时、便捷的服务。

企业对市场的适应性一直是企业管理研究的主要问题之一。1999 年，达沃斯世界经济论坛年会上提出了国际化企业的三条标准：一是要有适应国际市场的应变体系；二是要有全球化的品牌；三是要有一套网上销售的战略。

第一条标准就是"适应国际市场的应变体系"，也就是企业适应市场的能力。适应能力除了体现在企业技术、产品和服务上，还体现在企业的组织结构的适应能力、企业能够适时地调整和改变企业的组织结构上。企业组织结构的适应能力至少包括以下内容：企业能够适时作出判断并能提出改变的方向或者方案；企业能够有效地实施提出的组织结构改变方案；企业能够对组织结构改变方案进行监督和评价。

3. 比较利益原则

从目前的形势来看，物流企业的发展各有千秋，但随着经济的全球化、管理的国际化，物流企业的经营范围不断扩大，物流企业的规模呈现出逐步扩大之势。

物流企业建立何种规模、何种类型的组织结构，都要从企业的实际需要出发，还要考虑可行性的问题。可行性包括两个方面：技术可行性和经济可行性。经济可行性首先要关注成本问题。无论是国内分支机构的建立，还是国外分支机构的建立都需要支付很昂贵的成本，有时会抵消由业务开发所带来的收入。因此，一般情况下，在业务发展的初级阶段，物流企业不宜设立分支机构。物流企业为了发展业务，满足对用户的服务，提供更加周全的延伸服务，往往会产生设立分支机构的动议。本着比较利益原则，物流企业应当优先选择代理商或其他合作伙伴等方式；当企业确有必要建立分支机构时，应当在进行认真的开办成本预算后再确定具体的开办方案。同时，如果物流企业轻易地建立分公司，还要承担形成块状结构所带来的风险。

4. 效率原则

寻求组织运行的高效率，是组织结构设计的根本所在。效率原则要求我们既要以市场的需求为导向，适应环境变化，又要考虑到经济原因。所有这些综合起来还是要通过效率反映出来。

实现组织结构运转的高效率，首先要求以系统思想作为统帅。其次，在具体操作上注意几个问题。一是组织结构的扁平化。扁平化是针对大型企业或者跨国公司提出来的。由于这些企业复杂的组织结构严重影响了企业的效率和企业的竞争力，为了简化企业的组织结构提出了扁平化的组织结构思想。对于众多的中国物流企业可能不会遇到组织结构扁平化的问题，需要指出的是中国一些大型物流企业在企业经营规模上远远小于国际上的跨国公司。但是，其组织结构的复杂程度却不亚于跨国公司，甚至也有三层五层之多，所以这些企业也可能面临着扁平化的问题。二是树立业务流程思想，按业务流程的需要设计和运行组织结构。这将改变传统企业组织结构中的许多理念，影响企业的部门的设置和职能的划分。三是企业组织结构的建立要考虑实施电子商务的因素，与企业的电子商务建设密切结合起来。国内外企业的经验证明，企业电子商务的实施将影响或者改变企业的组织结构以及企业内部部门的地位和权力。

13.2 物流组织的类型

物流的组织结构，从其具体结构上看多种多样，如果从企业的角度分析，物流企业的组织结构可以划分为依附型组织结构和独立型组织结构。

13.2.1 依附型组织结构

1. 职能型组织结构

职能型组织结构是将物流、生产、销售、财务等活动都看成企业的单个职能或部门，各职能部门的调整全部由最高经营层决策，由决策层统一指挥。其结构形式如图13-1所示。

职能型组织结构的优点表现在：第一，从经营者机能看，在企业规模较小的阶段易从事有效的经营，也利于实现管理活动的一致性；第二，从经营者培养的角度看，由于职能型组织涉及生产、销售、物流、计划等各个方面的活动，以及不同产品、市场间的协调，因此，对经营管理者素质培养的要求很高；第三，在企业统一性方面，职能型组织是一种集权式的领导，易发挥整个企业的力量，保持管理经营的一致性和统一性；第四，在企业事业的发展战略上，职能型组织适用于多角化程度比较低、经营的中心是一些成熟型产品，而且生产、流通系统比较单一的企业；第五，在利益管理体制上，部门间重复投资较少，由于实行集权式管理，容易进行从长远利益着眼的研究、开发和投资。

职能型组织结构的缺点表现在：第一，因其适宜于企业规模较小的阶段，企业的管理是一种小而全的模式，经营管理者易陷入事务性活动中，而且管理责任缺乏明确性；第二，职能型组织难以对市场变化作出灵敏反应，也不宜从事多角化战略；第三，无法按部门来进行利益管理，并实现从生产到经营等各职能阶段成本的控制和正常价格的计算，因而根本无法实现物流成本控制。

2. 事业部型组织结构

如前所述，在生产品种少、企业规模较小阶段适于建立职能型组织，但是随着企业生产品种的逐渐增多,市场多样化的发展使得仅仅依靠本企业生产、销售全部商品变得越来越困难,也难以对市场的不断变化作出迅速的反应,因而在这种状况下,根据不同的产品种类和市场形态,分别建立各种集生产、销售为一体,自负盈亏的事业部制成为企业的组织结构发展的趋势。

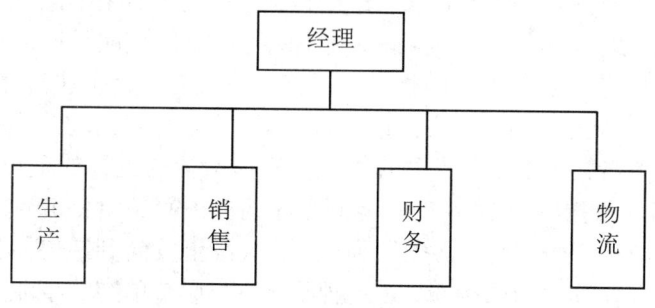

图 13-1　职能型组织结构

事业部制是一种分权式的管理方法,由于各事业部形成了单独的利益责任单位,因而纠正了集权管理方式的缺陷,使组织具有创造性和机动性,促进经营全体的发展,这其中对物流活动的管理也被分配到各个事业部单独进行,这是一种完全形式的事业部,如图 13-2 所示。

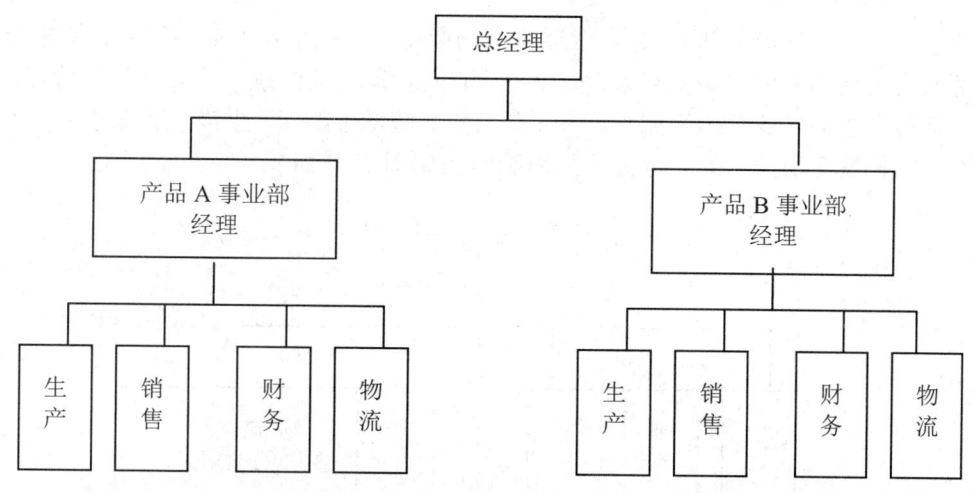

图 13-2　事业部型组织结构

对事业部制的组织结构也需要客观地对待,这种组织结构虽然提高了企业经营的灵活性,使管理责任明确并容易实施成本控制,但随着市场变化的加速、消费者需求多样化以及企业市场创造战略的全面展开,原来意义上的事业部制组织结构在某些方面也显现出不足。从各事业部自身所负责的业务来看,虽然能灵活应对市场变化,并且有效地进行盈亏管理,但是事业部制层次的效率化对整个企业来说并不一定是最有效的。例如,在新产品开发方面,创新已不是单个事业部生产、开发产品的活动,而是一种跨越事业部界限、整个企业的战略行为,特别是整体产品战略(如一个事业部生产的硬件与另一个事业部生产的软件组成的全新产品)的推广,更使得完全的事业部存在着很多制约因素。此外,人事管理上的僵化和设备、人员投资的重复性等都使得事业部制面临着新的挑战。为此,对原有的组织结构加以改革,将某些管理或创新职能从事业部制中分离出来,由企业全体统一指挥、实施,这样既保证战略管理的统一性,发挥企业整体优势，又能使企业灵敏地对应市场的变化，发挥事业部机动性、创造性的特征。

事业部制革新的一项重要内容是要调整物流管理在企业组织中的地位，在高度经济成长时期，由于整个生产、流通体系是以厂商为主导展开的，因此，企业经营的核心要素是产品创造和生产，物流只是生产的附属职能，在组织结构上它随生产而存在。然而，随着市场竞争和需求不断地发展，这种以生产为中心的经营方式不能适应低经济成长期需求创造和市场维系的要求，相反，以满足顾客需求为中心的生产、经营体系成为整个企业管理活动的目标和标准，这种变化对物流管理带来的影响是两方面的。第一，从产业力量对比来看，随着经营方式和理念的变化，与最终消费者接触的零售业正在取代厂商成为流通过程的主角，而以高附加值、低价格为主导的量贩店、折扣店和24小时店等新型零售业的兴起对物流管理提出了新的要求，即为了实现低价格，取得竞争优势，必须做到从厂商，经批发商到零售商各阶段企业都实现成本的降低，以及各企业内部费用的削减，在这种状况下，原来单纯的事业部制显然不能适应零售企业不断降低成本的要求。第二，作为厂商，在当今多品种、少量化生产条件下，为了真正体现顾客的需求，创造出高附加价值的产品，必须随时了解市场动向和本企业产品流通过程中的信息，这包括商品在途、在库以及周转等信息资源，这对于只从事个别品种生产、经营的事业部来说是难以实现的。

3. 分公司型组织结构

物流分公司（或物流总部），是企业适应市场变化，打破事业部的界限，将原来分散于各个事业部的物流活动或部门集中起来，实行某些职能管理活动的统一化和集中性管理，以实现既在横向上集中了各事业部的物流管理，又在纵向上统括了购买、生产、销售等伴随企业经营行为而发生的物流活动的目的。分公司型组织结构如图13-3所示。

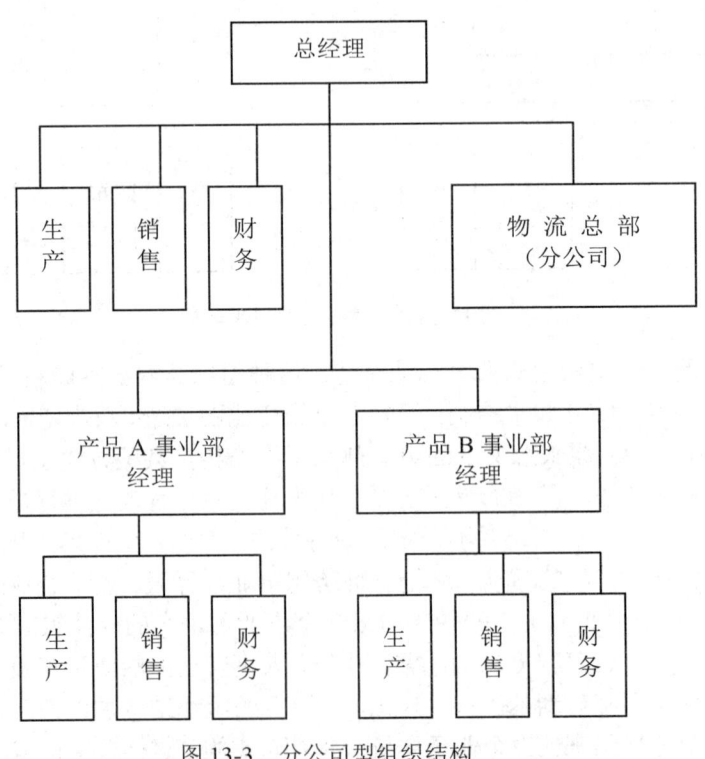

图13-3　分公司型组织结构

物流总部的设立并不一定是将物流现场作业全部集中到总公司进行，一般物流现场作业仍然由各事业部独自开展，物流总部统一决策的是从流通全体来看的物流战略的设立和管理。

成立物流分公司主要有两种方法：一是企业将属于本企业的物流中心从各事业部中独立出来，全面承担企业物流的所有活动；二是企业与运输业者的物流公司共同成立物流分公司。

成立物流分公司的主要目的在于以下两个方面。第一，降低物流成本。成立物流分公司后，一方面由于物流分公司是一个近似自负盈亏的独立经营实体，因而在内部费用管理上会更为有效，可以更好地消除设备的重复投资、人力费用过大等现象，遏制物流成本上升的一些主要因素；另一方面，针对各事业部或各事业分公司来讲，由于成立物流分公司，形成了企业内市场，因而各自的物流费用支出都要在各自事业单位的财务上表示出来，进而有利于提高各事业单位物流管理效率，改变原来事业单位管理重商不重物的状况。第二，推进企业物流事业的发展。为了避免分公司陷入经营危机、出现赤字，并且在总公司不断降低成本的要求下，物流分公司会努力向实现物流合理化、现代化和高度化发展，力求既能满足总公司和各产品事业部的要求，又能在与其他物流企业的竞争中取得服务和成本上的优势。长此以往，形成物流分公司独特的经营诀窍（Know-How）和技能，这不仅满足本企业的业务需要，而且还兼营其他企业的物流业务，拓展经营领域，从而成为在一定时期内企业物流事业未来发展的主要方向之一。

无论是职能型组织结构、事业部型组织结构，还是分公司型组织结构，尽管其在结构上有所不同，但从其本质上看是基本一致的，都是依附于某一企业，作为企业的附属部门，而非独立的物流企业存在。伴随着社会的进步和经济的发展，对物流服务的需求越来越高。物流部门逐渐从原所属企业独立出来，发展成为物流企业。

13.2.2 独立型组织结构

作为独立的物流企业，其组织结构主要有以下几种。

1. 股份有限公司型组织结构

为适应市场需求的变化，本着社会化分工的原则，由原来企业的物流分公司的独立或新的投资者投资建成独立的物流企业，这些企业以较为完善的公司治理结构，采用股份有限公司的形式，为社会的各种机构或个人提供物流服务，在业务部门的设立上与传统的股份有限公司相区别，以彰显物流企业的特色。其结构形式如图13-4所示。

2. 物流子公司型组织结构

严格地说，物流子公司属于集团型组织结构，即物流企业作为企业集团的一个子公司存在。但与集团不存在依附关系，而是以产权为纽带与集团联系在一起，作为独立的法人实体开展经营管理活动。

物流子公司是为了承担母公司或企业集团的物流业务由母公司出资设立的独立法人企业。设立物流子公司是物流管理的一种方式。设置物流子公司的理由是，削减物流成本、防止物流经费的外流、便于劳务管理以及灵活安排富余人员等。

（1）物流子公司的类型。物流子公司作为独立法人企业实行独立核算，有利于物流成本管理的彻底化，利用子公司承担物流活动，物流成本由原来的自家物流费形式变为对外支付的物流费，便于把握主物流成本。物流子公司的主要类型有：

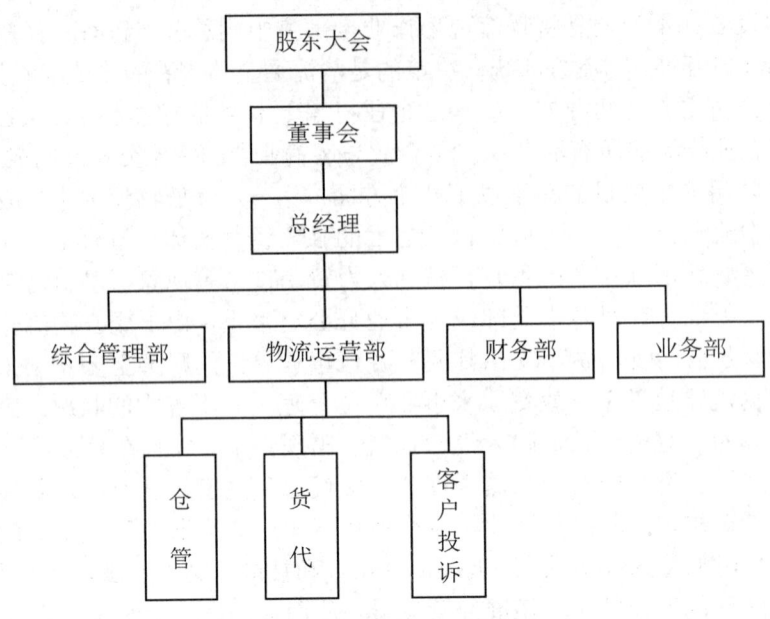

图 13-4 股份有限公司型组织结构示意图

1)物流作业子公司,是以运输、保管、装卸、包装等现场物流作业为主的物流子公司。除了为母公司提供物流作业服务外,还可以通过向社会其他企业提供物流服务,有效利用现有的运输和仓储能力。

2)物流管理子公司,物流管理子公司将母公司承担的物流企划工作独立出来,负责母公司或企业集团的物流管理工作。物流子公司也有两种形式,一种是既负责物流系统管理及运营,又承担现场物流业务;另一种是只承担物流系统管理及运营,现场物流作业委托给专业物流业者承担。

(2)物流子公司的运营形态。物流子公司的运营形态通常有三种类型:

第一种形态是以经营运输业务和类似业务为主,大多属于物流作业子公司承担的业务,除了承担母公司的货物运输外,还承揽社会货物的运输。

第二种形态是作为母公司物流业务的第一承包人,将物流业务分包给其他专业物流业者,通过收取管理费、运费折扣等获取利润,属于物流管理子公司的业务,但是并没有发挥出物流管理子公司本来的职能。

第三种形态为母公司的商品流通提供合理化物流系统,并且负责物流系统运营,这种形态与物流管理子公司的本质业务是相一致的,代表着物流子公司今后发展的方向。

3. 网络型组织结构

网络型组织是利用现代信息技术手段而建立和发展起来的一种新型组织结构。现代信息技术使企业与外界的联系加强了,利用这一有利条件,企业可以重新考虑自身机构的边界,不断缩小内部生产经营活动的范围,相应地扩大与外部单位之间的分工协作。这就产生了一种基于契约关系的新型组织结构形式,即网络型组织,也称虚拟组织。

网络型结构是一种只有很精干的中心机构,以契约关系的建立和维持为基础,依靠外部机构进行制造、销售或其他重要业务经营活动的组织形式,如图 13-5 所示。

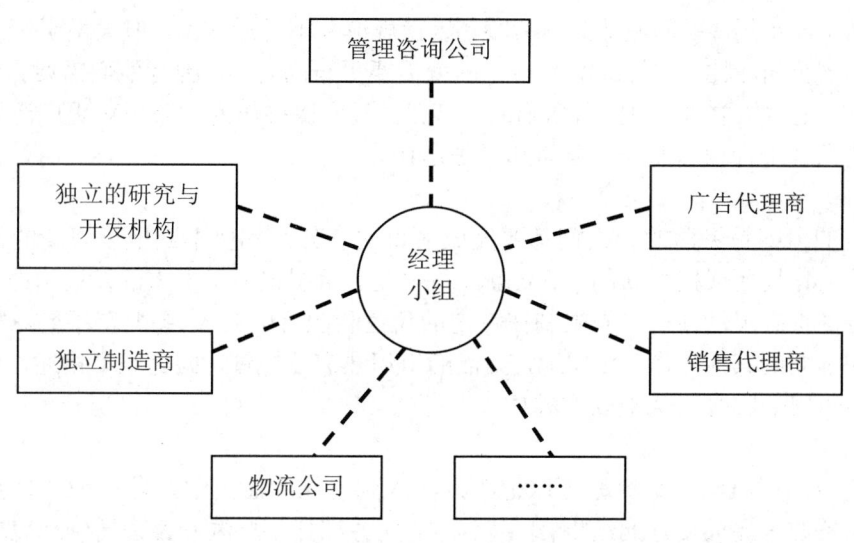

图 13-5 网络型组织结构

被联结在这一结构中的两个或两个以上的单位之间并没有正式的资本所有关系或行政隶属关系，但却通过相对松散的契约纽带，通过一种互惠互利、相互协作、相互信任和支持的机制进行密切的合作。如卡西欧是世界有名的制造手表和袖珍型计算器的公司，但它一直只是一家设计、营销和装配公司，在生产设施和销售渠道方面很少投资。20世纪80年代初，IBM公司在不到一年时间内开发成功PC机，依靠的是微软公司为其提供软件，英特尔公司为其提供机芯。网络型结构使企业可以利用社会上现有的资源使自己快速发展壮大起来，因而成为目前国际上流行的一种新形式。

网络型组织结构是要通过契约在各个企业之间建立起一种合作关系，其指导思想是劣势职能社会化。

小　结

本章在介绍物流组织发展阶段的基础上，重点介绍物流企业组织结构的设计和调整。物流企业组织结构的设计，应该充分分析环境、战略、技术、企业的规模和发展阶段等影响因素，遵循市场导向原则、适应性原则、比较利益原则和效率原则。物流企业的组织结构分为依附型和独立型两大类组织结构。依附型组织结构包括：职能型组织结构、事业部型组织结构和分公司型组织结构。独立型组织结构包括：股份有限公司型组织结构、子公司型组织结构和网络型组织结构。企业选择哪一种组织结构形式，必须充分考虑组织结构的因素，遵循组织结构设计的原则，并不断地对组织结构作出适应性的调整和完善。

阅 读 资 料

为组织的成功而改变的思维模式

1．速度

如今，运作速度日益成为成功组织的特色。这些组织可以更迅速地对客户作出响应，更迅速地把产品推向市场,更迅速地改变战略。尽管规模并不排斥速度,但大型组织的确就像油轮——同较小的公司相比,它们改变发展方向就需要更长的时间,因为他们需要去通知、去说服、去引导一个更大的群体。他们所面临的挑战是,既要保持作为大公司对更广泛资源的享用权,同时又要像一个行动迅速的小公司那样去运作。

2. 灵活性

行动迅速的组织是灵活的。人们都要完成多重的任务,都要不断地学习新的技能,都要乐于前往新的工作场所或接受新的工作指派。同样地,组织也追求多重的发展道路和尝试。角色的清晰性可能抑制灵活性——被限制在特定的角色和职责中的人,会变得不愿意随时转变角色去完成组织需要的其他工作。相反地,灵活的组织热衷于模糊,抛弃职责描述,靠随着任务的转变而不断重组的临时团队来取得成功。

3. 整合

善于改变方向的组织,其流程可以把改变注入到组织的血流中,迅速地传播新的举措,并合理地调动资源来促成良好的结果。组织不再把任务细分并指派专家去精确地完成那些细分后的部分,而是建立一些机制,保证各种不同的活动可以按需整合。组织更关心的是如何完成经营或工作流程,而不是如何按专业把工作划分成不同的部分——管理层最终还是要把这些部分整合到一起。组织仍需要专家,但成功的关键往往是同样的这些专家与其他人合作以形成一个和谐整体的能力。

4. 创新

一个快速变化的世界让创新变得不可或缺。用今天的方法来完成今天的工作,这很快就会变得落伍,所以无边界组织总是在寻找全新的、不同的、不可思议的方法。他们营造利于创新的流程和环境以鼓励和奖赏创新,而不是用审批和复核制度来压制创新精神——审批和复核制度的存在,是为了保护组织中注重控制的标准操作程序。

总之,仅仅以满足老一套关键成功因素为目标的组织,在如今的新世界中越来越难以成功,甚至是越来越难以生存。

资料来源:[美]罗恩·阿什克纳斯,迪夫·乌里奇,托德·吉克. 无边界组织. 姜文波,译. 北京:机械工业出版社,2005: 6—7.

练 习 题

一、单选题

1. 物流组织发展的(　　)阶段大约从 20 世纪 80 年代后期开始。
   A)萌芽期　　　　B)形成期　　　　C)发展期　　　　D)成熟期
2. 物流企业的组织结构必须服从(　　)的需要。
   A)企业文化发展　　　　　　　　B)经营计划
   C)营销策略　　　　　　　　　　D)企业战略
3. 作为独立的物流企业,其组织结构选择一般不包括(　　)。
   A)物流子公司　　　　　　　　　B)事业部型组织结构
   C)股份有限公司　　　　　　　　D)网络型组织结构

4.（　　）是以运输、保管、装卸、包装等现场物流作业为主的物流子公司。除了为母公司提供物流作业服务外，还可以通过向社会其他企业提供物流服务，有效利用现有的运输和仓储能力。

  A）物流作业子公司　　　　　　B）物流管理子公司
  C）物流代理子公司　　　　　　D）物流转包子公司

二、填空题

1．物流组织发展的_____开始于20世纪90年代，就其实质而言，这个阶段是_____思想主导的时期。

2．物流的组织结构，从其具体结构上看多种多样，如果从企业的角度分析，物流企业的组织结构可以划分为_____结构和_____结构。

3．物流子公司的主要类型有：_____和_____。

4．成立物流分公司的主要目的在于以下两个方面：_____和_____。

三、问答题

1．物流组织的发展大体经历了哪几个阶段？
2．诱发物流组织变革的需要并决定组织变革目标方向和内容的主要因素有哪些？
3．如何理解技术进步对物流企业组织结构的影响？
4．简述物流组织管理的原则。
5．物流子公司的运营形态通常有哪些类型？

第 14 章 物流企业基础管理工作

- 物流企业基础管理工作的特征、内容
- 各项基础管理工作的具体内容

- 物流企业基础管理工作的特征
- 强化物流企业基础管理工作

熟练掌握以下内容：
- 物流企业基础管理工作的特征
- 规章制度的内容
- 定额工作的管理原则
- 标准化工作的主要内容
- 物流信息工作的要求
- 员工培训工作的内容及管理
- C/C++语言的编程特征

了解以下内容：
- 计量和信息工作的内容
- 强化物流企业基础管理工作

物流企业的基础管理工作，已不是什么时髦的话题，准确地说是一个比较老的话题。但是，今天谈及企业的基础管理工作，绝非是对过去的陈旧话题的简单的重复，而是要强调基础管理工作对于物流企业发展的重要性，强调在新的时代背景下必须赋予基础管理工作以新的内涵。只有如此，才能使物流企业真正认识物流基础管理工作的含义，投入时间和精力，扎扎实实地做好管理的基础工作，为做强物流企业，实现物流企业今后的发展奠定坚实的基础。

14.1 物流企业基础管理工作概述

分析市场环境，据此制定出物流企业的经营战略，并在此基础上设计与之相适应的组织结构，对于实现物流管理的系统化、合理化确实有着极其重要的作用，但战略是否能够有效地实施，组织是否能有效地运转，还需要一定的保证，这个保证就是物流企业的基础管理工作。

14.1.1　物流企业基础管理工作的含义及特征

物流企业基础管理工作是指为实现企业的经营目标和有效地进行各项管理活动，提供资料依据、共同准则、基本手段和前提条件的工作。

就其总体来说，基础管理工作具有以下几个特征。

1. 科学性

物流企业基础管理工作是一种客观存在、不以人的意志为转移的工作。基础管理工作反映和体现了企业经营活动的客观规律，是一项具有科学内容的工作。只有尊重客观规律，加强基础工作，企业才能搞好。如果人为地削弱或取消基础工作，势必造成管理秩序的混乱，企业经营目标的实现根本无从谈起。

2. 全面性

基础管理是一种"全过程性""全员性"的工作。"全过程性"是指基础管理工作贯彻于物流管理的各项活动之中。"全员性"是指基础管理工作同企业每个职工直接有关，要依靠、动员全体职工认真去做，才能取得预期的效果，达到预期的目的。

3. 经常性

基础管理绝大部分是日常性的工作，天天要做，天天执行。如信息工作中的原始记录，每个生产岗位、每班以至每隔一定的时间，就要进行记录，不能随意中断。基础管理从其工作流程来看，绝大多数属于重复性的工作。

4. 系统性

基础管理是由许多先行性、共同性、根本性的管理工作组合而成的，在企业整体系统中自成一个独特的系统。这个系统具有以下几个特点：一是各项基础管理工作是企业纵向联系和横向联系的纽带，例如信息具有贯穿纵横向的职能；二是各项基础管理工作又都有自己的理论、方法和功能，自成小系统。

5. 可变性

对于基础管理工作的基本要求是先行性和先进性。先行性企业基础管理工作要走在各项专业管理工作之前，为企业各项专业管理提供资料、准则、条件和手段，保证企业的经营决策和各项管理工作顺利进行。先进性是指企业管理基础工作的各项标准和规定，要保持合理的先进水平，适时补充、修改和完善。这样，对企业生产经营的发展才能发挥积极的推动作用。而要实现先行性和先进性的要求，就必须保持基础管理工作的可变性。

所谓可变性有两层含义：其一是基础管理的项目是发展的；其二是基础管理的每个项目的内容都要随着科学进步与体制改革以及内部条件的变化，对一些具体规定和要求，必须经常加以修订、补充，吐故纳新，否则将因企业内外因素变化而不适用，影响到企业的运作效率。

14.1.2　物流企业基础管理工作的内容

物流企业管理是随着社会的进步和科学技术的发展而发展的，作为物流企业管理的基础工作也伴随着这种发展，不断地调整和完善自己。究竟基础管理包括哪些内容目前尚无一致的

看法。我们认为物流企业基础管理应包括以下工作:
- 规章制度。
- 定额工作。
- 标准化工作。
- 计量工作。
- 信息工作。
- 员工培训。

14.2 物流规章制度

14.2.1 规章制度的含义和作用

规章制度就是对人们在共同劳动中应当执行的工作职责、工作程序、工作方法等作出的文字规定。它具有法定性和一定的强制性,要求企业全体成员严格地遵守和执行。

规章制度的作用,可简要归纳为以下两点。

1. 管理的客观要求

企业管理是一种人类的社会活动。为了提高工作效率,就必须合理组织人们的分工协作关系,各项工作或活动必须符合客观规律的要求。这就需要有合理的规章制度来规范人们的行为,做到统一指挥,统一行动,人人有专责,办事有标准,奖惩有依据。共同劳动的规模越大,分工协作关系越复杂,规章制度也就更为必要。

2. 有效的激励手段

规章制度是调动职工群众积极性的主要手段,这种手段的作用主要是通过强调消极的行为,将员工的行为表现引向积极的方向,即通过对违反规章制度的事情及当事人及时的处罚,从而向全体员工明示预期的行为,以此来激励员工的工作热情和责任感。规章制度一旦建立就必须真正落实和实施,任何不履行规章制度的行为(哪怕这种行为很细微)都有可能带来灾难性的后果。要切记,对于违反规章制度者不按规定给予及时、客观的处罚,实质上是对遵守规章制度者的一种惩罚。

14.2.2 规章制度的内容

企业的规章制度种类繁多,各企业也不尽相同,归纳起来,大体可分为三类。

1. 基本制度

规章制度中的基本制度是指企业中带有根本性的制度,如公司制企业中的产权制度、组织制度等。

2. 工作制度

工作制度是指对企业各项专业管理工作内容、程序、方法和要求的规定。如计划管理、生产管理、销售管理、劳动人事管理和行政管理等各项管理制度。工作制度是指导企业进行各项活动的规范和准则。企业能否实行有效的管理,取决于企业各项工作制度的健全和完善。

3. 责任制度

责任制度是规定企业内部各级组织、各类人员在其工作范围内应负的责任和应有的权力。各项规章制度要靠责任制度加以落实，因此，责任制是规章制度的基础。企业内部责任制分为岗位责任制和技术责任制。岗位责任制包括行政领导责任制和职能人员责任制、工人岗位责任制；技术责任制包括对产品技术标准和技术规程的实施责任。

14.3 物流定额工作

14.3.1 定额工作的内容

定额是企业在一定的生产和技术组织条件下，为合理利用人力、物力、财力所规定的消耗标准、占用标准。它是编制计划的依据，是科学地组织生产的手段，也是进行经济核算，厉行节约，提高经济效益的有效工具。

定额工作是指对各类技术、经济定额的制定、执行、修订和管理工作。作为基础工作的企业各种技术、经济定额，是一个完整的体系。其主要内容如下。

1. 劳动定额

劳动定额是指在一定的生产和技术组织条件下所规定的单位产品劳动消耗量标准。包括工时定额和产量定额两种表现形式。前者是指生产单位产品所需的时间，后者是指工人在单位时间内应该完成的产量，二者互为倒数关系。此外，设备看管定额、劳动服务定额、劳动定员等也属于劳动定额的范畴。

2. 物资定额

物资定额包括物资消耗定额和物资储备定额。前者是指在一定生产技术条件下生产单位产品或完成单位生产任务所消耗的物资数量标准，后者是指为了保证企业生产持续不断地进行，对仓库物资储备的数量所规定的标准。

3. 设备定额

从设备利用上讲，有单位产品的台时定额和单位台时产量定额等；从设备维修上讲，有为编制设备修理计划而制定的有关定额，如设备修理复杂系数、修理劳动量定额、修理停歇时间定额、修理周期、修理间隔期、修理费用定额等。

4. 生产组织定额

生产组织定额又叫期量标准，是指在生产组织过程中为编制作业计划而制定的有关时间和数量标准。如为大量生产规定节拍、节奏；为成批生产规定批量、生产间隔期、生产周期、投入提前期、在制品定额等；为单件小批生产规定生产周期等。

5. 资金占用定额

资金占用定额是指在一定的生产组织和技术条件下，根据企业生产经营计划规定的固定资金和流动资金占用的标准。其中固定资金占用定额是根据生产经营计划核定的固定资产需要量的货币占用量；流动资金占用定额可分为储备资金定额、生产资金定额、成品资金定额等三种形态。

6. 费用控制定额

费用控制定额是指根据费用预算规定的一个单位或个人的费用开支限额，如车间办公费用定额、企业管理费用定额等。

14.3.2 定额工作的管理原则

1. 合理性原则

合理性原则是指定额的制定一定要立足于客观现实，并与实际情况相一致，即定额的制定既不能过高亦不能过低。过高与过低的定额均属于不合理的定额，不合理的定额在挫伤员工工作积极性的同时，也降低了定额的可操作性，还降低了定额执行与实施的现实意义。

2. 科学性原则

这里所说的科学性主要是指定额的制定方法的科学性。定额的方法，无论是经验估计法、统计分析法，还是比较类推法、技术测定法，都有其自身的优点和缺点，因此，每一种方法都有其适用的范围或条件。从这个意义上说，定额制定方法的科学性包含了两层含义：一是企业在制定定额时，究竟采用何种方法，一定要充分考虑自身的实际而作出合理的选择；二是制定定额时，要注意各种方法的综合利用，以增强方法之间的互补程度，进而提高定额的合理性。

3. 规范化原则

定额工作是包括定额的制定、定额的执行和定额的修订在内的一系列活动的总称。规范化的管理需要制度的保证，以避免人为因素的干扰，可以说，没有制度保证规范化根本无从谈起。

4. 适应性原则

如前所述，合理性对于定额管理工作是一个最重要的要求。保证制定的定额与客观现实相互协调一致，就要不断地根据实际情况的变化，修订和完善定额，以提高定额的适应性。

14.4 物流标准化工作

14.4.1 物流标准化工作的含义和作用

标准是对重复出现的事物和概念所作的统一规定，它以科学、技术和实践经验的综合成果为基础，经有关方面协商一致，由主管机构批准，以特定形式发布，作为共同遵守的准则和依据。

标准化是指为了达到预期效果，从标准的制定、贯彻、评价到不断深化、系统化和完善化的过程。标准化是一个活动过程，主要是制定标准、贯彻标准、评价和修订标准的过程。

标准化工作就是指对技术标准和管理标准的制定、执行和管理工作，它是企业管理中一项涉及技术、经济、管理等方面的综合性基础工作。

物流标准化是指以物流系统为对象，围绕运输、储存、装卸、包装以及物流信息处理等物流活动制定、发布和实施有关技术和工作方面的标准，并按照技术标准和工作标准的配合性要求，统一整个物流系统的标准的过程。

物流是一个大系统，对这样一个大系统的管理是非常复杂的。系统的统一性、一致性和系统内部各环节的有机联系是系统能否生存的首要条件。因此，除了需要有一个适合的体制形式来保证统一性、一致性及各环节的有机联系外，要实现有效的指挥、决策和协调大系统的关系，还需要有许多方法、手段。

标准化就是物流管理的重要手段，物流标准化对于提高物流作业效率、加快商品流通速度、保证物流质量、减少物流环节、提高物流管理效率、降低物流成本具有巨大的促进作用，同时也有利于推动物流技术的发展。

具体而言，物流标准化的作用表现为以下几个方面。

1. 物流标准化是物流发展的客观需要

物流标准化是实现物流各环节衔接的一致性，加快流通速度的需要。通过制定和执行物流工作中的相关标准，不仅可以保证物流活动各环节的技术衔接和协调，规范服务质量，加快流通速度，而且可以合理地利用物流资源，提高资源利用效率。

2. 物流标准化是进行科学化物流管理的重要手段

物流标准化为物流管理的规范化提供了基础，使得物流管理目标更加明确，有利于提高物流管理效率，实现整个物流大系统的高度协调统一。

3. 物流标准化是降低物流成本的有效手段

通过物流标准化，可以实现物流各个环节的有机结合，减少中间环节，减少无效劳动，提高设备、设施以及其器具的使用效率，从而达到降低物流成本、提高经济效益的目的。

4. 物流标准化推动了物流技术的发展

标准化有利于在运输工具、装卸、包装等方面采用国际标准，为开展国际交流与合作，便于与国外物流设施、设备、器具的相互配合创造条件。所有这些有利于提高技术水平，推动物流技术的发展。

5. 物流标准化便于同外界系统的连接

物流活动中使用的设施和设备需要机械制造企业提供，货源来自生产企业和流通企业等，也就是说，物流活动不仅是物流系统本身的问题，还涉及产品的生产、流通以及物流设施和设备的生产制造系统。实施标准化，可以促进这些系统的有效衔接。

14.4.2 物流标准化工作的内容

物流标准化的内容分为技术标准、工作标准和作业标准三个方面。

1. 物流技术标准

技术标准是指对标准化领域中需要协调统一的技术事项所制定的标准。在物流系统中，主要指物流基础标准和物流活动中采购、运输、装卸、仓储、包装、配送、流通加工等方面的技术标准。它又包含两个方面的标准。

（1）物流基础标准。基础标准是制定物流标准应遵循的、全国统一的标准，是制定物流标准必须遵循的技术基础与方法指南。主要包括专业计量单位标准、物流基础模数尺寸标准、物流专业名词（术语）标准等。

- 专业计量单位标准。物流标准是建立在一般标准化基础之上的专业标准化系统，除国家规定的统一计量标准外，物流系统还要有自身独特的专业计量标准。
- 物流基础模数尺寸标准。基础模数尺寸是指标准化的共同单位尺寸和系统各标准尺寸的最小公约尺寸。在制定各个具体的尺寸标准时，要以基础模数尺寸为依据，选取其整数倍为规定的尺寸标准，这样，可以大大减少尺寸的复杂性，使物流系统各个环节协调配合，并成为系列化的基础。
- 集装基础模数尺寸。集装基础模数尺寸是最小的集装尺寸，它是在物流基础模数尺寸的基础上，按倍数推导出来的各种集装设备的基础尺寸。在物流系统中，由于集装尺寸必须与各环节物流设施、设备相配合，在对整个物流系统进行设计时，通常以集装尺寸为核心进行设计。集装基础模数尺寸是物流系统各个环节标准化的核心，它决定和影响着其他物流环节的标准化。

- 物流建筑基础模数尺寸。主要是指物流系统中各种建筑物所使用的基础模数，在设计建筑物的长、宽、高尺寸，门窗尺寸以及跨度、深度等尺寸时，要以此为依据。
- 物流专业术语标准化。包括物流专业名词的统一化、专业名词的统一编码以及定义的统一解释。物流专业术语标准化可以避免由于人们对物流词汇的不同理解而造成物流工作的混乱。

（2）各个分系统中的技术标准：

- 运输车船标准。主要是对火车、卡车、货船、拖挂车等运输设备制定的车厢、船舱尺寸、载重能力、运输环境条件等标准，以保证设备之间以及设备与固定设施的衔接。
- 仓库技术标准。包括仓库尺寸、建筑面积、通道比例、单位储存能力、温度、湿度、照明等技术标准。
- 包装标准。包括包装尺寸、包装材料、质量要求、包装标志以及包装的技术要求等标准。
- 传输机具标准。包括水平、垂直输送的各种机械式、气动式起重机、传送机、提升机的尺寸、传输能力等技术标准。
- 站台技术标准。包括站台高度、作业能力等技术标准。
- 集装箱、托盘标准。包括托盘、集装系列尺寸标准、荷重标准以及集装箱的材料标准等。
- 货架、储罐标准。包括货架净空间、载重能力、储罐容积尺寸标准等。
- 信息标准。如物流 EDI 标准、GPS 标准等。

2. 工作标准

工作标准是指对工作的内容、方法、程序和质量要求所制定的标准。物流工作标准是对各项物流工作制定的统一要求和规范化制度，主要包括：各岗位的职责及权限范围；完成各项任务的程序和方法以及与相关岗位的协调、信息传递方式，工作人员的考核与奖罚方法；物流设施、建筑的检查验收规范；吊钩、索具使用、放置规定；货车和配送车辆运行时刻表、运行速度限制以及异常情况的处理方法等。

3. 作业标准

物流作业标准是指在物流作业过程中，物流设备运行、作业程序、作业要求等标准。这是实现作业规范化、效率化以及保证作业质量的基础。

14.5 物流计量工作

计量是指为了达到统一的单位制，通过技术和法制相结合的手段，保证量值的准确一致。计量工作就是要求运用科学的方法与手段，对生产经营活动中的量和质的数值加以掌握和管理。

14.5.1 计量工作的内容

计量工作的内容包括计量技术和计量管理两部分。

1. 计量技术

计量技术是指计量方面的技术研究和应用，主要是研究计量标准及测量方法、测量手段和数据误差的分析与处理。

2. 计量管理

计量管理是指对企业计量实行技术、经济、法制、行政和组织的管理，其中带有强制性的计量管理称作计量监督管理或法制计量管理。在工业企业中，它主要是对以产品为核心的计量单位的管理。

14.5.2 计量工作的任务

1. 计量工作的基本任务

计量是为企业的经营管理提供必要的科学数据和信息。计量工作的基本任务是：统一实行国家计量单位，保证所使用的计量器具和仪器仪表的量值准确可靠，以达到为企业管理活动服务的目的。

2. 计量工作的具体任务

计量工作的具体任务如下：

- 执行法定计量单位，避免多种单位制引起的混乱、浪费和不必要的换算，方便人们生活和社会生产。
- 建立计量标准，满足本单位计量器具的检定、修理和生产流程中计量测试的需要。
- 建立健全计量机构，配备专职计量人员，根据企业规模、技术要求和计量测试任务的工作量，建立健全相应的计量机构，充分发挥监督、检查和考核的职能。
- 加强计量器具的管理，严格遵守检定规程，严格按照检定周期送检，认真做好计量定级、升级工作。

14.6 物流信息工作

14.6.1 物流信息工作的内容

物流信息工作是对物流信息的收集、处理、传递、储存等一系列管理活动的总称。

物流信息管理在第 10 章已涉及，在此不再赘述。简单地说，物流信息工作包括：

- 信息的收集。
- 信息的加工。
- 信息的传递。
- 信息的存储。
- 信息的检索。
- 信息的输出。

14.6.2 物流信息工作的基本要求

信息工作的基本要求是要在信息的收集、加工、传递和存储中做到完整、准确、及时、适用和经济。

1. 完整

所谓完整，是指对与企业有关的相对稳定和经常变化的内部及外部信息的收集、分类，为企业的经营决策提供全面的依据。

2. 准确

所谓准确，是指信息要反映真实情况，只有准确的信息，才能有效地指挥和控制生产，作出正确的决策。

3. 及时

所谓及时，是指信息的反馈和传递要及时，否则就会贻误时机，使决策滞后甚至失误，在企业的经营过程中造成指挥系统失灵，产出中断甚至发生事故。

4. 适用

所谓适用，是指要从大量的复杂的多方面的信息中筛选出与管理者所从事的活动有关的信息，以提供给管理者使用。

5. 经济

所谓经济，是指无论采用何种方式和手段处理信息，都要从企业的实际出发，不图形式，讲求实效。

14.7 物流员工培训

14.7.1 员工培训的目的与意义

1. 员工培训的目的

员工培训的目的就是实现岗位要求的能力与个人具备的能力之间的动态平衡。

员工培训是企业人力资源管理的一个重要环节，其主要的作用就是不断地提升员工的能力和素质，使得员工的能力和素质符合岗位的要求，实现两者之间的协调。

2. 员工培训的意义

（1）提高员工素质的关键。社会经济的飞速发展，使得知识更新周期迅速缩短，科学技术的不断进步，使得对于从业人员的能力要求越来越高。就员工个人而言，通过接受培训，更新自身的知识结构，提升自身的能力，提高自身的综合素质，实现个人职业生涯的发展。

（2）提高企业竞争力的保证。个人培训提高员工自身的能力，但企业是作为一个整体运作的。员工的整体素质成为企业竞争力的关键所在，这已成为共识。获取竞争优势就要在企业内部创建一种员工的终身教育机制，创造一种良好的学习氛围，制定切实可行的全员培训计划，对员工进行终身教育，使他们不断更新知识和技能，通过员工个人的成长实现企业的发展。

14.7.2 员工培训的内容

1. 职业道德培训

职业道德是员工完成岗位工作，履行岗位职责的重要前提。职业道德具体表现为责任心、事业心和合作意识。

（1）责任心。责任心是员工履行岗位职责的基本前提。有强烈的责任心才会有履行岗位职责的愿望。对员工职业道德的培训，首要的任务是培养其责任心，可以试想一下，一个对自己都不负责的人，我们很难奢望他会对别人承担起必要的责任，更不敢奢望他在岗位工作中承担责任、尽义务。

（2）事业心。事业心要求员工把工作当成事业来做。工作中经常会遇到各种各样的问题和各种挫折，这就要求员工在从事本职工作的过程中，一切围绕岗位职责的履行、岗位任务的完成这个中心，抛开私心杂念，培养员工的敬业精神。要知道只有获得工作上的成就，员工才可能获得精神和物质上的满足，获取成就感，从而自我激励，使自己保持一种良好的进取心和工作状态。

（3）合作意识。主动性是员工做好本职工作的前提，主动性的培养最为主要的是要培养员工的合作意识，可以说，没有合作的意识便不会产生工作过程中的主动性。培养员工的合作意识，必须首先让员工理解两点：一是现代社会中完成工作必须要与他人很好的合作；二是合作是一种双赢或多赢的事情。其次，合作意识的形成乃至合作的开展，其基本前提是信任，没有相互之间的信任就不会有相互之间的合作，而信任的前提又是诚实。因此，培养员工的合作意识，就是要求员工做人、做事要诚实、守信。

2. 能力培训

能力培训包括两个方面：

（1）业务能力培训。业务能力是指能够运用特定的方法和技巧，通过一定的程序处理和解决专业领域（或业务范围）内的实际问题的能力。业务能力可以反映出员工对解决实际问题的理解和熟练程度。

（2）管理能力培训。管理能力是指完成管理活动的能力。因为管理活动一般都比较复杂，且受很多因素的影响，所以，管理能力不仅体现在认识问题、分析问题和解决问题的能力上，还表现在在管理过程中的综合处理问题的能力。这种综合处理问题的能力主要体现在：一是怎样处理企业与外部环境的关系；二是企业的发展。

14.7.3 员工培训的管理

员工的培训能否取得预期的成果，取决于对培训的管理。员工培训管理过程中，应该注意下列问题。

1. 构建合理的物流职业培训体系

从宏观角度讲，物流企业的员工培训，需要一个良好的外部氛围，即需要有一个合理的物流职业培训体系。借鉴国外物流教育和人才培养的基本体系，充分考虑到我国的实际情况，构建起一个集大学正规学位教育、物流职业教育培训（包括从业人员的在职与继续教育）和从业者职业资格认证体系为一体，全方位的物流职业培训体系。这是物流企业进行员工培训所必需的，而且是物流企业自身无法完全实现的，它需要政府和社会来承担和提供。

2. 树立新的培训观念

观念是行为的先导。现代市场条件下，对员工的培训需要树立新的培训观念。下列两个观念是对员工进行培训时应该给予特别重视的。

（1）资产观念。人是企业最宝贵的财产，蕴藏着巨大的潜能。人才管理的目的就是要挖掘人的潜力，使人的能力得到充分的发挥。但人的能力发挥到何种程度，一个基本的影响因素是人才接受培训的程度。树立人才是资产的观念，需要注意两个方面的问题。一是注重对企业人员的培训。企业不应只把人才看作是成本。对待成本是要千方百计地去降低，而对于资产是要在运作的过程中努力实现其增值，如同企业追求利润必须先有投入一样，人力资源增值的前提条件是加大培训的投资力度，对企业现有的人员进行培训，以提高员工的能力和整体素质。二是注意不能因为担心人才的流失，而不对企业的人员进行必要的培训。殊不知，有机会接受培训，提升自己的能力，也是留住人才的一个重要因素，而且从整体来看，如果每个企业都不对员工进行必要的培训，整个社会的人员素质会普遍降低，反过来会影响到企业获得高素质的人才，进而影响到企业的发展。

（2）福利观念。传统的做法是把培训当作奖励，以奖励那些对企业有特殊贡献的人，看起来这种做法无可非议。但"木桶原理"告诉我们：木桶的最大盛水量不取决于最长的木板，而是取决于最短的木板。因此，应当把培训当成是一种福利，使企业的每一个员工都能享受到，这样做一来公平，二来可以提升职工个人的能力，通过个人的成长推动组织发展，事实上还可以吸引更多的优秀人才，因为，从目前的情况看，工作对于人们而言，已不仅仅是一种谋生的手段，而是更加倾向于追求自身的价值，因此更重视自己职业生涯的发展。

3. 实现培训系统的良性循环

培训是一项复杂的系统工程。这个系统可分为三个阶段，即计划阶段、实施阶段和评估阶段。要想使培训取得理想的效果，就必须实现系统的良性循环，即做好每个阶段应该做的事情。

计划阶段是整个培训工作的基础，包括对培训的需求作出分析，从而确定培训的目标。这个阶段的工作非常重要。如果培训的需求不清楚，培训的目标不明确，整个培训工作就很难取得预期的效果。

实施阶段是培训工作的核心。这一阶段要精心选择恰当的学习原则和培训方法，才能保证培训工作顺利实施。

评估阶段包括两个方面的内容：根据培训目标制定培训标准；根据培训标准评估培训效果，修正下一阶段的培训目标。

以上三个阶段中的各个环节构成了一个培训的循环过程。培训模型（图14-1）便显示了这个过程。

4. 开展广泛的合作

物流企业的员工培训，基本上属于在职培训。企业在职培训不同于学校的学历教育，在职培训的主要目的是能力培养，即培养员工的业务能力和管理能力。企业在职培训具有明确的目的，要求有很强的针对性，开展在职培训，必须从课程设计、教学方法、教师选聘、教材建设、教学设施等多方面体现出在职培训的特殊性。

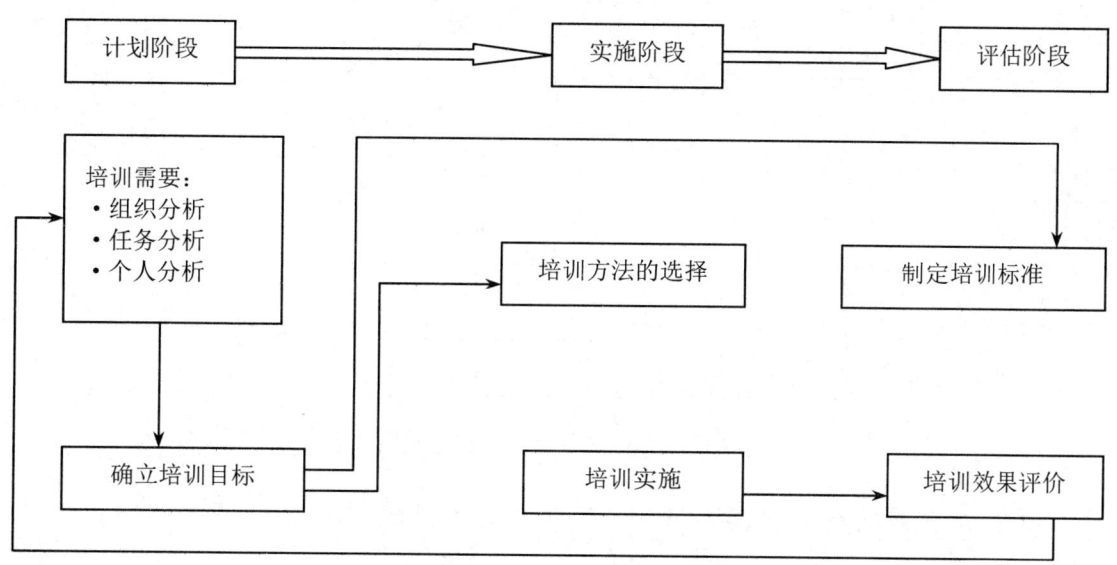

图 14-1　培训模型

增强员工培训的针对性，提高员工培训的效果的有效途径是合作。合作方是企业、高等学校和各种专业机构。合作的具体方式，会因合作各方的情况不同而存在较大的差异，但实施合作的指导思想是合作双赢。在具体实施过程中应把培训做成"项目"，即把培训和诊断有机地结合起来。

5．制定配套的政策

政策具有很强的导向作用。政策制定要充分考虑其科学性，既要考虑针对性，又要坚固系统性；既要鼓励那些主动性强的人，又要采取强制性的措施推动那些主动性差的人，总之，就是要创造一个良好的环境，使企业的员工持续地接受培训。

14.8　强化物流企业基础管理工作

物流基础管理工作的水平，直接关系到物流企业战略管理状态以及组织运行的效率。强化基础管理工作，在任何时候都必须给予高度的重视，并要在工作中认认真真地把各项工作落到实处。但由于环境的变化，基础管理工作无论是在内容上或是在内涵上都会发生变化，因此，在现阶段强化基础管理工作，就应该从总体上把握基础管理工作的关系，明确需要注意的问题。

14.8.1　物流基础管理工作的关系

各项基础管理工作之间的关系，可简单概括为：规章制度是基础管理工作的基础；信息工作是基础管理工作的核心；员工培训是基础管理工作的保障。各项工作相互联系构成一个有机的系统，如图 14-2 所示。

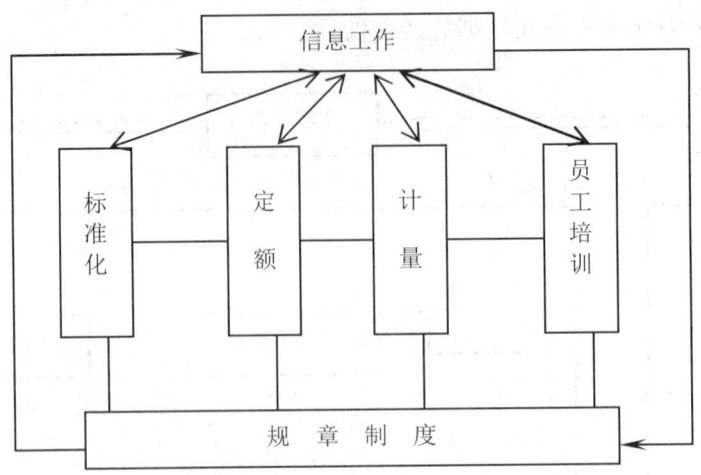

图 14-2　基础管理工作系统示意图

14.8.2　物流基础管理工作需注意的问题

物流基础管理工作是一个复杂的系统，强化物流基础管理工作涉及方方面面的内容。尽管这些内容一一列举有一定的困难，但在强化物流基础管理工作的过程中，以下问题应引起足够的重视。

1. 基础工作的程序化

企业管理的基础工作具有两个显著的特征。其一是普遍性。尽管企业所处的行业、组织形式存在着很大的差异，都应具备这些方面的工作。在企业内部，基础工作面向企业的全体职工，通过职工的共同努力来完成。其二是重复性。通过制定工作程序，实现基础工作的程序化，是做好基础工作的基本前提。

2. 基础工作的制度化

没有严格的规章制度，企业在基础工作上的努力都将付之东流。因此，规章制度是企业基础工作的基础。简单地说，规章制度是企业职工应遵循的行为准则。规章制度的作用在于规范职工的行为，即规章制度的防范作用与制约作用，它能保证企业的各项管理工作的顺利进行。但仅仅把规章制度的作用理解于此，尚远远不够。除此之外，规章制度还具有激励作用，即奖勤罚懒，鼓励职工遵纪守法。规章制度的最终目的是培养职工的自律意识和自律能力，发挥其工作的主动性。

3. 基础工作的信息化

这里所说的基础工作的信息化，是指信息工作是企业基础工作的核心。通过将信息的搜集、整理、存储和传输等各个环节的工作形成一个不断改进和完善的过程，把各项基础工作联结为一个有机的整体，同时将企业的其他各项工作有机地结合联系起来，为决策提供依据，为企业的高效运作提供保证。在从事信息工作时，应特别注意以下几点。一是建立有效的信息系统。通过制定工作程序、规则，确保信息的真实、可靠，使得信息工作得以正常进行。二是信息工作观念的转变。传统的信息沟通往往以纵向为主，即过多地偏重于自上而下和自下而上的信息沟通，关注的焦点是信息的集中以利于控制。现代企业管理对于信息工作的要求，更多地是信息的分散，尽可能地为职工所掌握和运用，因此应大力提倡横向或交叉的信息沟通。独立的部门或个人的专业技能只有与横向交流的大量的信息和知识联系起来才能发挥其作用,创建横向信息交流体系的最基本任务,也就是创建新的交流渠道,以鼓励战略知识和技能在企业中的快速传播。三是注重内外部信息搜集、整理、存储和传输。一个企业如果不能从内部产生创意,便无法掌握智慧的来源;同时一个有效的信息系统,不能单纯地用于内部信息的搜集、整理、存储和传输,还要不断地吸收企业外部的信息,一个不能从外部吸收构想和信息的企业,最终会丧失竞争力。

4. 基础工作的现代化

科学的发展和技术的进步,为企业的发展提供了全新的环境,也影响到了企业的基础工作,这种影响表现为多个方面,如技术标准要求的提高等。但从技术进步为企业基础工作提供了先进的手段来看,影响表现在两个方面:一是提高了基础工作的效率,诸如计量与测试,信息的搜集、整理与传输的准确和快速;二是使得基础工作面临挑战,这主要表现为由于新的技术手段要求的能力与职工现有能力之间的差距而出现的不协调现象,影响着先进手段作用的发挥。先进的技术手段能否发挥应有的作用,关键在于对职工的培训。通过培训提高职工的素质,使先进的手段与职工素质相协调,提高基础工作的水平。基础工作的现代化就是一个不断采用新技术手段,不断对职工进行培训的过程。

5. 基础工作的系统化

我们将企业管理的基础工作划分为五个方面的内容,是为了理论研究的方便和这些工作能够具体、明确,但在从事基础管理工作时应注意以下几点。一是不要将基础工作人为地割裂开来,应有系统的观念,从全局出发,统筹规划,避免过分强调部分而忽略整体,遵循整体优化原则。二是注意各项基础工作构成一个过程,保持过程中各个环节的连续性、持久性尤为重要,将制定-执行-检查融为有机整体,持之以恒。同时注意基础工作与其他各项管理工作的联系。三是基础工作的方法、手段的综合运用,特别是定量方法与定性方法的结合,各项具体工作尽可能地细化,能够量化的尽可能量化,以避免工作中的主观随意性。

总之,通过强化管理的基础工作,使基础工作程序化、制度化、信息化、现代化和系统化,实现物流企业管理的规范化、系统化,进而实现管理(决策)的科学化,为提高物流企业的竞争力奠定基础。

小　　结

物流企业基础管理工作是指为实现企业的经营目标和有效地进行各项管理活动,提供资料依据、共同准则、基本手段和前提条件的工作。

物流企业的企业基础管理应包括以下工作:规章制度;定额工作;标准化工作;计量工作;信息工作;员工培训。各项基础管理工作又有其内容和要求。

在基础管理工作中,规章制度是基础管理工作的基础;信息工作是基础管理工作的核心;员工培训是基础管理工作的保障。强化物流企业基础管理工作,必须从基础管理工作的程序化、制度化、信息化、现代化和系统化入手,通过强化管理的基础工作,实现物流企业管理的规范化、系统化,进而实现管理(决策)的科学化,为提高物流企业的竞争力奠定基础。

阅 读 资 料

企业管理信息化

2004年,财政部企业司编写出版的《企业信息化管理》(经济科学出版社),对企业管理信息化所作的相关解释:

1. 信息技术

信息技术是由计算机技术、通信技术、信息处理技术和控制技术等构成的综合性的高新技术,是人类开发和利用信息资源的所有手段的总和。包括:

(1) 信息的提取。信息的产生、收集、表达、检测、处理和存储。
(2) 信息的使用。信息的变换、传递、显示、识别、提取和控制。

2. 信息化

信息化,可以认为是现代信息技术与社会诸领域及其各个层面相互作用的动态过程及结果。包括:

(1) 信息技术的应用。
(2) 信息资源建设。
(3) 信息网络基础设施。
(4) 信息技术和产业。
(5) 信息化政策与法规标准的制定。
(6) 信息人才的培养。

3. 企业信息化

企业信息化的实质是企业全面实现业务流程数字化和网络化,并影响企业管理、生产和经营活动,转化企业经营模式,建立现代企业管理制度的过程。包括:

(1) 生产自动化。
(2) 办公自动化。
(3) 企业管理信息化。

4. 企业管理信息化

(1) 企业内部信息化。包括单项应用数据化;财务业务集成应用的信息化;企业人、财、物全部资源的信息化管理。
(2) 企业间的信息化。包括:供应链管理;客户关系管理;电子商务管理。

资料来源: 财政部企业司. 企业信息化管理. 北京:经济科学出版社,2004.4: 2—4.

练 习 题

一、单选题

1. 定额的制定既不能过高亦不能过低。过高与过低的定额均属于不合理的定额,不合理的定额在挫伤员工工作积极性的同时,也降低了定额的可操作性,还降低了定额执行与实施的现实意义。这是定额工作的(   )。

A）科学性原则　　　　　　　　　　B）适用性原则
　　C）规范化原则　　　　　　　　　　D）合理性原则

2. 从大量的复杂的多方面的信息中筛选出与管理者所从事的活动有关的信息，以提供给管理者使用。这是对信息管理工作的（　　）要求。
　　A）适用　　　　B）经济　　　　C）完整　　　　D）及时

3. （　　）主要包括：各岗位的职责及权限范围；完成各项任务的程序和方法以及与相关岗位的协调、信息传递方式，工作人员的考核与奖罚方法；物流设施、建筑的检查验收规范；吊钩、索具使用、放置规定；货车和配送车辆运行时刻表、运行速度限制以及异常情况的处理方法等。
　　A）技术标准　　　　　　　　　　　B）工作标准
　　C）作业标准　　　　　　　　　　　D）基础标准

4. 对与企业有关的相对稳定和经常变化的内部及外部信息的收集、分类，为企业的经营决策提供全面的依据。这是对信息管理工作的（　　）要求。
　　A）适用　　　　B）经济　　　　C）完整　　　　D）及时

5. 让每位员工都有机会接受培训，从而通过员工个人的成长推动企业的发展。这是员工培训的（　　）。
　　A）效益观念　　　　　　　　　　　B）资产观念
　　C）福利观念　　　　　　　　　　　D）奖励观念

6. （　　）是基础管理工作的基础。
　　A）标准化　　　　　　　　　　　　B）规章制度
　　C）信息工作　　　　　　　　　　　D）员工培训

7. （　　）是基础管理工作的核心。
　　A）标准化　　　　　　　　　　　　B）规章制度
　　C）信息工作　　　　　　　　　　　D）员工培训

8. （　　）是基础管理工作的保障。
　　A）标准化　　　　　　　　　　　　B）规章制度
　　C）信息工作　　　　　　　　　　　D）员工培训

9. 强化物流企业基础管理工作的最终目的是实现（　　）。
　　A）管理的现代化　　　　　　　　　B）管理的规范化
　　C）管理的制度化　　　　　　　　　D）决策的科学化

二、填空题

1. 物流企业的基础管理工作包括：_____、_____、_____、_____、_____和_____。

2. 规章制度包括：基本制度、_____和_____。

3. 物流标准化的内容包括：技术标准、_____和_____。

4. 技术标准包括_____和_____。

5. _____的基本任务是：统一实行国家计量单位，保证所使用的计量器具和仪器仪表的量值准确可靠，以达到为企业管理活动服务的目的。

6．员工职业道德内容包括：责任心、事业心和_____。
7．员工能力培训包括_____和_____。
8．员工培训的过程中，应树立_____观念和_____观念。

三、问答题

1．简述物流企业基础管理工作的特征。
2．定额工作的管理原则包括哪些内容？
3．物流信息工作的基本要求是什么？
4．如何强化物流企业的基础管理工作？
5．如何实现对员工培训的有效管理？

附录　练习题参考答案

第1章　物流与物流管理

一、单选题

1．B　2．C　3．D　4．A　5．A　6．D　7．A　8．D　9．B

二、填空题

1．流体　载体　流向
2．行业物流　企业物流
3．第一方物流　第二方物流
4．物流管理
5．物流业务管理　技术管理
6．计划　评估
7．第三方物流
8．国际

三、问答题

1．
（1）物流的研究对象是"物"。
（2）物流是物的"流动"。
（3）物流是物的"物理性"流动。

2．
（1）包装功能。
（2）流通加工功能。
（3）仓储功能。
（4）装卸搬运功能。
（5）运输功能。
（6）信息功能。

3．
（1）供应物流。
（2）销售物流。
（3）生产物流。
（4）回收物流。
（5）废弃物物流。

4.
（1）提供基本的仓储和运输服务。
（2）提供仓储和货运管理等增值服务。
（3）提供一体化物流和供应链管理服务。

5.
（1）物流的计划管理。
（2）调整物流关系。
（3）物流经济活动管理。
（4）物流的系统管理。
（5）物流的人才管理。

6.
（1）物流管理人员的职能技能。
（2）物流管理人员的管理技能。
（3）物流管理人员的相互协调的技能。

第 2 章　物流系统

一、单选题

1．D　2．D　3．B　4．C　5．A　6．D

二、填空题

1．系统
2．时间　地点　成本　数量　质量
3．增值服务
4．包装　装卸　流通加工
5．物流资源状况　社会经济发展

三、问答题

1.
（1）物流系统是一个多目标函数系统。
（2）物流系统的复杂性。
（3）物流系统是一个可分系统。
（4）物流系统是一个动态系统。

2.
（1）服务。
（2）节约。
（3）及时。
（4）规模。

3.
(1) 增加便利性的服务。
(2) 加快反应速度的服务。
(3) 降低成本的服务。
(4) 延伸的服务。

4.
(1) 业务操作层。
(2) 管理控制层。
(3) 决策分析层。
(4) 战略计划层。

5.
(1) 客户导向原则。
(2) 系统性原则。
(3) 可行性原则。

6.
(1) 建立目标和约束条件。
(2) 信息的收集与分析。
(3) 网络设计。
(4) 设计方案评估与选择。
(5) 设计方案实施的评价与优化。

第3章　物流服务

一、单选题

1．D　2．B　3．C　4．C

二、填空题

1．可靠性
2．可得　作业完成　可靠
3．备货保证　输送保证　品质保证
4．信用度
5．服务失效

三、问答题

1．答：
(1) 适应环境原则。
(2) 经济性原则。
(3) 多样化原则。

（4）可靠性与灵活性相结合原则。

（5）特色性原则。

2．答：作业完成能力涉及物流活动对所期望的完成时间和可接受的变化所承担的义务。

（1）速度。

（2）一致性。

（3）灵活性。

（4）故障与恢复。

3．答：按照巴罗的观点，将客户服务分为交易前、交易中和交易后三个阶段，每个阶段都包括了不同的服务要素，如下图所示。

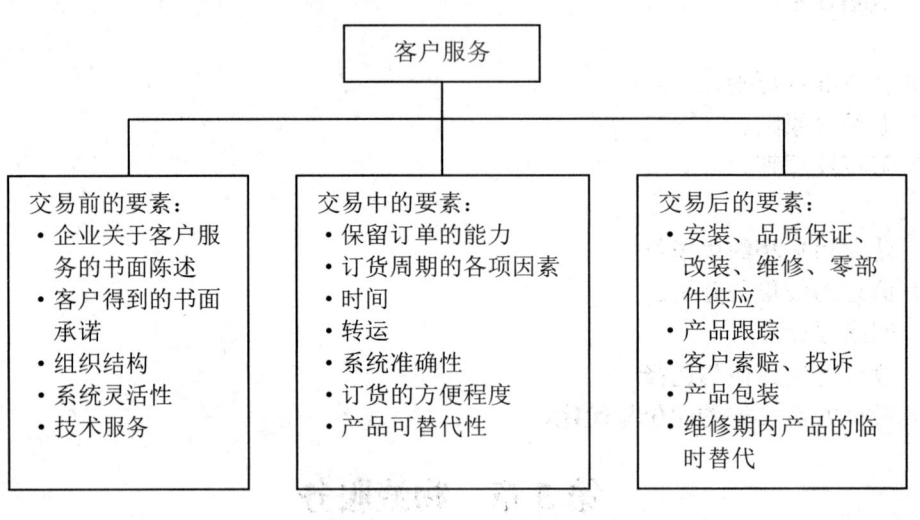

4．答：

（1）物流服务水平不变，成本降低型。

（2）物流服务水平提高，成本增加型。

（3）物流服务水平提高，成本不变型。

（4）物流服务较高水平，成本较低型。

5．答：

（1）可靠性。

（2）响应度。

（3）信用度。

（4）关怀度。

（5）装备（有形性）度。

第4章 物流管理的最新发展趋势

一、单选题

1．A 2．B 3．C 4．D 5．B 6．D 7．B 8．B

9．D　　10．D　　11．D

二、填空题

1．后勤供应
2．1985　美国物流管理协会
3．1965—1973 年
4．物流合理化
5．第三方
6．管理型　整合型
7．报关
8．集装箱
9．物流管理总部、事业部
10．发生源、交通量　交通流
11．供应链
12．动态性　交叉性
13．供应链物流管理

三、问答题

1．
（1）1950—1978 年，物流理论体系的形成与实践推广阶段。
（2）1978—1985 年，物流理论的成熟与物流管理现代化阶段。
（3）1985 年至今，物流理论、实践的纵深化发展阶段。

2．
（1）1956—1964 年，物流概念的导入和形成阶段。
（2）1965—1973 年，物流近代化阶段。
（3）1974—1983 年，物流合理化时期。
（4）20 世纪 80 年代中期以后，物流的纵深化发展阶段。

3．
（1）1949—1965 年，物流初期发展阶段。
（2）1966—1977 年，物流停滞阶段。
（3）1978—1990 年，物流较快发展阶段。
（4）1991 年至今，现代物流起步阶段。

4．
（1）第三方物流的产生可以说是社会分工的必然结果。
（2）进入 20 世纪 90 年代后，市场竞争非常激烈，第三方物流服务业也就应运而生了。
（3）第三方物流运行的良好效益，促进了第三方物流的立足与发展。
（4）信息技术的发展是第三方物流出现的必要条件。
（5）随着经济自由化和贸易全球化的发展，物流领域的政策不断放宽，同时也导致物流企业自身竞争的激化，物流企业不断地拓展服务内涵和外延，这也加速了第三方物流的出现。

（6）第三方物流的产生也是新型管理理念的要求。

5.
（1）关系契约化。
（2）服务个性化。
（3）功能专业化。
（4）管理系统化。
（5）信息网络化。

6.
（1）有利于集中主业、形成核心竞争力。
（2）有利于提升企业形象。
（3）有利于克服管理上的真空。
（4）有利于提高作业效率。
（5）有利于降低物流成本。
（6）有利于减少信息系统建设成本。

7.
（1）运输。
（2）保管和流通加工。
（3）包装。
（4）装卸。
（5）信息。
（6）报关和相关文书单据制成。

8.
（1）全球物流交纳周期长。
（2）运送方式多样化。
（3）运输方式多样化。
（4）当地增值的中间产品运输方式。

9.
（1）通过车辆的有效利用减少车辆运行，提高配送效率和积载率。
（2）通过制定订发货计划，实现其均衡化和配送路线的最优化，提高往返载货率，减少退货运输和错误配送，争取实现运输配送的效率化和现代化。
（3）通过同产业共同配送、异产业共同配送、地域内共同配送或由第三方物流企业统一集中发货，实现运输配送的合理化与最优化。
（4）通过联合运输、装载工具的标准化、包装尺寸的标准化等来实现物流标准化。
（5）通过缩短商品检验时间、确保停车场地及配送工具等来缩短配送时间。
（6）通过第三方物流来实现运输集约化和库存集约化。
（7）通过转向海上运输、铁路运输、集装箱运输，向符合规制的车辆转换等方式来削减总行车量，减少车辆的排污量。

10.
供应链物流管理的指导思想，就是要结合供应链的特点，综合运用各种物流管理的方法和手段，实现物有效移动，既保障供应链正常运行所需的物流需要，又保障整个供应链的总物流成本最低、整体效益最高。

第5章　包装

一、单选题

1．A　　2．A　　3．B　　4．B　　5．A

二、填空题

1．保护功能　便于处理　促进销售
2．商业包装
3．一次性使用包装　重复使用包装　重复使用包装
4．马口铁（镀锡薄钢板）　金属箔
5．船舶货物包装　航空货物包装
6．缓冲包装法

三、问答题

1．
（1）防止物资的破损变形。
（2）防止物资发生化学变化。
（3）防止有害生物对物资的影响。
（4）其他。诸如，防止异物混入，污物污染，丢失、散失。

2．
按照不同用途，包装材料可分为以下几类：容器材料，用于制作箱子、瓶子、罐子，有纸制品、塑料、木料、玻璃、陶瓷、各类金属等；内包装材料，用于隔断物品和防震，有纸制品、泡沫塑料、防震用毛等；包装用辅助材料，如各类接合剂、捆绑用细绳（带）等。

3．
（1）缓冲包装技术（防震包装技术）。
（2）防水包装。
（3）防锈包装。
（4）防潮包装。
（5）防霉包装。

4．
（1）提高包装劳动生产率，确保包装质量。
（2）降低包装劳动强度，改善劳动条件。
（3）降低包装成本，降低流通费用。

5．
（1）包装尺寸标准化。

（2）包装作业机械化。
（3）包装轻薄化。
（4）包装单位大型化。
（5）包装成本低廉化。
（6）包装材料的资源节省化。
（7）包装的特色化。

第6章　流通加工

一、单选题

1．B　　2．A　　3．B　　4．D

二、填空题

1．流通加工
2．集中下料
3．经济性分析　投资决策和经济效果评价
4．消费
5．产出地

三、问答题

1．答：
（1）加工对象不同。
（2）加工内容不同。
（3）加工目的不同。
（4）所处领域不同。

2．答：
（1）方便流通。
（2）物流业的重要利润来源。
（3）提高原材料利用率。
（4）充分发挥各种输送手段的最高效率。

3．答：
（1）以保存物品为主要目的。
（2）为适应多样化的需要。
（3）为了消费方便省力。
（4）为提高产品的利用率，减少浪费。
（5）为提高物流效率，降低物流损失。
（6）为了实施配送。

4.

流通加工是在物品从生产领域向消费领域流动的过程中,为促进销售、维护产品质量和提高物流效率,对物品进行一定程度的加工。

5.

流通加工合理化的含义是实现流通加工的最优配置,不仅要避免各种不合理,而且要做到流通加工的整体优化。虽然在这个问题上并没有统一的衡量标准,但是以下几个方面的问题是需要予以考虑的。

(1)加工和配送相结合。

(2)加工和配套相结合。

(3)加工和运输相结合。

(4)加工和商流相结合。

(5)加工和节约相结合。

6.

(1)流通加工地点设置的不合理。

(2)流通加工方式选择不当。

(3)论证不足,使得流通加工成为多余环节。

第7章 储存

一、单选题

1．B 2．A 3．B 4．A 5．B 6．B 7．C 8．D
9．B 10．D

二、填空题

1．安全 防劣化

2．堆码 保养 维护

3．供需 运输能力

4．营业 公共 租赁

5．产地 流通中心

6．集散地仓库

7．水面仓库

8．堆码 养护 盘点

9．发货出库

三、问答题

1.

(1)保管功能。

(2)调节功能。

(3) 配送功能。
(4) 节约功能。

2.
(1) 自用仓库。
(2) 营业仓库。
(3) 公共仓库。
(4) 租赁仓库。

3.
(1) 平房仓库。
(2) 楼房仓库。
(3) 高层货架仓库。
(4) 罐式仓库。
(5) 简易仓库。

4.
(1) 入库管理。
(2) 在库管理。
(3) 出库管理。

5.
(1) 核对入库凭证。
(2) 入库验收。
(3) 记账登录。

6.
(1) 尽量利用库位空间，较多采取立体储存的方式。
(2) 仓库通道与堆垛之间保持适当的宽度和距离，提高物品装卸的效率。
(3) 根据物品的不同收发批量、包装外型、性质和盘点方法的要求，利用不同的堆码工具，采取不同的堆码形式。其中，危险品和非危险品的堆码，性质相互抵触的物品应该区分开来，不得混淆。
(4) 不要轻易地改变物品储存的位置，大多应按照先进先出的原则。
(5) 在库位不紧张的情况下，尽量避免物品堆码的覆盖和拥挤。

7.
(1) 管理人员的现代化。
(2) 储存管理技术的现代化。
(3) 储存管理方法的科学化。
(4) 内部管理规范化。

8.
(1) 面向通道原则。
(2) 高层堆码原则。
(3) 先出原则。
(4) 回转对应原则。

（5）同一性原则。
（6）类似性原则。
（7）重量特性原则。
（8）形状特性原则。
（9）位置标识原则。
（10）网络化保管原则。

第8章　装卸

一、单选题

1．B　　2．A　　3．C　　4．B　　5．B　　6．C　　7．D

二、填空题

1．装卸　搬运　装卸搬运
2．垂直装卸　水平装卸
3．散装货物装卸　单件货物装卸　集装货物装卸
4．垂直装卸
5．移动　方法
6．按工艺过程布置　按产品布置
7．L形　U形
8．无效装卸

三、问答题

1.
在同一地域范围内（如车站范围、工厂范围、仓库内部等）以改变"物"的存放、支承状态的活动称为装卸，以改变"物"的空间位置的活动称为搬运，两者全称装卸搬运。装卸的特点：

（1）装卸是附属性、衍生性的活动。
（2）装卸是支持、保障性活动。
（3）装卸是衔接性的活动。
（4）装卸是一种经济性活动。

2.
（1）列表标明所有装卸物或分组归并装卸物的名称。
（2）记录其物理特征及其他特征。
（3）分析每类装卸物的各项特征，并确定哪些特征是主导的，在起决定作用的特征下面画出标记线。
（4）确定装卸物类别，把那些具有相似主导特征的装卸物归并为一类。
（5）对每类装卸物写出分类说明。

3.

（1）每项移动的起点和终点（提取和放下的地点）具体位置在哪里。

（2）哪些路线及路线上有哪些装卸物装卸搬运方法是在规划之前已经确定了的，或大体上作出了规定。

（3）装卸物运进运出和穿过的每个作业区所涉及的建筑物特点是什么样的（包括地面负荷），如房屋高度、柱子间距、屋架支承强度、室内还是室外、有无采暖、有无灰尘等。

（4）装卸物运进运出的每个作业区内进行什么工作，作业区内部已有的（或大体规划的）安排或大概是什么样的布置。

4.

在分析各项移动时，需要掌握以下资料：

（1）装卸物。

（2）路线。

（3）装卸活动。

（4）分析各项移动的方法。

5.

实现物流装卸的合理化，需从以下几个方面入手：

（1）防止无效装卸。

（2）充分利用重力或消除重力影响，进行少消耗的装卸。

（3）充分利用机械，实现"规模装卸"。

（4）提高物的装卸搬运活性。

（5）制度建设。

6.

（1）过多的装卸次数。

（2）过大的包装装卸。

（3）无效装卸。

7.

（1）物品的特性。

（2）作业特性。

（3）环境特性。

（4）装卸机械特性。

（5）经济性。

第9章　运输

一、单选题

1．C　2．A　3．C　4．A　5．B　6．B

二、填空题

1. 时间效用　形质效用
2. 运输配送线路
3. 运输配送
4. 航空运输　管道运输
5. 管道运输
6. 城市运输　厂内运输
7. 联合运输　多式联运

三、问答题

1.
（1）运输距离。
（2）运输方式。
（3）运输环节。
（4）运输费用。
（5）运输时间。

2.
（1）运输配送是物流网络的构成基础。
（2）运输配送是物流系统功能的核心。
（3）运输配送合理化是物流系统合理化的关键。

3.
（1）沿海运输。
（2）近海运输。
（3）远洋运输。
（4）内河运输。

4.
（1）与运输方向有关的不合理运输。
（2）与运输距离有关的不合理运输。
（3）与运量有关的不合理运输。

5.
（1）提高运输工具实载率。
（2）采取减少动力投入、增加运输能力的有效措施。
（3）尽量发展直达运输。
（4）配载运输。
（5）发展特殊运输技术和运输工具。
（6）发展流通加工，使运输合理化。

第10章　配送

一、单选题

1．D　2．A　3．D　4．B　5．C　6．D　7．C　8．A

二、填空题

1．分拣　配装　送达服务　配送加工
2．配送中心配送
3．生产企业
4．多品种、少批量配送　配套型配送
5．加工配送　集疏配送
6．共同配送
7．配送中心
8．物流企业主导型配送中心　共同型配送中心

三、问答题

1．
（1）配送的本质是送货。
（2）配送是一种小范围的综合性物流。
（3）配送的全过程有现代化技术和装备的保证。
（4）配送是一种专业化的分工方式。

2．
（1）有利于物流运动实现合理化。
（2）推行配送制有利于合理配置资源。
（3）有利于开发和应用新技术。
（4）推行配送可以降低物流成本。
（5）有利于有效地解决交通问题。
（6）有利于环境保护。

3．
（1）配送中心配送。
（2）商店配送。
（3）仓库配送。
（4）生产企业配送。

4．
（1）定时配送。
（2）定量配送。
（3）定时、定量配送。

（4）即时配送。
（5）定时、定路线配送。

5.
（1）资源筹措不合理，如不是多客户多品种联合送货、资源过多过少等。
（2）库存决策不合理，如库存量没有控制、库存结构和库存量不合理等。
（3）价格不合理，如配送价格过高或过低。
（4）配送与直送决策不合理，如大批量用户不直送、小批量用户不配送等。
（5）送货中不合理运输，如不联合送货、不科学计划配送路线等。

6.
（1）推行一定综合程度的专业化配送。
（2）加工配送。
（3）共同配送。
（4）实行双向配送。
（5）推行准时配送。
（6）推行即时配送。

7.
（1）库存标志。
（2）资金标志。
（3）成本和效益标志。
（4）供应保证标志。
（5）社会运力节约标志。
（6）物流合理化标志。

8.
（1）采购功能。
（2）储存与集散功能。
（3）配组功能。
（4）分拣功能。
（5）分装功能。
（6）加工功能。

第 11 章　物流信息

一、单选题

1．A　2．B　3．D　4．A　5．A　6．D

二、填空题

1．物流信息
2．物流系统内信息　物流系统外信息

3. 13 69
4. 电子数据交换技术
5. 定义管理目标　定义管理功能　定义数据分类　定义信息结构
6. 货主　承运业主

三、问答题

1.
（1）对物流活动具有支持保证的功能。
（2）连接整合整个供应链和使整个供应链活动效率化的功能。

2.
（1）信息量大。
（2）速度快。
（3）多样化。

3.
（1）EDI 软硬件。
（2）通信网络。
（3）数据标准。

4.
（1）对于传统的订货方式，如上门订货、邮寄订货、电话、传真订货等，EOS 系统可以缩短从接到订单到发出订货的时间，缩短订货商品的交货期，减少商品订单的出错率，节省人工费。
（2）对于生产厂家和批发商来说，通过分析零售商的商品订货信息，能准确判断出畅销商品和滞销商品，有利于企业调整商品生产和销售计划。
（3）有利于减少企业的库存水平，提高企业的库存管理效率，同时也能防止商品特别是畅销商品缺货现象的出现。
（4）有利于提高企业物流信息系统的效率，使各个业务信息子系统之间的数据交换更加便利和迅速，丰富企业的经营信息。

5.
物流信息系统是一个以人为主导、以提高物流企业效益和效率为目的，充分、合理地利用计算机软硬件、网络通信设备以及其他办公设备，进行物流信息的收集、传输、加工、存储、更新和维护，支持物流企业高层决策、中层控制、基层运作的集成化的人机系统。

物流信息系统的基本功能可以归纳为以下几个方面：
（1）数据的收集和录入。
（2）信息的存储。
（3）信息的传播。
（4）信息的处理。
（5）信息的输出。

6.
（1）物流信息系统规划。

（2）系统分析。
（3）系统设计。
（4）系统实施。
（5）系统维护与评价。

第 12 章　物流战略管理

一、单选题

1．A　　2．C　　3．A　　4．C　　5．B　　6．A　　7．C

二、填空题

1．宏观环境
2．战略分析阶段　战略选择及评价阶段　战略实施及控制阶段
3．企业内部环境或条件
4．物流战略类型　物流战略态势
5．战略目标
6．结构性战略　功能性战略　基础性战略

三、问答题

1．答：
（1）市场状态的变化。
（2）生产、经营方式的变化。
（3）管理方式的改变。
（4）信息技术的保证。

2．答：
（1）物流需求的高度化发展。
（2）物流企业竞争加剧。
（3）经济的可持续发展。

3．答：一般来说可在三个方面来推进一个战略的实施：
（1）依据客户服务的全局性战略，制定包括渠道设计和网络分析在内的结构性战略，直至分解成包括物料管理、运输和仓库管理等的功能性战略。
（2）对企业的组织机构进行构建，以使构造出的机构能够适应所采取的战略，为战略实施提供一个有利的环境。
（3）要使管理者的素质及能力与所执行的战略相匹配，即挑选合适的企业高层管理者来贯彻既定的战略方案。

4．答：
（1）物流系统的宗旨。
（2）物流系统的战略目标。

（3）物流战略要素。
（4）物流战略优势。
（5）物流战略创新。

5．答：
（1）综合型物流企业。
（2）功能整合型物流企业。
（3）运输代理型物流企业。
（4）缝隙型物流企业。

第13章　物流组织

一、单选题

1．B　　2．D　　3．B　　4．A

二、填空题

1．发展期　供应链管理
2．依附型组织　独立型组织
3．物流作业子公司　物流管理子公司
4．降低物流成本　推进企业物流事业的发展

三、问答题

1．
（1）萌芽期：此阶段大约出现在20世纪70年代初期，物流的重要性为人们所认识，企业中的各种类型的物流活动受到越来越多的关注。
（2）形成期：此阶段大约从20世纪80年代后期开始，也有人将其称为物流活动全面一体化阶段，它包括了采购的实物供应和销售的实物分拨。
（3）发展期：此阶段开始于20世纪90年代，就其实质而言，这个阶段是供应链管理思想主导的时期。

2．
（1）环境。
（2）战略。
（3）技术。
（4）企业规模和成长阶段。

3．
（1）推动组织结构向扁平化发展，信息技术带给企业信息沟通的效率的提高，使得组织结构可以实现较少的管理层次和较宽的管理幅度。
（2）以多媒体电子计算机和喷气式飞机为标志的现代技术，相对缩短了企业活动的时空距离，极大地扩大了物流活动的范围，使得全球物流成为一种趋势，与之相应的全球性的组织

结构应运而生。

（3）新技术不断应用于物流企业，使得原来只能顺序进行的工作可以并行甚至交叉进行，网络化组织结构逐渐形成和不断发展，这也使得物流企业的适应能力增强，对外界的反应速度加快，进而提高了组织结构的柔性化和运作效率。

4.
（1）市场导向原则。
（2）适应性原则。
（3）比较利益原则。
（4）效率原则。

5.
（1）第一种形态是以经营运输业务和类似业务为主，大多属于物流作业子公司承担的业务。除了承担母公司的货物运输外，还承揽社会货物的运输。

（2）第二种形态是作为母公司物流业务的第一承包人，将物流业务分包给其他专业物流业者，通过收取管理费、运费折扣等获取利润，属于物流管理子公司的业务，但是并没有发挥出物流管理子公司本来的职能。

（3）第三种形态为母公司的商品流通提供合理的物流系统，并且负责物流系统运营。这种形态与物流管理子公司的本质业务是相一致的，代表着物流子公司今后发展的方向。

第14章　物流企业基础管理工作

一、单选题

1．D　　2．A　　3．B　　4．C　　5．B　　6．B　　7．C　　8．D　　9．D

二、填空题

1．规章制度　定额工作　标准化工作　计量工作　信息工作　员工培训
2．工作制度　责任制度
3．工作标准　作业标准
4．物流基础标准　各个分系统中的技术标准
5．计量工作
6．合作意识
7．业务能力培训　管理能力培训
8．资产　福利

三、问答题

1．
（1）科学性。
（2）全面性。
（3）经常性。

（4）系统性。
（5）可变性。

2.
（1）合理性原则。
（2）科学性原则。
（3）规范化原则。
（4）适应性原则。

3.
信息工作的基本要求是要在信息的收集、加工、传递和存储中做到完整、准确、及时、适用和经济。

4.
现阶段强化基础管理工作，就应该从总体上把握基础管理工作的关系，明确需要注意的问题。

（1）各项基础管理工作之间的关系可简单概括为：规章制度是基础管理工作的基础；信息工作是基础管理工作的核心；员工培训是基础管理工作的保障。各项工作相互联系构成一个有机的系统。

（2）物流基础管理工作需注意的问题：基础工作的程序化；基础工作的制度化；基础工作的信息化；基础工作的现代化；基础工作的系统化。

5.
（1）构建合理的物流职业培训体系。
（2）树立新的培训观念。
（3）实现培训系统的良性循环。
（4）开展广泛的合作。
（5）制定配套的政策。

参考文献

[1] 尤西·谢菲. 物流集群[M]. 王微, 雪品岑, 译. 北京: 机械工业出版社, 2015.
[2] 张丽, 郝勇, 黄建伟. 物流系统规划与设计[M]. 2版. 北京: 清华大学出版社, 2014.
[3] 保罗·麦尔森. 精益供应链与物流管理[M]. 梁峥, 郑诚俭, 郭颖研, 等译. 北京: 人民邮电出版社, 2014.
[4] 娜达·R.桑德斯. 大数据供应链[M]. 丁晓松, 译. 北京: 中国人民大学出版社, 2015.
[5] 黄中鼎. 现代物流管理学[M]. 3版. 上海: 上海财经大学出版社, 2016.
[6] 李严锋, 张丽娟. 现代物流管理[M]. 4版. 大连: 东北财经大学出版社, 2016.
[7] 约翰·盖特纳. 有效的物流管理[M]. 王慧, 王靖宇, 译. 天津: 天津科技翻译出版社, 1991.
[8] 金若楠, 张文杰. 现代综合物流管理[M]. 北京: 中国铁道出版社, 1994.
[9] 斯蒂芬·P.罗宾斯. 管理学[M]. 3版. 黄卫伟, 译. 北京: 中国人民大学出版社, 1997.
[10] 张声书. 中国现代物流研究[M]. 北京: 中国物资出版社, 1998.
[11] 崔介何. 物流学概论[M]. 北京: 中国计划出版社, 1997.
[12] 宋华, 胡左浩. 现代物流与供应链管理[M]. 北京: 经济管理出版社, 2000.
[13] 中田信哉, 桥本雅隆. 物流入门[M]. 陶庭义, 译. 深圳: 海天出版社, 2001.
[14] 中国交通企业管理协会. 现代物流管理全书（一）[M]. 北京: 中国对外经济贸易出版社, 2001.
[15] 中国交通企业管理协会. 现代物流管理全书（二）[M]. 北京: 中国对外经济贸易出版社, 2001.
[16] 中国交通企业管理协会. 现代物流管理全书（三）[M]. 北京: 中国对外经济贸易出版社, 2001.
[17] 中国交通企业管理协会. 现代物流管理全书（四）[M]. 北京: 中国对外经济贸易出版社, 2001.
[18] 翁心刚. 物流管理基础[M]. 北京: 中国物资出版社, 2002.
[19] 侯书森, 孔淑红. 企业供应链管理[M]. 北京: 中国广播电视出版社, 2002.
[20] 丁立言, 张铎. 物流配送[M]. 北京: 清华大学出版社, 2002.
[21] 黄小原, 卢震. 电子商务与供应链管理[M]. 沈阳: 东北大学出版社, 2002.
[22] 肯特·N.卡丁. 全球物流管理[M]. 綦建红, 杜培枫, 译. 北京: 人民邮电出版社, 2002.
[23] 刘伟. 供应链管理[M]. 成都: 四川人民出版社, 2002.
[24] 夏文汇. 现代物流管理[M]. 重庆: 重庆大学出版社, 2002.
[25] 王槐林, 刘明菲. 物流管理学[M]. 武汉: 武汉大学出版社, 2002.
[26] 森尼尔·乔普瑞, 彼得·梅因德尔. 供应链管理: 战略、规划和运营[M]. 李丽萍,

译．北京：社会科学文献出版社，2003．

[27] 伯杰．网际时代的供应链管理[M]．马士华，译．北京：电子工业出版社，2003．

[28] 王庆功．物流运输实务[M]．北京：中国物资出版社，2003．

[29] 张新颖，郑明．回收物流[M]．北京：中国物资出版社，2003．

[30] 朱金玉．现代物流基础[M]．北京：中国物资出版社，2003．

[31] 冯耕中．现代物流与供应链管理[M]．西安：西安交通大学出版，2003．

[32] 罗伯特·B.罕非尔德，小埃尔尼斯特·L.尼科斯．供应链管理导轮[M]．王小征，译．北京：社会科学文献出版社，2003．

[33] 唐渊．国际物流学[M]．北京：中国物资出版社，2004．

[34] 刘北林．流通加工技术[M]．北京：中国物资出版社，2004．

[35] 真虹，朱云仙．物流装卸与搬运[M]．北京：中国物资出版社，2004．

[36] 道格拉斯·兰伯特，詹姆士·斯托克，利萨·爱拉姆．物流管理[M]．张文杰，叶龙，刘秉镰，译．北京：电子工业出版社，2008．

[37] 钱学森．论系统工程（增订本）[M]．长沙：湖南科学技术出版社，1988．

[38] 贾姆希德·格哈拉杰达基．系统思维：复杂商业系统的设计之道[M]．3版．王彪，译．北京：机械工业出版社，2014．

[39] 小保罗·R.墨菲，唐纳德·F.伍德．当代物流学[M]．陈荣秋，译．北京：中国人民大学出版社，2009．

[40] 韩大勇．你不了解的联合包裹服务公司：极速 UPS[M]．北京：北京工业大学出版社，2012．

[41] 苏雄义．企业物流总论——新竞争力源泉[M]．北京：高等教育出版社，2003．

[42] 唐纳德·J.鲍尔索克斯，戴维·J.克劳斯，M.比克斯比·库珀．供应链物流管理[M]．马士华，黄爽，赵婷婷，译．北京：机械工业出版社，2007．

[43] 斯坦利·E.福西特，莉萨·M.埃尔拉姆，杰弗里·A.奥格登．供应链管理：从理论到实践[M]．蔡临宁，邵立夫，译．北京：清华大学出版社，2009．

[44] 戴维·J.科利斯．公司战略（《哈佛商业评论》精粹译丛）[M]．北京新华信商业风险管理有限责任公司，译．北京：中国人民大学出版社，2001．

[45] 罗恩·阿什克纳斯，迪夫·乌里奇，托德·吉克．无边界组织[M]．姜文波，译．北京：机械工业出版社，2005．

[46] 财政部企业司．企业信息化管理[M]．北京：经济科学出版社，2004．

[47] 大卫·M.安德森，B.约瑟夫·派恩二世．21世纪企业竞争前沿——大规模定制模式下的敏捷产品开发[M]．北京：机械工业出版社，1999．